中国书籍学研丛刊

企业与商务经济研究

广东财经大学学报编辑部 | 编

中国书籍出版社
China Book Press

图书在版编目（CIP）数据

企业与商务经济研究/广东财经大学学报编辑部编 .--北京：中国书籍出版社，2021.7
ISBN 978－7－5068－8553－9

Ⅰ.①企… Ⅱ.①广… Ⅲ.①企业管理—经济管理—文集②贸易经济—文集 Ⅳ.①F272-53②F7-53

中国版本图书馆 CIP 数据核字（2021）第 127823 号

企业与商务经济研究

广东财经大学学报编辑部　编

责任编辑	牛　超
责任印制	孙马飞　马　芝
封面设计	中联华文
出版发行	中国书籍出版社
地　　址	北京市丰台区三路居路 97 号（邮编：100073）
电　　话	（010）52257143（总编室）　　（010）52257140（发行部）
电子邮箱	eo@chinabp.com.cn
经　　销	全国新华书店
印　　刷	三河市华东印刷有限公司
开　　本	710 毫米×1000 毫米　1/16
字　　数	296 千字
印　　张	16.5
版　　次	2021 年 7 月第 1 版
印　　次	2021 年 7 月第 1 次印刷
书　　号	ISBN 978－7－5068－8553－9
定　　价	95.00 元

版权所有　翻印必究

编辑委员会

主　任：邹新月
成　员：何　剑　汤　菲　欧翠珍
　　　　胡慧河　谢文亮

主　编：何　剑
副主编：胡慧河

目 录 CONTENTS

1　互联网+企业经济

网约车颠覆性创新的理论与实证：以滴滴出行为例 …………… 3
互联网平台如何创造体验价值：基于互动视角的分析 …………… 18
众创空间网络嵌入与商业模式创新：共生行为的中介作用 …… 45
市场结构、搜索引擎与竞价排名——以魏则西事件为例 ……… 60

2　品牌与消费经济

绿色产品购买意向的影响机制：基于消费者创新性视角 ……… 79
变革型商业模式、双元营销能力与价值创造 …………………… 96
在线平台用户画像对品牌依恋的影响 …………………………… 115

3　企业管理与创新

生产性服务业与制造业协同集聚对企业创新的影响 …………… 135
家族管理如何影响企业技术创新——来自珠三角的证据 ……… 156
政治基因、市场化进程与企业创新的可持续性 ………………… 173
企业家战略执行能力的提升：大五人格与环境复杂性的作用 … 188

4 国企改革与治理

国有企业混合所有制分类改革与国有股最优比例
　　——基于双寡头垄断竞争模型 ……………………… 209
混合所有制改革与国有企业治理 ……………………………… 223
企业过度投资新视角:风险偏好与政治治理 ………………… 234

01

互联网+企业经济

网约车颠覆性创新的理论与实证：
以滴滴出行为例[①]

一、问题的提出

2016年12月21日,北京市交通委员会联合多部门发布了《北京市网络预约出租汽车经营服务管理实施细则》(以下简称《细则》)[1],内容涵盖了网约车平台公司、驾驶员、车辆许可条件、网约车经营服务申请办理流程、网约车经营许可审核、网约车经营规范、网约车监督检查和法律责任等多方面的具体管理制度。该《细则》从制度设计入手,避开了网约车产品与巡游车产品的直接竞争,因而同时受到了出租车公司和巡游车驾驶员的欢迎[②],《细则》的颁布也有利于监管部门进一步加强对网约车的管理。网约车具有数量庞大、技术便捷的优势,加上网约车平台的开放性,令其在较短的时间内取得了快速发展。来自中国互联网络信息中心的统计数据显示,2016年上半年,我国网约车用户规模已高达1.22亿,居民出行满意度因此不断提升[2]。这一统计结果表明:传统出租汽车行业的服务数量和服务质量难以满足消费者需求,在"互联网+"的大浪潮下,网约车在提供个性化的运输服务和增加出租汽车市场的服务供给中已发挥了重要作用。从消费者对网约车的反馈来看,尽管不同层次的网约车产品其服务标准和要求不尽相同,但其顾客满意度都比较高。

[①] 原载于《广东财经大学学报》2017第2期第31-40页。
作者:张爱萍,北京交通大学经济管理学院博士研究生;林晓言,北京交通大学经济管理学院教授,博士生导师;陈小君,中国铁道科学研究院助理研究员,经济学博士。

[②] 为使读者理解与官方文件保持一致,如无特别说明,文中"出租车"与"巡游车"同义,"出租车公司"指经营巡游车业务的公司,"网约车平台"指经营网约车业务的公司,"出租汽车""出租汽车行业"和"出租汽车市场"则包括了网约车和巡游车。

但新政策对网约车的要求较高,在很大程度上遏制了当前网约车迅速发展的势头,网约车平台和网约车驾驶员对此表示了强烈的担忧。与此同时,网约车的快速发展对出租汽车行业单一的巡游车模式带来了强有力的挑战。如果放开巡游车的数量管制,并允许巡游车采用新的约车技术,能否解决出租车行业数量和服务质量均不足的缺陷呢？这些问题均值得业界和学界进一步研究。

目前,学术界对网约车新业态的研究也取得了一些成果。如 Rayle 等(2016)[3]研究发现,使用网约车服务的原因排名前三的为支付便捷、等车时间短和比公交车更快,这说明便捷性是网约车与巡游车的最大区别。凭此优势,网约车有效扩大了出租汽车行业的市场规模,提高了居民的出行效率。荣朝和和王学成(2016)[4]认为网约车是"互联网+出租车"的新业态,相比巡游车,网约车可以实现异时异地约车,因而能更高效地提供运输服务。He 和 Shen(2015)[5]对巡游车加入网约车平台进行研究,认为巡游车使用打车软件可以有效减少出租汽车行业搜寻顾客的平均时间,从而提高了行业的平均收益,但也会增加其他顾客的等待时间。综合来看,以需求拉动、服务导向、技术引领、产业重构(闲置资源时空共享)、市场驱动为特点的网约车新业态丰富了出租汽车市场的服务产品供给,随着大众化、标准化的运输服务方式向个性化、多样化的服务方式转变,网约车能更好地满足消费者对运输服务更舒适、更便捷和更低价的需求(赵光辉,2016)[6]。Watanabe 等(2016)[7]164认为,网约车是出租汽车行业的"颠覆性创新",其影响不亚于一次革命。

颠覆性创新的概念最早由 Christensen(1997)[8]提出,用来描述新技术的使用对公司的影响。本文借用此概念,认为网约车以 ICT 技术为基础,形成了独特的商业模式,因而其经济属性具有与巡游车相比不同的特点和优势,网约车的颠覆性创新助推了出租汽车行业的新业态,受到消费者的普遍欢迎,令居民出行的满意度得到了普遍提高。

基于此,本文以颠覆性创新理论为切入点,在对网约车的经济属性进行界定的基础上,研究颠覆性创新技术、经济属性的时空变迁和业态变化在颠覆性创新中的作用,再以滴滴出行为例,验证网约车的颠覆性创新,进而分析颠覆性创新的原因,最后总结和展望网约车的发展前景。

二、网约车经济属性的创新性分析

出租汽车的经济属性包含的内容较多。其中,出租汽车在行业中的定位、提供服务的属性和车辆运营性质亦即运输服务供给、完整运输产品和资产专用性,是其最为重要的经济属性。下面从三个方面分析网约车的经济属性,探讨网约车的服务供给数量和服务质量更具优势的重要原因。

（一）网约车为公众提供的是个性化的运输服务

政府管理部门对出租汽车行业的定位一直非常明确,即出租汽车是城市综合交通运输体系的组成部分,是城市公共交通的补充,为社会公众提供个性化运输服务。随着收入水平的提高,社会对个性化出行的需求也快速增加,既有巡游车数量难以满足居民的出行需求。以北京市为例,巡游车总量一直控制在7万辆左右,并执行相对较低的政府定价,但歧视性的进入管制和僵硬的数量管制催生了大量黑车,政府多次打击都不能彻底解决(郭锐欣和张鹏飞,2009)[9]。政府以保证出租汽车行业的高质量服务为由,严格控制巡游车牌照数量,通过授权经营又将出租车公司变成对巡游车实质上的管理机构,导致了权力寻租和社会福利损失,政府为保障出租汽车市场的正常运营秩序而打击黑车,又造成了无意义的社会成本的增加(章亮亮,2012)[10]。这说明我国的公共交通服务产品不足,巡游车的个性化运输服务更是存在较大缺陷。

随着网约车进入出租汽车市场,出租汽车行业的数量管制政策被直接突破。租赁用车和私家车进入出租汽车市场,快速而有效地增加了运输服务市场供给,对出租汽车行业的数量管控产生了巨大冲击。网约车避开了出租汽车行业的特许经营壁垒,一方面极大地提高了居民出行的便捷程度,有效缓解了出租汽车行业运输服务供给的不足,另一方面也严重动摇了现有的出租汽车市场体系。

（二）完整运输产品在网约车服务中具有相对独立性

所谓完整运输产品,是指在一定时期内,运输工具提供的从起始点到目的地的乘客位移服务(李忠奎,2005)[11]。网约车的完整运输产品是从运输工具(网约车)的视角来定义的,即网约车提供的从起始点到目的地的乘客位移服务。从消费者(乘客)视角来看,整个网约车服务过程包括约车、运送、支付和评价四个阶段。其中约车是服务前的准备工作,支付和评价是服务后的延续。在约车阶段,乘客与网约车驾驶员若约定实时从某地出发,驾驶员在到达某地后就可以开始计费,而不必等乘客上车后才计费(若预约顺风车,则须待乘客上车后开始计费)。同样,送达目的地后,乘客也不必付款就下车。因此,对乘客来说,网约车的整个服务过程相比巡游车并没有变化。但网约车的完整运输产品与巡游车相比在时空上存在差异,其约车(意向达成)过程和支付(服务结束)过程都可以不包含在完整运输产品内。这样的剥离令网约车的完整运输产品更加纯粹和独立。即网约车只负责提供完整运输产品,约车意向的达成和费用的支付在时空上被分割,由服务前和服务后的相应部分来完成。

(三)网约车的资产专用性较弱

在出租汽车行业,出租车(巡游车)公司由政府特许经营。巡游车是专门用于城市载客运输服务的交通工具,巡游车驾驶员承包车辆并提供运营服务。网约车的出现降低了进入门槛,大量租赁用车或私家车的进入,使得网约车的资产专用性相比巡游车发生了较大变化。即车辆的性质由以往的特许运营车辆扩展到私人车辆,令车辆的资产专用性变弱。而资产专用性变弱的网约车体现了更多的优势,它能提供更多更好的选择,因而能更好地满足居民的个性化出行需要。

资产专用性、不确定性和交易频率是特定交易的三个维度。其中资产专用性在交易成本中最重要,资产专用性和有限理性、机会主义决定了交易成本(沈满洪和张兵兵,2013)[12]。对于互联网活动来说,资产专用性弱则进入和退出门槛更低,交易的不确定性偏低则有助于提高顾客忠诚度和提升品牌影响力,交易频率高则有利于信息共享和资源整合(邹宝玲和李华忠,2016)[13]。网约车资产专用性比巡游车弱,进入和退出门槛比巡游车低。而且网约车产权明晰,能有效避免机会主义行为。通过使用线上交易平台,巡游车能有效降低交易的不确定性,提高交易的频率,降低交易的成本。具体来说,一是网约车产品(如滴滴快车、人民优步等)的服务价格比同类巡游车更低;二是网约车可供选择的产品种类较多,网约车有快车、专车、顺风车等较多的细分品类供选择;三是网约车数量巨大,目前全国巡游车的数量约为137万辆,网约车的注册驾驶员却高达1 500万,巨大的数量差别使得网约车服务比巡游车服务更容易获取。

三、网约车颠覆性创新的理论分析

出租汽车行业新业态的出现,不仅是技术发展的推动结果,也是城市客运市场发展的必然要求。荣朝和(2001)[14]在分析城市交通发展阶段时发现,城市化的进程伴随着快速增加的客运和货运需求,大量的现代运输工具进入市内交通,我国的整体交通发展仍处于成长期。经过十余年的发展,我国城市公共交通发展迅速,公交车、BRT、城市轨道体系日益完善。但是,服务于个性化出行的出租汽车行业却发展缓慢,总体规模和运行模式一直延续不变,巡游车数量不足、驾驶员拒载等问题一直存在。网约车的出现给出租汽车市场的规模及运行模式带来了深刻颠覆。网约车的颠覆性创新也有力推动了出租汽车市场的发展。

(一)技术进步是网约车颠覆创新产生的基础

Christensen等(1997)[8]在研究颠覆性技术时发现,非主流的市场需求辅之以恰当的商业模式,后发企业也可以完全或部分替代现有主流企业,并因此提出了颠覆性创新理论。国内引入这一概念(Disruptive Innovation)时,先是译成"破坏性创新",后修正为"颠覆性创新"(张枢盛和陈继祥,2013)[15]。网约车的颠覆性创新过程是从颠覆性技术开始的。网约车的颠覆性技术包括移动客户端、在线支付、实时交通地图、路线优化、需求预测与智能匹配等。其中,在线支付、网约车的搜索与匹配等技术,在发展初期并没有比巡游车体现出更多的优势。智能终端快速普及增加了消费者规模,微信等社交 App 信息传播极大地促进了网约车的发展。网约车改变了传统的实体运营模式,形成了在线 C2C 或 B2C 的新型约车模式,进而成功颠覆了出租汽车市场。

技术发展是一个连续的过程,市场的颠覆也是一个连续的过程。网约车与巡游车的技术生命周期 S 型曲线内在地含有婴儿期、成长期、成熟期和衰退期四个阶段(见图1),颠覆性技术提供了"改进服务或做些不同事情的机会",巡游车的现有技术仍处在有吸引力的阶段[16]。网约车颠覆的是巡游车技术主导下的行业规模和运行模式。在网约车服务提供方面,因为数据处理中心的投入使用和约车平台的建立,网约车的数量在理论上可以无限增加,这完全突破了以往巡游车的数量管制政策。以数字化技术为基础,依靠 ICT 技术驱动的商业模式,则颠覆了出租汽车行业的传统商业模式。乘客通过智能手机的移动客户端约车,而不再是以往在路边等待或者电话提前预约。网约车成功发展了 C2C 约车市场(Horpedahl,2015)[17]。在使用网约车服务时,网约车驾驶员和乘客之间对运输服务过程中双方的信息有更充分的了解,实时约车更便利,服务费用更低,线上支付也更加便捷。

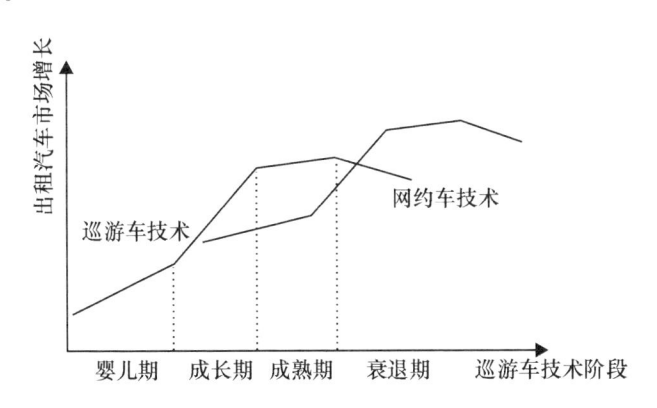

图 1 网约车与巡游车的技术 S 型曲线

(二)时空变迁是网约车颠覆创新的集中表现

时间和空间是物质运动的两个基本维度,也是网约车完整运输产品的必要过程。从时间和空间视角可以更好地考察网约车的时空状态变化(荣朝和,2011)[18]。约车意向达成、费用支付和服务评价过程三个阶段可从网约车的完整运输产品中独立出来,但又同时存在于一个完整的网约车服务过程之中。以完整运输产品为基准,网约车的服务过程可以分为服务前过程、载客运输过程和服务后过程三个部分。相比巡游车,网约车的颠覆性创新在这三个部分均体现出了明显的时空变迁。

在服务前过程中,约车主体和运输服务的确定性均发生了时空变迁,市场也由卖方市场向买方市场转变。具体来说,在巡游车与乘客相遇的时间点上,巡游车具有垄断性,乘客很难有更多选择。在乘客与巡游车匹配的过程中,运输工具即巡游车是完整运输产品的核心,消费者处于次要地位。乘客与巡游车相遇后还可能存在供需信息的二次匹配。但是在网约车服务的过程中,乘客主导了约车意向的达成,取代车辆成为约车的主体。在运输服务的确定性方面,网约车的出现增加了约车成功的确定性。当乘客发出约车订单、网约车驾驶员接单后,费用和里程等信息都实现了公开化、透明化和标准化,增加了乘客和网约车驾驶员之间的互信。

在载客运输过程中,网约车的服务范围、服务时间和计费起点发生了时空变迁。服务范围方面:一方面,由于采用了实时交通地图等技术,相比巡游车,网约车的服务范围更加广泛,可以在较大的范围内接单并前往提供运输服务;另一方面,相比巡游车只提供载客运输服务,网约车平台还提供了如情人节代送鲜花等载客以外的服务。服务时间方面:借助数据处理技术,网约车提供的服务时间范围更加确定,网约车前往约定地点提供服务的预计耗时会实时显示给乘客;而巡游车搜寻与匹配的耗时是随机的。计费方面:巡游车是从乘客上车并确认出发后开始打表计费;而网约车采用了精确定位技术,计费起始点以车辆到达约定地点为准,网约车到达指定地点即开始计费并实时显示给乘客,从而能有效督促乘客守时。

在服务后过程中,网约车的支付时空和服务评价发生了时空变迁。支付方面:巡游车的乘客到达目的地后,需实时向驾驶员支付车费;而网约车乘客只需在一定时间内对订单进行在线支付即可。因为支付时空与到达时空的分离,使得支付的便利性大幅度提高。服务评价方面:乘客对巡游车单次运输服务的评价是独立且封闭的,网约车则采用了公开的服务评价体系;网约车的驾驶员和乘客之间的互动程度更高,网约车乘客的评价能促进网约车驾驶员改进不足,同时也可成为网约车平台实施奖罚和其他乘客选择运输服务的重要依据。

(三)业态变化是网约车颠覆创新的结果

网约车的出现,成就了出租汽车行业"运输资源聚集平台的新业态"(陆成云,2012)[19]。网约车平台集成了交易达成、费用支付、实时位置查询和服务评价等多种功能,网约车扩大了消费群体范围,拓展了出租汽车市场。

总的来看,出租汽车行业这一新业态有以下三个新特点:首先,网约车提高了约车效率。颠覆性创新的核心是商业模式的创新,技术简单、易用,避开主流市场,从低端市场或新市场入手,以此作为颠覆的起点,通过商业模式的创新获得消费者认同。网约车采用基于 ICT 技术的商业模式,改变了乘客与巡游车之间必须同时同地相遇的时空限制。通过手机客户端,乘客和网约车能够以异时异地的方式达成约车意向。其次,网约车促进了消费的公开化。在完整的运输产品中,乘客的消费情况公开化、透明化和标准化,网约车的客户端将保险、乘客的义务和权利等,通过协议的形式赋予乘客以充分的知情权。网约车的这一颠覆性创新实现了出租汽车行业的革命(Watanabe 等,2016)[7]166-167。最后,网约车对现有市场具备颠覆性能力。Cortez(2014)[20]认为颠覆性创新具有颠覆现有的产品、企业甚至产业的能力,新产品、新技术或新商业模式可能在一定时期内并不完全符合现有的监管框架。数量庞大的网约车避开了特许经营的壁垒进入出租汽车市场,进一步挤压了巡游车的空间,引起了各地巡游车公司和驾驶员的强烈抵制。

网约车对出租汽车市场的颠覆主要表现为对市场的进一步细分。首先,网约车重塑了低端出租汽车市场。Christensen 和 Raynor(2003)[21]认为颠覆性创新是从低端市场或新市场开始进行的,它是以初始的低性能技术为低利润、但群体最大的低端消费者创建一个新的价值网络,并最终完全或部分代替主流市场。如以滴滴为代表的 C2C 网约车平台品类齐全,以低端市场为突破口,通过引入私家车进入出租汽车市场,大幅度降低了乘客的出行成本,占据了较大的市场份额。其次,网约车创造了"专车"新市场。Govindarajan 和 Kopalle(2006)[22]发现颠覆性创新不一定都集中在低端、低利润的红海,也可能在高成本、高利润的蓝海。以神州出行为代表的 B2C 网约车平台,便提供了高定价、高质量的"专车"服务,2015年第四季度神州专车活跃用户次月留存率高达 68.3%,稳居同类产品首位(贺骏,2016)[23]。最后,网约车还发展了"拼车"市场。以往私家车"拼车"、巡游车"合乘"等形式规模较小,不足以形成一个单独的市场。但滴滴顺风车"拼车"产品的推出,针对上班族在通勤固定线路中不便捷的交通现状,提供了廉价的"拼车"方案,甚至出现了跨城的顺风车产品,极大地发展了"拼车"市场。

四、滴滴出行颠覆性创新的实践

滴滴于2012年6月在北京成立,2015年其全平台订单量高达14.3亿次,2016年的日处理订单量超过1 400万次,注册驾驶员数量达到1 500万,为中国超过400个城市提供了约车服务(柳青,2016)[24],产品类型包括网约出租车、专车、快车、顺风车、滴滴巴士等。

(一)滴滴网约车的颠覆性技术和商业模式

网约车所依赖的ICT(信息通信技术)是由信息产业中的CT(通信技术)和IT(信息技术)融合而来。随着ICT与出租汽车行业的深度融合,滴滴公司不断优化廉价、易用的通信和信息技术,形成并拥有三大核心颠覆性技术,即深度优化的需求预测和智能派单系统、实时交通流量地图和路线优化系统、可完成上限达到900亿个路由请求和5 000万兆字节数据处理的专有算法系统[25]。网约车的颠覆性技术依赖于大数据处理,而大数据体量巨大、价值巨大、处理速度快、流通灵活和准确性高的特点,决定了网约车在互联网时代必定会抢先一步(崔俊富等,2016)[26]。当前网约车所代表的市场力量逐步取代巡游车的趋势已经无法逆转。

颠覆性技术是滴滴公司商业模式的核心竞争力,也是构建与巡游车商业模式差异化竞争的基础。巡游车的商业模式,是出租车公司根据巡游车驾驶员承包特定车辆的使用时间进行收费。而网约车的商业模式转换了乘客与运输服务车辆的时空状态,形成了乘客主导的交易过程,滴滴公司根据交易量进行收费,包括按交易次数的基础收费和按交易额度的比例收费两种。滴滴以共享经济的名义,引入私家车进入出租汽车市场,私家车的资产专用性较巡游车大为减弱。基于ICT技术的网约车商业模式,其乘客、网约车车辆、驾驶员、里程数、费用预估等信息公开透明,减少了不确定性因素,避免了信息不对称带来的额外成本。通过滴滴移动客户端的使用,乘客在线预约车辆出行的习惯已逐渐养成,交易频率大大提高。减弱资产专用性、控制不确定性和增加交易频率,使得网约车商业模式的交易成本相比巡游车有较大的优势。

巡游车与网约车拥有不同的商业模式,其关键问题在于消费者的规模。出租车公司以巡游车为单位进行收费,避免了交易量不稳定的影响,也避免了交易量不易观测情况下驾驶员的机会主义行为。滴滴网约车的完整运输产品独立出来后,交易量便于观测,扩大用户规模就成为影响滴滴公司收益的重要因素。为了快速扩大市场规模,滴滴公司采取了激进的营销手段,大规模地补贴网约车驾驶员和乘客,从服务供给和服务需求两个方面双向推动交易量的增加。同时,滴滴公司引入了快车、顺风车等低价服务产品,极大地发展了出租汽车市场的整体规模。总之,商业模式决定了营销策略。巡游车的营销较少,且主要是传递"大众化""标准化"的运输服务理念。网约车的营销服务理念则是"个性化"和"多样化"。2015年完成14.3亿订单的滴滴成为仅次于淘宝的全球第二大在线交易平台,打破了巡游车在出租汽车市场的垄断地位,成功实现了对出租汽车行业的颠覆。

(二)滴滴网约车产品的时空变迁分析

滴滴网约车产品形成了一个完整时空变迁的闭环。乘客通过滴滴网约车移动客户端在线约车,驾驶员通过网约车平台接单并提供完整运输产品,服务结束后乘客通过网约车平台进行在线支付并对服务做出评价,滴滴将车费收入按比例支付给网约车驾驶员,并根据网约车平台运行情况进一步优化约车服务体验。滴滴网约车的服务过程以完整运输产品为界可分为三个部分:服务前准备过程、载客运输过程和服务后支付过程。

在服务前的准备过程,乘客通过移动客户端完成发送约车请求和达成约车意向。发送约车请求方面:乘客与滴滴网约车的相遇地点由乘客确定,在乘客与网约车的匹配过程中,消费者是完整运输产品的核心,而运输工具处于次要地位。约车意向达成方面:乘客发出约车订单,滴滴网约车一旦接受,双方就建立起了运输服务的联系,预估里程、预估费用、网约车车辆信息、网约车驾驶员信息等随之展现给乘客,增强了乘客与滴滴网约车驾驶员的了解和互信,有效提高了网约车意向达成的效率。

在载客运输过程中,滴滴网约车覆盖了更大的服务范围,提供了更精确的服务时间提示,采用了更合理的计费起点。服务范围方面:滴滴网约车数量众多,附近的滴滴网约车会显示在移动客户端上,服务车辆在到达指定地点后也会通知乘客,从而有效扩大了服务范围。服务时间方面:滴滴网约车将车辆预计达到时间、车辆行驶轨迹和车费估计等信息都显示在移动客户端,并向顾客提供了精确的服务时间提示。计费起点方面:因为采用约定地点作为计费起点,滴滴网约车也能有效督促乘客守时,避免乘客延误造成的时间浪费。

在服务后支付过程,乘客通过滴滴网约车平台完成在线支付和服务评价。在线支付方面:滴滴网约车完成运输服务后,乘客可以在方便的时候在线支付车费,既节省了乘客和网约车驾驶员的时间,也提高了支付的便利性。服务评价方面:乘客支付车费后,通过滴滴移动客户端可以对驾驶员的服务进行评价,滴滴依据服务评价结果对相关驾驶员进行奖惩,网约车驾驶员会根据评价结果及时改进不足,而其他乘客则可以根据评价结果选择优秀的网约车驾驶员为其服务。

(三)滴滴网约车产品的业态分析

滴滴网约车产品较多,其中属于出租汽车行业的产品有网约出租车、专车、快车和顺风车。不同的服务产品其目标客户群体、服务市场、车辆要求、驾驶员资格、产品定价、附加服务方面也不尽相同(见表1)。其中,网约出租车系巡游车加入滴滴网约车平台而形成,遵循的是原出租车公司的管理制度,因而其本质仍是巡游车。但因为开启了在线接单并提供网约车服务,因而也具备了新业态的一些特点,属于过渡业态。快车可以选择拼车或不拼车两种模式,分别对应低端出租汽车市场中的时间不敏感型和时间敏感型两类消费人群。快车(不拼车)产品是低端出租汽车市场的典型产品,和巡游车、网约巡游车市场重叠度高、竞争激烈。快车(拼车)是网约车产品在低端出租汽车市场的进一步下探,也是新"拼车"市场中的实时出行产品,和新"拼车"市场中预约出行产品"顺风车"组合,进一步扩大了"拼车"市场。

在目标客户群体和服务市场方面,滴滴网约车产品形成了较为合理的细分市场。具体来说,滴滴专车以高端消费群体为目标客户,主打中高端商务用车市场;滴滴快车以中低端消费群体为目标客户,主打消费者日常出行市场;顺风车以相对固定的上班族群体为目标客户,定位于廉价的通勤固定路线拼车市场;巡游车系城市特许经营,是公共交通的补充,巡游车主要定位于消费者日常出行市场。在车辆要求方面,滴滴专车要求中高端车型,快车要求中低档车型,顺风车对车辆没有明确要求,网约出租车与原巡游车车型一致即可。在网约车驾驶员资格方面,滴滴专车要求严格,快车要求较少,顺风车对驾驶员准入没有明确的要求,网约出租车的驾驶员与巡游车一致。在产品定价方面,专车以高质量的服务定价较为昂贵,快车定价较为便宜,主打"拼车"服务的顺风车定价更低廉,网约出租车的定价与巡游车一致,处于中等水平。在附加服务方面,专车提供了如矿泉水、清洁袋等较多的附加服务,快车提供了非常少的附加服务,顺风车以固定线路服务模式几乎不提供附加服务,网约出租车与巡游车一样,提供预约叫车等较少的附加服务。

总的来看,滴滴网约车是对巡游车的升级,并进一步细分了出租汽车市场。滴滴专车以C2C为主要运营模式,细分出高端服务市场,满足了如会议接待、商务接待、中高端用户出行等服务需求。快车的定位是廉价型专车,在公共交通服务和巡游车服务不足的区域,快车可以有效弥补这些地区的服务短板。服务灵活的快车不仅在价格上更容易让乘客接受,也有利于促进私人资源进入社会运输领域,

表1 滴滴网约车产品与传统产品的业态特点对比

特点	传统产品 巡游车	过渡产品 网约出租车	专车新产品 专车	低端出租产品 快车(不拼车)	"拼车"类产品 快车(拼车)	"拼车"类产品 顺风车
新旧业态	旧业态	过渡业态	新业态	新业态	新业态	新业态
目标客户	出行消费者	出行消费者	高端消费者	时间敏感型低端消费者	时间不敏感型低端消费者	固定路线上班族
服务市场	日常出行	日常出行	高端消费,会议用车	低端消费,日常出行	共享行程,实时出行	固定路线,预约出行
约车方式	巡游揽客	巡游揽客,在线预约	在线预约	在线预约	在线预约	在线预约
车辆要求	中低档轿车	中低档轿车	高档轿车,SUV,商务车	中低档轿车,SUV,商务车	中低档轿车,SUV,商务车	无限制
驾驶员资格	严格	严格	严格	一般	一般	无要求
产品定价	中等	中等	较高	较低	较低	非常低
附加服务	一般	一般	多	较少	较少	无
颠覆性创新	—	—	新市场	低端市场	低端市场,新"拼车"市场	新"拼车"市场
共享经济	—	—	C2C有	C2C有	有	有

说明:本表由作者根据相关内容整理得到。

提高全社会的资源配置效率。滴滴的网约出租车是巡游车加入滴滴平台形成的,它有效缩短了约车意向的达成时间,提高了运输效率。顺风车和快车(拼车)进一步细分出"拼车"市场,同时也是网约车产品中"共享经济"的典型代表,乘客通过滴滴网约车平台"拼车",分担车费,符合以优化闲置社会资源、补充公共交通不足的"共享经济"理念(Hamari 等,2016)[27]。除了顺风车外,采用 C2C 服务方式的滴滴专车和滴滴快车(不拼车)也采取了"共享经济"模式,通过引入私人资源服务于社会,符合绿色出行的趋势,极大地丰富了出租汽车市场的产品供给。

五、结论与展望

网约车是出租汽车行业颠覆性创新的重要成果。本文通过分析网约车的颠覆性技术、经济属性的时空变迁和业态变化,形成了如下主要结论:基于 ICT 驱动的网约车对出租汽车行业的颠覆性创新,表现为对约车主体、运输服务、服务范围、约车时间、计费起点、支付时间和互动程度的时空状态的改变,其结果是形成了约车效率高、消费公开化和对现有市场具有颠覆性的新业态,新业态对市场的颠覆性主要体现在重塑低端出租汽车市场、创造"专车"新市场和发展"拼车"新市场。

对于如何更好地发展网约车,提高时空视角下的资源配置效率,促进出租汽车行业的健康稳定发展,本文提出如下观点:

(一)增加网约车服务供给,降低居民出行成本

出租汽车市场的服务供给应当建立在对消费市场准确定位的基础上。由于我国城市出租汽车行业的数量管制政策长期不变,使得供给严重不足,且资源分配不均衡。以北京市为例,全市常住人口规模超过了两千万,巡游车总数却长期保持在 7 万辆左右,且大多集中服务于市区繁华地段。网约车对出租汽车市场进行了更科学的深度细分,重塑了低端出租汽车市场,创造了"专车"新市场,发展了"拼车"市场。由于网约车平台将私家车引入出租汽车市场,同时降低了网约车的门槛,使得网约车平台注册驾驶员的数量达到 1 500 万,从而极大地改善了出租汽车市场运输服务长期供不应求的局面。

出租汽车市场运输服务供给的增加,进一步降低了居民出行成本。网约车降低了乘客的搜寻成本,缓解了因为时空不匹配导致的乘客等车时间过长等问题,减少了因为时空错配(拒载等)导致乘客无法获得有效服务的情况。总的来看,网约车增加服务供给体现在两个方面:一是网约车规模庞大,增加了出租汽车市场服务供给的数量,可以满足更多居民的出行需求;二是网约车服务具有"个性化"

"多样化"的特点,提升了出租汽车市场服务供给的质量。而随着出租汽车市场服务供给的数量增加和质量提高,乘客与网约车时空匹配成功率也得到了有效提升,从而较好地满足了消费者不同层次的出行需求,降低了居民出行成本。

(二)分离完整运输产品,促进多层次协调,布局行业新业态

完整运输产品从载客服务过程中分离出来,是出租汽车行业发展的一个重要里程碑。对乘客来说,乘客的交易对象由以往的巡游车驾驶员变成网约车平台;对网约车平台来说,完整运输产品的分离,则有助于进一步标准化运输产品,实现规模化发展,提升服务水平。就服务范围而言,完整运输产品的分离也进一步深化了出租汽车行业的分工,摆脱了服务范围的时空限制。就服务质量而言,完整运输产品的分离,使得驾驶员的服务水平与收益关联,从而有助于提升整体服务水平,更好地满足乘客"个性化"的服务需求。

借助网约车经济属性的时空变迁优势,多层次地协调布局新业态,有助于更好地发展公共交通。在公共交通体系完善和巡游车数量不足的地区,可以积极推广专车和快车等产品,为乘客提供个性化出行服务。在公共交通体系不完善和巡游车数量充足的地区,应重点发展专车和顺风车,补充公共交通服务的不足,提供高端个性化出行服务。在公共交通体系不完善和巡游车数量较少的地区,政府可以通过支持快车、顺风车服务,补充公共交通服务的不足,并适度提供低端的个性化出行服务,避免给黑车留下东山再起的空间,造成社会监管成本的浪费。出租汽车行业的健康发展,离不开网约车与巡游车的协调统一。巡游车既能巡游揽客,也能以网约出租车身份在线接单。因而应通过网约车平台实现多种网约车服务产品的有序协调,提供多层次运输产品,以丰富出租汽车市场的产品供给,促进出租汽车行业的健康稳定发展。

(三)弱化资产专用性,提高出租汽车行业竞争力

较弱的资产专用性是网约车低成本优势的基础,也是灵活多变运营方式的基础。弱化资产专用性,有助于降低交易费用。网约车的资产专用性弱于巡游车,交易费用更低,所以,网约车可以采取比巡游车更低的定价策略。巡游车资产专用性强,交易成本较高,即便放开数量管制,在政府价格管制依然存在的情况下,出租车公司仍然缺乏提供充足运输服务的动力。网约车进入出租汽车市场,在私家车无序增加和巡游车严格管控之间找到了平衡点,将资产专用性更弱的私家车引入出租汽车市场,以较低的交易成本实现了运输服务供给数量的快速增加,从而有效解决运输服务供给不足的问题。网约车既可以投入人的运营中,也可以投入其他用途的运输服务中,应以资源充分利用、发展共享经济为目标,发挥其运营

方式灵活的特点和重要的过渡作用(董成惠,2016)[28]。

网约车的弱资产专用性带来的优势应进一步巩固,进而提升整个行业的竞争力。交通监管部门对网约车的弱资产专用性应给予充分的理解和支持,在满足一定条件下,要允许车辆在不同网约车产品之间进行灵活选择,以合理利用闲置资源,更好地服务于社会。技术是中性的,将网约车的技术平台推广到整个出租汽车行业,将有助于提高行业的服务效率。进一步弱化资产专用性则有利于降低整个行业的交易费用,推动出租汽车行业的整体进步,提高出租汽车行业的竞争力。

(作者感谢北京交通大学荣朝和教授在本文写作过程中提出的意见和建议。当然,文责自负。)

参考文献

[1] 北京市交通委员会. 关于印发《北京市网络预约出租汽车经营服务管理实施细则》的通知[EB/OL]. (2016-12-12)[2017-01-09]. http://www.bjjtw.gov.cn/xxgk/tzgg/201612/t20161221_165345.html.

[2] 中国互联网络信息中心. 第38次《中国互联网络发展状况统计报告》[R/OL]. (2016-08-03)[2016-10-23]. http://it.people.com.cn/GB/119390/118340/406323/.

[3] RAYLE L, DAI D, CHAN N, et al. Just a better taxi? a survey-based comparison of taxis, transit, and ridesourcing services in San Francisco [J]. Transport Policy, 2016, 45:168-178.

[4] 荣朝和,王学成. 厘清网约车性质 推进出租车监管改革[J]. 综合运输,2016(1):4-10.

[5] HE F, SHEN Z J M. Modeling taxi services with smartphone-based e-hailing applications [J]. Transportation Research Part C: Emerging Technologies, 2015, 58:93-106.

[6] 赵光辉. 我国"互联网+"交通服务的演进与政策[J]. 中国流通经济,2016(3):39-48.

[7] WATANABE C, NAVEED K, NEITTAANMAKI P. Co-evolution of three megatrends nurtures uncaptured GDP——Uber's ride-sharing revolution [J]. Technology in Society, 2016, 46:164-185.

[8] CHRISTENSEN C M. The innovator's dilemma: when new technologies cause great firms to fail [M]. Boston: Harvard Business School Press, 1997:13-34.

[9] 郭锐欣,张鹏飞. 进入管制与黑车现象[J]. 世界经济,2009(3):59-71.

[10] 章亮亮. 对出租车行业特许模式的经济学和行政法学分析[J]. 上海经济研究,2012(2):70-76.

[11] 李忠奎. 基于提供完整运输产品的中心城市交通管理体制改革研究[J]. 北京交通大学学报:社会科学版,2005(4):1-5.

[12] 沈满洪,张兵兵. 交易费用理论综述[J]. 浙江大学学报:人文社会科学版,2013(2):44-58.

[13] 邹宝玲,李华忠.交易费用、创新驱动与互联网创业[J].广东财经大学学报,2016(3):26-33.
[14] 荣朝和.运输发展理论的近期进展[J].中国铁道科学,2001(3):1-8.
[15] 张枢盛,陈继祥.颠覆性创新的框架分析及技术的角色[J].科技进步与对策,2013(2):1-4.
[16] NASH A,WEIDMANN U. Europe's high-speed rail network:maturation and opportunities [EB/OL].(2007-11-15)[2017-03-02]. http://www.andynash.com/nash-publications/Nash2008-HSRinnovation-TRB-paper.pdf.
[17] HORPEDAHL J. Ideology Uber alles?:economics bloggers on Uber, Lyft, and other transportation network companies[J]. Econ Journal Watch,2015,12(3):360-374.
[18] 荣朝和.交通—物流时间价值及其在经济时空分析中的作用[J].经济研究,2011(8):133-146.
[19] 陆成云.我国运输服务新业态的思考[J].综合运输,2012(11):8-10.
[20] CORTEZ N. Regulating disruptive innovation [J]. Berkeley Technology Law Journal. 2014,29(1):174-228.
[21] CHRISTENSEN C,RAYNOR M. The innovator's solution:creating and sustaining successful growth [M]. Boston:Harvard Business School Press,2003:38-59.
[22] GOVINDARAJAN V,KOPALLE P K. The usefulness of measuring disruptiveness of innovations expost in making exante predictions[J]. Journal of Product Innovation Management,2006,23(1):12-18.
[23] 贺骏.神州专车拟上新三板"一览众山小"专车B2C模式受青睐[N].证券日报,2016-03-15(C03).
[24] 柳青.随叫随到技术是最重要的解决方案[EB/OL].(2016-06-27)[2016-09-28]. http://news.xinhuanet.com/tech/2016-06/27/c_129091939.htm.
[25] About DiDi[EB/OL].(2016-06-28)[2016-09-28]. http://www.xiaojukeji.com/news/newsdetailen?newsKey=01806a69-0eac-4d20-ae39-84224fcb3556.
[26] 崔俊富,邹一南,陈金伟.大数据时代的经济学研究:数据驱动范式[J].广东财经大学学报,2016(1):4-12.
[27] HAMARI J,SJÖKLINT M,UKKONEN A. The sharing economy:why people participate in collaborative consumption [J]. Journal of the Association for Information Science and Technology,2016,67(9):2047-2059.
[28] 董成惠.共享经济:理论与现实[J].广东财经大学学报,2016(5):4-15.

互联网平台如何创造体验价值：
基于互动视角的分析[①]

21世纪的前十年国际上掀起了平台研究热潮，2004年，由国际产业经济研究所(IDEI)和政策研究中心(CEPR)联合主办的双边市场经济学会议在法国图卢兹召开，成为开启这一研究的重要标志。双边市场是平台研究的基础，平台是双边市场的核心，因而相关研究主要基于"双边市场"来进行。不同学者基于不同目的和标准对平台进行分类，并进而研究平台的作用机制。常见的分类方式包括按功能和作用分类、按市场竞争和开放程度分类、按连接和所有权结构分类及其他分类等。但伴随着互联网的快速发展，大规模协作、共享经济等新兴生产方式产生，社区平台、众包平台、众筹平台和互助问答平台开始盛行，原来的平台分类方式难以涵盖这些新兴平台。同时，在后现代社会背景下，顾客的价值追求也在发生变化，价值的外在表现由交换价值、使用价值转变为情境价值和社会价值。互联网平台企业开始借助信息、知识、关系、情感等资源的分享、传递等，使消费者获得体验价值。因而此时需要寻找一种全新的分类方式，不仅要能符合平台产生的初衷，即解决信息不对称问题，同时又能体现平台发展的趋势，即让个体发挥越来越重要的作用。

鉴此，本文将对平台的一般分类方式及体验价值的创造与形成进行文献回顾与评析，进而基于互联网平台发展主要体现为信息流动方式和互动参与程度不断深化的现实，将互联网平台分为单向式平台、互动式平台、自媒体平台和协作式平台四种类型并分别进行深入分析，在此基础上，再实证它们对互动和共创用户体验、互动和体验价值之间的调整作用。

[①] 原载于《广东财经大学学报》2017年第2期第15-30页。
作者：李震，上海财经大学国际工商管理学院博士研究生。

一、相关文献评述

(一)关于平台的分类及评价

国内外学者对双边市场的分类研究在很大程度上体现为具体的平台分类,且不同学者因标准不同对平台的划分方式有所区别(见表1),这些研究成为探讨平台企业商业模式及其运行机理的重要框架基础。

1.根据功能与用途不同对平台进行分类。这是多数学者对平台分类的标准,其好处是:有助于界定双边市场用户群体;有助于明确平台具体交易对象;能为拟定平台用户过滤机制、构建平台生态圈战略奠定基础。其缺陷和不足体现在:(1)随着互联网经济的快速发展,平台的功能将不断增加,众包平台、众筹平台、互助问答平台等新型平台不断产生,原来的分类方式已无法涵盖新型平台。(2)平台功能的多样化必然导致平台分类的多样性,复杂的分类会降低平台理论的应用效果,从而不利于平台理论研究的延续性和统一性。

2.根据平台的竞争程度对平台进行分类,如Armstrong(2005)[1]。这种方式有助于平台企业设定"付费方"与"补贴方"的具体价格策略,有利于决定平台企业的关键赢利模式,为平台竞争提供决策支持。然而,现阶段平台都在朝着社区化方向发展,为实现与消费者之间的互动,许多企业建立了以企业(或品牌)为主题的虚拟社区(如小米社区等)。这类虚拟社区具有专有性的特点,即一个企业对应一个虚拟社区,虚拟社区之间并不存在竞争或是垄断关系。

3.根据所有权的形式对平台进行分类,如Roson(2005a,2005b)[2-3]。这一分类方式有助于明确用户结构及产权关系,但在自媒体和产销者时代背景下,平台之间已经实现了互通和交融。如微信中"微商"即是通过用户之间互动交流,不仅为朋友圈提供了部分信息服务,同时还能实现商品交易。又如威客平台或开源社区中的平台用户,既是知识技术的需求者又是知识技术的提供者。这些发展和变化,均使得原来的分类方式已不符合平台类型发展的现实。

4.其他分类方式主要是针对特定领域进行分类,缺乏系统性和完整性。如Baldwin和Woodard(2009)[4]、汪旭晖和张其林(2015)[5]的分类方式。

这些基于平台自身特点的分类有利于对平台生态圈中的价格、竞争、网络效应等要素进行比较研究。但平台产生的根源在于市场的真实需求,是为了克服信息的不对称、为买卖双方提供的一种沟通渠道和交易场所。而市场不是一成不变的,消费者的需求也会不断提升,因而平台的类型也应与时俱进。

(二)关于体验价值的创造和形成

Pine和Gilmore(1998)[13]认为,体验已成为继产品、商务、服务之后第四种独立的经济提供物。Verhoef 等(2009)[14]指出许多企业已经将消费体验这个概念融入他们的使命陈述中,消费体验正在悄悄改变消费者的行为习惯和企业的运营模式。关于体验的定义国内外学者并无统一界定,不同的学科领域有所区别。有哲学视角的体验(体验是人把握客观世界的一种动态认识活动方式)、心理学视角的体验(体验是投入某一活动的整体感觉)和管理学视角的体验(体验是消费者在与企业互动的过程中形成的一种主观感受)。本文从管理学视角进行研究,即体验能给消费者带来主观上的情感并经过价值判断而形成体验价值。如 Mathwick 等(2001)[15]依据 Holbrook 的消费者价值理论提出"体验价值"概念,认为体验价值是消费者通过与消费环境互动而产生的有关产品属性或服务性能的知觉和相对偏好;不同学者对体验价值维度的划分有所区别,通常将体验价值分为实用价值和享乐价值。

关于体验价值的形成主要有四种观点:

第一,传统观点认为,体验价值来自顾客被动接受企业创造的消费体验,此时,企业是体验的主导者和创造者,体验价值只属于顾客个人。如一些网络游戏类产品,消费者在企业开发的游戏中扮演特定角色,企业将消费者融入企业所营造的体验环境当中,实现"浸入"。这类观点属于企业视角,有助于企业树立体验经济意识,通过资源整合为顾客创造良好的体验产品。此时消费者获得的体验价值主要为功能体验价值。

第二,体验营销观点认为,体验价值不存在于商品、产品或服务本身,而是存在于这些项目的营销中。体验营销是指企业通过开发体验产品和营造体验情景,吸引顾客参与互动、形成体验价值并加以实现。体验可采用免费营销或付费营销的方式,但两者通常结合使用。企业事先对顾客体验价值的层次性进行识别,借助与体验舞台相联系的体验产品和体验服务营造体验情境,使顾客在企业营销活动的引导下实现体验价值。

第三,社会网络观点认为,体验价值来自消费过程中顾客与企业、顾客与产品、顾客与顾客之间的参与和互动,即互动的对象均是顾客的相关利益关系人,体验的价值由互动决定。企业和顾客在体验的过程中关系对等,体验价值既属于顾客也属于企业以及其他相关联的组织或个人。互动对消费体验质量和效果的评价起到非常重要的作用(Brady 和 Cronin,2001)[16],互动是评价顾客与企业关系的重要依据(Hennigthurau 等,2006)[17],此时消费者获得的体验价值主要为情感体验价值。

表1 平台的一般分类方式

分类依据	主要研究者	具体依据	具体分类
按照功能和作用分类	Evans(2003)[6]	双边市场产生的目的与功能	市场创造型平台(如B2C、B2B或C2C平台)、需求协调型平台(如银行卡系统、移动通讯平台)和受众制造型平台(如电视广播、书报期刊、门户网站)
	Rochet和Tirole(2003)[7]	平台作用	价格调节者平台、拥有许可权者平台和竞争治理者平台
	Hagiu(2009)[8]	平台功能	中介市场平台、听众制造市场平台和共享的投入市场平台
	Kaiser和Wright(2006)[9]	市场功能	目录服务平台(如网站导航)、配对市场平台(如婚介网站)、媒体市场平台(如门户网站)和交易站点平台(如B2B、B2C)
	Evans和Schmalensee(2008)[10]	用途与功能	交易所平台、广告支持的媒体平台、交易系统和软件平台
	Cusumano(2010)[11]	平台特征与功能	搜索平台、PC操作平台、电子商务平台、社交平台、团购平台
按照竞争和开放程度分类	Armstrong(2005)[1]	平台竞争程度	垄断者平台、竞争性平台和竞争性瓶颈平台
	徐晋和张祥建(2006)[12]	平台开放程度	开放平台、封闭平台和垄断平台
按照连接和所有权性质分类	徐晋和张祥建(2006)[12]	平台连接性质	纵向平台(如B2C、B2B)、横向平台(如QQ用户、电子邮件用户、微信用户)和观众平台(给予观众免费的服务和商品)
	Roson(2005a)[2]	平台所有权角度	独立拥有的平台市场和垂直一体化的平台市场
	Roson(2005b)[3]	平台所有权性质	私有平台和共有平台

续表

分类依据	主要研究者	具体依据	具体分类
其他分类	Baldwin 和 Woodard (2009)[4]	管理学和经济学研究中的平台	产品开发平台(即新产品开发项目平台)、技术战略平台(即基于服务、技术、产品互补的产业平台)和产业经济研究平台(即协调多边参与者构成的多边市场平台)
	汪旭晖和张其林 (2015)[5]	平台所形成的网络市场参与主体	B2B2B 平台(即交易双方均为企业,如阿里巴巴)、B2B2C 平台(即交易双方为企业和消费者,如天猫)和 C2B2C 平台(即交易双方均为消费者,如淘宝网)
		网络市场的形成机制	涌现型平台(即搭建全新双边市场,如阿里巴巴)、单边市场演化型平台(即培养单边用户来引导另一边市场进入,如京东商城)和多平台扩展型平台(即采用用户迁移形成双边市场,如拍拍网)

注:根据相关文献整理得出。表 1-5 同。

第四,共创价值观点认为,体验价值来源于企业与顾客的共同创造。此时,顾客是体验的主导者和创造者,体验价值属于参与体验的各方。共创价值分为生产领域的共创价值和消费领域的共创价值,前者是消费者参与到企业主导的生产活动过程中,后者是企业参与到消费者主导的消费和自我创造过程中。王新新和万文海(2012)[18]认为消费领域共创价值中的价值专指体验价值,特别是情感体验价值,生产领域的共创价值主要指功能体验价值。在共创价值过程中,消费者投入自身的知识、技能和经验参与共同价值创造,因而共创体验价值能最大程度满足消费者的个性化需求。消费者获得的体验价值主要为情感体验价值。

在今天的互联世界中,顾客的角色正在发生改变。顾客、企业和其他组织之间的界限正在变得模糊,消费者越来越多地提供服务创新的想法、设计,参与合作生产,从企业价值创造的被动接受者,转变为价值的共同创造者,甚至是价值的最终决定者(McColl-Kennedy 等,2012)[19]。这就是说,体验价值的创造主体在变化,即从企业创造到消费者创造;顾客的参与在不断深化,即从单纯的使用到参与企业的开发、设计、生产、物流等各个环节。社会网络观点(互动)和共创价值观点(共创用户体验)成为当前体验价值研究的主流观点。在信息技术高速发展的今天,互联网平台成为消费者获取体验价值的重要场所。如 Prahalad 和 Ramaswamy

(2004)[20]认为,消费者在消费者社区的帮助下,可实现与企业的互动和共同创造价值;Schau等(2009)[21]认为品牌社群是典型的消费领域共创价值的平台和载体,品牌社群中的价值创造是消费领域共创价值的集中体现,等等。

综合来看,现有关于互联网平台体验价值的研究主要采用共创价值观点,针对的是消费者社区(品牌社群),但忽视了社会网络观点(互动)及其他平台类型在体验价值创造过程中的作用。鉴此,为全面认识不同互联网平台在体验价值创造过程中的差异,本文将根据信息流动方式的不同和互动参与程度的不同,对互联网平台进行划分,为适应体验经济时代需求、提升互联网平台企业综合竞争力提供依据。

二、基于互动视角的互联网平台

平台按照载体的不同,可分为线上平台(即互联网平台)和线下平台。其中,线上平台是以互联网为载体,为双方提供商品、服务或信息,促成交易或实现资源获取的网络空间,包括商务平台、社区平台、众筹平台、众包平台等。线下平台是以实物、场地为载体,为双方提供商品、服务或信息,促成交易并获取收益的具体场所,包括房屋中介、购物中心等。为提升竞争能力,拓展发展空间,很多线下平台也开始触网,搭建线上平台,如电器商城苏宁、国美,大型超市沃尔玛、家乐福,还有大量招聘、房产中介、书报期刊媒体等。本文只研究线上互联网平台类型的划分。

克莱·舍基(2012)[22]指出,互联网使人们不仅有能力接收信息,也有能力发送信息。这种新能力的结果就是业余生产,令人人都是自媒体。随着"互联网+"时代的到来,人们之间不仅沟通更加便捷、无障碍,人作为个体在互联网虚拟环境中的影响力也在不断增加。为更好地分析人们在互联网平台发展过程中所起的作用,挖掘体验价值创造的不同来源,本文根据互联网平台用户信息流动方式及互动参与程度的不同,将互联网平台分为单向式平台、互动式平台、自媒体平台和协作式平台四种类型,并逐一进行分析。

(一)单向式平台

互联网发展初期的20世纪末,门户网站是主流的互联网平台。随后的几年中,浏览器、操作系统、搜索引擎、网络游戏等平台模式快速成长。每个平台又汇集了不同群体形成的双边市场,部分平台还汇集了多方不同群体,如搜索引擎平台连接了搜索者、注册企业和广告商;门户网站平台连接了网民、广告商和各种媒体机构等。双方群体在平台中具备网络效应,如以移动电话为例,随着越来越多的身边好友使用移动电话,移动电话就会变得越来越有价值,就会吸引更多的人使用移动电话这一平台,此即所谓同边网络效应。为保障平台利润,商家的价格策略将会在付费方和补贴方之间展开权衡(见表2)。对此,陈威如(2013)[23]等学者已做过详细分析。

网民或是消费者在这些平台中所承担的角色只是信息的接受者,他们无法进行信息反馈或者进行更广泛的传播,最多只能利用平台收集信息并根据自己的知识经验进行筛选。由于平台机制的设计原因,信息只能单向流动,即平台企业定向将信息传递给需要的受众,或者说,需求者只能定向从平台企业获取信息,所以这类平台是一种单向式平台。其特点是:信息单向流动;缺乏市场细分,受众广泛,较少建立用户过滤机制;需要有强大的数据、资源做支撑。因而这类互联网平台的资源必须非常丰富,规模要大,否则很难面对竞争。这类平台通常以广告收入为主,因资源需要量大、市场进入门槛较高,容易形成赢者通吃的市场现象。

(二)互动式平台

21世纪的前十年,互联网平台中还涌现出一股新的力量,即 B2B、B2C、C2C 平台。它们不仅对互联网进行了重新定义,也彻底改变了实体经济原来的经营模式。为适应网络购物环境,以支付宝为代表的支付平台也迅速发展。在这一阶段,网贷平台、招聘、房屋租赁、交友、征婚等中介平台成倍增长,报纸、期刊等原来通过纸质进行销售的传统业务也开始转入线上,开启了数字化销售。作为互联网商务平台企业,这些商务平台同样属于双边市场模式,具备网络效应特点(见表2)。

表2 各类平台的典型代表及其运行机制

类型	具体平台	典型企业	边1	边2	主要交易对象	网络效应	付费方	补贴方	过滤机制
单向式平台	门户网站平台	搜狐、新浪、网易	网民	广告商	图像、文字等资源	不同边	广告商	网民	无
	操作系统、浏览器	微软、谷歌	软件用户	软件开发商	软件	不同边	软件用户	软件开发商	无
	搜索引擎平台	百度、谷歌	搜索者	注册企业	信息资源	不同边	注册企业	搜索者	无
	金融证券交易平台	大智慧、同花顺	股民投资者	上市公司	股票、证券、期货等	同边	股民投资者	金融证券公司	实名制
	网络、视频游戏	浩方、VS竞舞台	玩家	游戏开发商	游戏	不同边	玩家	游戏开发商	会员

续表

类型	具体平台	典型企业	边1	边2	主要交易对象	网络效应	付费方	补贴方	过滤机制
互动式平台	B2B、B2C、C2C平台	淘宝、京东、唯品会	买方	卖方	商品	不同边	卖方	买方	评价系统
	支付平台	支付宝、财付通	消费者	商家	货币	不同边	消费者	商家	信用评级
	P2P网贷平台	拍拍贷、人人贷	借款人	贷款人	资金	不同边	借款人	出款人	信用评级
	招聘、房屋中介平台	智联招聘、58同城	求职者租赁方	招聘者出租方	职位或房屋信息	不同边	广告商招聘者	求职者租赁方	身份验证体系
	征婚交友平台	珍爱网、世纪佳缘	男会员	女会员	交友聊天机会	不同边	获得增值服务会员	没有付费会员	会员制
	电子报纸期刊写作类平台	起点中文网	读者	作者	文章、小说	不同边	读者	作者	注册
自媒体平台	互联网通讯平台	QQ、MSN	个人用户	广告商	信息	同边不同边	广告商	个人用户	等级与会员
	"微"平台	微博、微信、脸书	个人用户	企业用户	信息	同边不同边	广告商	个人用户	大V认证
	网络视频、网络广播、视频直播	土豆、优酷、YY、斗鱼	观众听众	自媒体	视频内容	不同边	广告商部分观众	观众听众	评论
协作式平台	社区平台	经管之家、小米社区	企业/个人用户	个人用户	知识与信息	同边	广告商	个人用户	会员积分
	问答类平台	360问答、百度知道	问方	答方	知识与信息	不同边	广告商	问答双方	财富积分

25

续表

类型	具体平台	典型企业	边1	边2	主要交易对象	网络效应	付费方	补贴方	过滤机制
协作式平台	分享类平台	百度文库、豆丁网、维基百科	知识需求者	知识提供者	经验、文档	不同边	知识需求者	知识提供者	等级制
	众包、众筹平台	猪八戒、主创网、众筹网、微差事	技术/资金需求方	技术/资金供给方	设计图/设计方法/资金	不同边	技术/资金需求方	技术/资金供给方	等级制
	开源软件、开源内容、开源数据平台	Linux中国、开源中国（OSS）	代码需求者	代码开发者	软件源代码	不同边	免费	免费	等级制

腾讯QQ、阿里旺旺、京东咚咚等聊天软件最大限度地解决了买卖双方的沟通和交流问题，克服了原有平台信息单向流动的缺点。而招聘平台、租赁中介平台、交友平台、写作类平台、网贷平台等也纷纷通过通信软件、邮箱、网站留言板、评论等渠道实现了供需双方的即时交流。这种互动式的体验增强了消费者的消费感受和消费体验，提升了商家的服务水平，同时也使得商家收集第一手的客户信息和数据，为企业客户管理系统的建立和完善创造了良好条件。互动式平台中的双方能实现直接沟通，信息能够同时间、多方向地流动。其特点是：实现了双向沟通，信息能交互式流动；建立了用户过滤机制，能确保平台秩序和质量；企业间的竞争由线下转到线上，竞争程度更加激烈。互动式平台是形成弱关系的基础。除广告收入外，可从双边市场中的一方寻求收入来源。平台之间既存在不同程度的差异化现象，又有相似的目标顾客群体，因而行业竞争激烈，容易形成竞争性平台。

（三）自媒体平台

自2010年以来，微博、微信、微电影逐渐风靡中国。根据中国互联网信息中心CNNIC发布的《第38次中国互联网络发展状况统计报告》，截至2016年6月，我国网民规模7.10亿,手机网民规模6.56亿,微博用户规模2.42亿;微信活跃用户达到6.97亿,微信公众号超过1 000万,且仍然以每天8 000个的速度在增长,每天的信息交互过亿次。"微时代"最大的特点,是互联网环境下人们的要求提高了,从原先门户时代的信息获取到网购时代的信息交流,再到如今的人人都想被关注,而要获得关注就要成为信息的发布者,即成为自媒体。如在网络视频网站,网民不仅可以观看、下载视频,也可以发布视频,成为一个"媒体人",与专业媒体的报道之间可以形成密切的互动关系(见表2)。

自媒体一词最早由Gillmor(2004)[24]提出,他认为自媒体是以博客为代表的个人媒体,并进一步阐释了自媒体对新闻传播的重要影响。Bowman 和 Willis(2003)[25]提出,自媒体是普通大众通过数字技术获取全球知识、并提供和参与新闻真相的一种途径,这个概念成为自媒体的严格定义。自媒体的出现,使互联网环境下人的地位得到最大程度的提升,改变了互动式平台中买卖双方地位不平等、信息不对称的缺陷。人们在互联网体验消费、娱乐、社交的过程中,能第一时间将自己的感受和心得传递出去,所谓"网红"正是自媒体时代下的产物。自媒体平台的特点是:信息的流动是双向的,信息发布者也是双向的;平台交易对象多为文化产品;资源的开放和共享度较高。自媒体平台有着非常强的用户黏性,中国互联网信息中心CNNIC统计显示,互联网用户每周平均上网时长为26.5小时,其中互联网应用使用率最高的五项分别为即时通信、搜索引擎、网络新闻、网络视频和网络音乐,说明用户被内容平台长期吸附。未来是内容为王的时代,以文字、媒体为对象的数字内容分发平台必将成为竞相争夺的市场新领域。短暂电商购物的用户行为轨迹加上长期吸附于内容平台的用户不同行为习惯,将真正构成最有价值的大数据。

(四)协作式平台

唐·泰普斯科特(2012)[26]在《维基经济学》中提到,新的低成本合作的基础设施——从免费因特网电话到公开的软件资源再到全球外包平台——加快了大规模协作生产。如今生产者和消费者之间的界限正趋于模糊。以"维基百科"为例,用户在知识需求的过程中也会提供知识,这种新一代的生产兼消费者可称为"产销者"。各行各业的人士在工作之余通过互联网平台展现自己的知识、贡献自己的智慧,才有了百度知道、百度经验和百度文库。在协作式平台中,平台用户可以借助互联网实现大规模协作,形成一种"无组织的组织力量"。

对企业或者个人而言,在这个媒体开放的时代,我们寻求别人帮助的可能性非常大。企业开始将权力释放,积极去营造一种开放、对等和共享的互联网环境,实现大规模协作和大众生产。众包平台、维基平台随之产生(见表2)。协作式平台的特点是:以大规模协作作为基础;开放程度高;资源共享性高;生产者消费者的关系由买卖关系变成合作关系。在协作式平台,用户之间形成大量的弱关系和少数的强关系,且除了项目型众筹、众包平台外,一般都不会向双边市场用户收取费用;平台具有较强的个体差异化,基于不同行业、企业、商品、专业、地区和目的的平台,其目标顾客群体不同,平台之间竞争较小。互联网创新平台的创建多数属于协作式平台。

综合上述分析可知,平台类型是平台特征、平台作用机制的重要体现。其中,在单向式平台,消费者以获取信息为主要目的,信息单向流动,消费者的互动和参与程度较低;在互动式平台,消费者以实现交易为主要目的,信息双向流动,消费者的互动和参与程度中等;在自媒体平台,消费者以良好的沟通、交流为主要目的,信息高度交互式流动,消费者的互动和参与程度较高;在协作式平台,消费者以归属感和成就感为主要目的,信息双向流动,消费者的互动和参与程度较高。

三、互联网平台体验价值形成的理论分析与研究假设

(一)理论分析

Pine 和 Gilmore(1998)[13]指出,从早期的产品经济时代、商品经济时代到服务经济时代,现阶段的经济发展已进入体验经济时代,它们分别对应四种经济提供物,即产品、商品、服务和体验。每一次经济提供物的改变,其实质都体现为消费者对价值追求的转变,从而导致经济形态发生根本性的变化,促使社会从一种经济时代进化到另一种经济时代。经济提供物的改变和经济时代的变迁,势必会影响到营销所关注的"相互满足的交换关系"。而交换关系一旦改变,营销的模式就必然要进行相应调整。因而每一个经济时代都有特定的消费者价值追求,并对应一种特定的营销模式,即营销模式也会随着时代的变迁而变迁。

截至目前,营销学的研究范式已先后经历了商品主导逻辑、服务主导逻辑和顾客主导逻辑三个阶段。其中,商品主导逻辑认为,价值由企业创造,交换价值是价值的外在体现;服务主导逻辑认为,价值由消费者和企业共同创造,使用价值是价值的外在体现;顾客主导逻辑认为,价值由顾客创造,情境价值和社会价值是价值的外在体现,其实质为情感体验价值。王新新(2016)[27]提出,消费者有些需求是完全隐性的,它来源于消费者的潜意识,是未能明确表述并能实现或超越消费者期望的一种心理要求和行为状态。此时,企业会以某种方式吸引消费者进入设计、开发和生产领域,双方共同研发和生产产品,消费者在参与过程中形成共创体

验。消费者充分发挥其知识和技能,使企业生产成本得以降低,并更好地满足消费者的个性化需求。此时消费者获得的体验价值为功能体验价值。企业在此过程中居主导地位,该方式属于服务主导逻辑下的创新生产方式和价值创造方式。

独特性理论认为,每个人的经历和特点本来就存在着中等程度的差异性,人们也是据此来看待自己的。Morrison 和 Wheeler(2010)[28]的研究认为,人们需要通过自我与他人的差异性来回答"我是谁"这一问题,即当人们发现自己的观点与多数人不一样时,会产生更清晰的自我概念。当商品化抹杀了商品和服务给人们带来的个性化、独特性感受时,消费者开始寻找一种全新的方式,通过加入企业的生产活动当中,贡献自己的智慧和知识,创造出有独特个性的产品,从而获得功能体验价值。他既可以通过自我创意性消费、产品重构和自我创造来获取情感体验价值,也可以通过与企业、消费者之间不同程度的参与(理性、情感、感官、身体和精神)来满足其个性化的需求,获得情感体验价值。万文海和王新新(2010)[29]认为,消费者自我创意性消费、自我创造、消费者与企业互动、消费者之间互动、消费(品牌)社群创造的价值都属于消费领域的共创价值,该过程由消费者主导,因而属于顾客主导逻辑下创新生产方式和价值创造方式。

据此,本文将结合社会网络观点(互动)和共创价值观点(共创用户体验),构建互联网平台体验价值形成的理论模型。

Vargo 和 Lusch(2004)[30]提出服务主导逻辑,认为价值是企业和消费者共同创造的,企业只提供价值主张,并为价值创造提供必要的条件(环境、人员、商品等),但共同创造的过程需要实现企业和消费者之间的互动。根据社会网络理论,消费者与企业以及其他消费者之间的互动有内在动机和外在动机两种。内在动机是基于实用和享乐理论,由一种内在的个人满足而产生的自愿加入行为,包括实现个性化体验的享受动机、分享或学习(Shah,2006)[31]。外在动机是基于社会认同理论的参与者对未来收益的预期,包括声望和职业生涯发展。基于理性人假设,参与者除了直接的物质利益需求外,更多的是基于自我提升和自我实现目的而参与到新的生产方式当中,这改变了传统顾客价值感知系统的构成。此时,消费者会主动要求进入企业主导的生产活动过程中,根据自身需求投入知识和技能,在互动(资源的传递、交换、分享等)的过程中形成个体独特的消费体验,满足消费者的个性化需求。互动能够帮助顾客获得体验,获得体验价值。可见互动和体验是共创价值的基础,共创体验是互动的结果,它使互动、共创用户体验、共创价值三者紧密联系起来。

互联网平台已经成为顾客获取体验价值的重要场所。如前所述,不同的平台类型体现出不同的平台特征和不同的平台作用机制。那么,基于互动视角的平台分类是否能调节互动与共创用户体验以及互动与体验价值之间的关系？一般情况下，相比于信息、知识、关系、情感等资源较少的平台，信息、知识、关系、情感等资源较多的平台能给消费者带来更高的功能价值和享乐价值，从而消费者能获得更高的体验价值。单从信息、知识的角度考虑，单向式平台和互动式平台能带来更大的体验价值，互动程度不会影响消费者对共创用户体验和体验价值的判断；单从关系、情感的角度考虑，则自媒体平台和协作式平台能带来更大的体验价值，这两类平台类型能对共创用户体验和体验价值产生直接影响。因此，平台类型对互动和共创用户体验的关系以及互动和体验价值的关系具有调节作用。具体来说，协作式平台通过良好的关系和情感资源能实现良好的体验价值，协作式平台对互动和体验价值的关系、互动和共创用户体验的关系具有较大调节作用；单向式平台通过丰富的信息和知识资源能实现良好的体验价值，单向式平台对互动和体验价值的关系、互动和共创用户体验的关系均具有较大调节作用。

（二）研究假设

1.互动对体验价值的影响

共创价值互动与传统企业互动有着本质差异。传统互动发生在交换过程，互动的目标是价值提取，而共创价值的互动目标包括了价值创造与价值提取两方面；传统互动的场所是价值链活动的终点，而共创价值的互动可以重复，可以在任何时候发生在系统中的任何地方。如 Prahalad 和 Ramaswamy（2004）[20]认为价值网络成员间的互动是价值共创的基本实现方式，共创价值的价值指的就是体验价值，特别是情感体验价值。Vargo 和 Lusch（2008）[32]认为价值的共创过程实质上是社区中集体互动的产物。互动包括参与行为和公民行为；互动中的真诚和信任能够给顾客带来体验价值。由此，提出假设：

H1a：平台内用户间的互动行为能促进顾客获得体验价值；

H1b：平台内用户和企业间的互动行为能促进顾客获得体验价值。

2.共创用户体验

Verhoef 等（2009）[14]认为，消费者共创独特体验是通过与服务提供者在不同接触点之间的相互作用而形成的。Prahalad 和 Ramaswamy（2004）[20]认为，个性化体验（独特体验）是通过企业与消费者社区所构成的网络和消费者之间进行有目的的互动而形成的，消费者与企业的互动质量决定了共同创造体验的质量，而互动质量是未来竞争的关键环节。共创用户体验具体包括关系体验和情感体验，它是消费者与企业共创价值的核心。消费者从参与体验和共同创造的过程中获得的价值即体验价值。由此，提出假设：

H2a:关系体验对互动及最终形成体验价值具有部分中介作用;

H2b:情感体验对互动及最终形成体验价值具有部分中介作用。

3.平台类型的调节作用

互联网平台是企业与顾客互动、共创体验和顾客获取体验价值的重要场所。不同的平台类型其功能作用有所不同,如门户网站(单向式平台)主要提供新闻咨询及行业信息,体验主要由平台企业创造,体验价值主要来源于功能体验;购物平台(互动式平台)主要提供买卖双方交易的场所,体验主要由平台企业主导,体验价值来源于功能体验和享乐体验;微博、微信(自媒体平台)主要提供自我展示的舞台,让个体成为信息的发布者,体验主要由消费者创造,体验价值来源于享乐体验和社会体验;众包网站(协作式平台)主要实现大规模协作,体验主要由消费者主导,体验价值来源于社会体验。尽管每一种平台类型都能获得体验价值,但不同的平台类型有不同的互动需求。可见,平台类型对共创用户体验和体验价值获得有重要的调节作用。本文以平台类型作为调节变量,探讨不同平台类型对共创用户体验和体验价值获得的具体影响方式和影响效果。由此,提出假设:

H3a:平台类型对互动和体验价值的关系具有调节作用;

H3b:平台类型对互动和共创用户体验的关系具有调节作用;

H4a:平台用户双方信息流动及互动参与程度越高,顾客获得的体验价值越高;

H4b:平台用户双方信息流动及互动参与程度越高,共创用户体验程度越高。

基于以上分析,本文构建如下概念模型(见图1)①,其中"互动"为自变量,共创用户体验为中介变量,体验价值为因变量。为对比四种不同类型平台内部的逻辑关系强度,下面以平台类型作为调节变量。实证分析中采用分层回归分析、中介变量检验和调节变量检验来比较各类平台在互动、共创用户体验和体验价值中的具体差异。

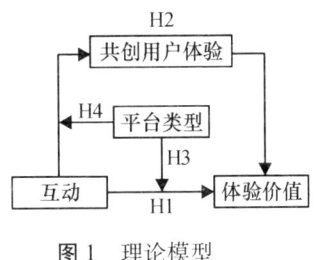

图 1 理论模型

---

① 该理论模型被 Prahalad 和 Ramaswamy(2004)[20]、王新新和万文海(2012)[18] 等国内外学者广泛认同。

四、实证分析

(一)研究设计

1.变量选择与测量

概念模型中有四个主要变量,分别是互动、共创用户体验、体验价值和平台类型。按照研究目的,"平台类型"为分类变量,包括单向式平台、互动式平台、自媒体平台和协作式平台四类,在问卷导语中通过不同表达来区分。单向式平台:"以下是对您经常浏览的各类门户网站平台(如腾讯网、新浪网、新华网、人民网等)使用过程感受的一些描述";互动式平台:"以下是对您经常浏览的各类购物网站平台(如淘宝、京东等)使用过程感受的一些描述";自媒体平台:"以下是对您经常使用的各类社交平台(如微信、微博、QQ 等)使用过程感受的一些描述";协作式平台:"以下是对您经常使用的虚拟社区平台(如小米社区、华为社区或百度贴吧、天涯、猫扑等)使用过程感受的一些描述"。括号中的代表平台根据中国互联网络信息中心(CNNIC)发布的"2016 互联网平台访问排名"选取排名靠前并被大家所熟知的平台,问卷采用随机方式发放。为保证量表的可靠性和有效性,本研究模型的变量测量均来自已有文献。本研究最终编制的问卷涉及互动、共创用户体验、体验价值 3 个主要变量共 22 个问项,测量均采用 Likert 7 点量表,1 表示"完全不同意",7 表示"完全同意"。

根据共创价值观点,互动的维度构成主要包括顾客与顾客之间的互动以及顾客与平台服务人员之间的互动两种。Gentile 等(2007)[33]认为共创用户体验是以良好的平台体验环境为基础,是用户根据自身需要在信息分享和情感交流过程中共同创造的,他们将共创用户体验分为社会性体验、功能性体验和情感性体验。由于体验是由互动形成的,体验的过程更多地反映了人与人互动的结果,因此关系体验和情感体验是体验的两个重要部分。王新新和万文海(2012)[18]认为共创价值中的价值专指体验价值,特别是情感体验价值。本文使用层次式体验价值结构维度,即将顾客的体验价值分为实用价值和享乐价值。Chiu 和 Hsieh 等(2005)[34]认为实用价值是指获得满足自身需求信息和服务的价值;享乐价值是从既得目标中获得精神享受方面的价值。各变量的题项来源见表 3 所示。

表3 模型变量的题项来源

变量类别	变量名称	变量构成维度	变量定义	题项参考来源
自变量	互动	用户间互动 用户和企业间互动	消费者对平台实现与其他用户之间交流机会的认可程度 消费者对平台实现与企业之间交流机会的认可程度	Yoo 等（2012）[35] Gremler 和 Gwinner（2000）[36]
中介变量	共创用户体验	关系体验 情感体验	消费者对平台能创建和维系个体/群体关系的认可程度 消费者对平台使用的整体主观感受	杨晓东（2007）[37] Brengman 和 Geuens（2004）[38]
因变量	体验价值	实用价值 享乐价值	消费者对平台功能、效用满足自身需求情况的评价 消费者对平台使用中获得的愉悦性和娱乐性程度的评价	Chiu 和 Hsieh 等（2005）[34]
调节变量	平台类型	单向式平台 互动式平台 自媒体平台 协作式平台	信息单向流动，消费者是信息的被动接受者 信息能同时间、多方向流动 不仅信息流动是双向的，信息发布者也是双向的 企业开放资源，通过对等和共享实现大规模协作	本研究设计的分类变量

2.样本和数据收集

根据中国互联网络信息中心（CNNIC）第38次发布的《中国互联网络发展状况统计报告》，截至2016年6月，中国网民规模达到7.10亿。其中网民的男女比例结构为53∶47；年龄结构方面以10-39岁为主，其中20-29岁占比最高，为30.4%；30-39岁占比第二，为24.2%；10-19岁占比第三，为20.1%。为保证样本具有代表性，本次调查的重点为在校大学生、城市中青年白领和初高中生三个部分，在上海、合肥、泉州三个城市通过单位拜访、街头随机拦截两种方式有偿进行。问卷材料随机发放给被试者，发放数量为408份，回收399份，剔除漏选、项目全部一致和反应倾向过于明显的77份,得有效问卷322份,有效率为80.7%。被调研样本人口的特征如表4所示。统计发现,调研对象的年龄主要集中于40岁以内,并且90%的被试者每天的上网时间在2小时以上,说明被试者有足够的时间接触互联网各类平台,对常用的互联网平台有一定的认识和了解,符合本研究对调查对象的基本要求。本研究对可能影响消费者平台体验和价值感知的变量进行了控制,包括年龄、性别、教育程度、收入、职业、每天上网时间和每月网购次数。使用SPSS 19.0进行数据分析。

(二)数据分析

1.量表的信效度分析

信度、效度检验及相关系数矩阵结果如表3所示。为测试各维度的内部一致性,计算Cronbach α系数。表5显示,各维度的Cronbach α系数均大于0.7,总体在0.9以上,为0.931,说明量表有着较高的可信度。效度分为内容效度和结构效度。由于本研究的量表测项主要选用已发表的文献,因此可以保证有良好的内容效度。参考Fornell和Larcker(1981)[39]提出的检验标准,即标准化因子载荷均大于0.5,用SPSS 19.0进行探索性因子分析,以检验量表的结构效度。检验结果显示,KMO值为0.933,大于0.7,各变量的因子载荷均大于0.5,说明量表有较好的结构效度。收敛效度通过"平均方差提取值"(Average Variance Extracted,AVE)来表示,AVE反映了每个潜变量所解释的变异量中有多少来自该潜变量中所有题目,检验结果表明,各个变量的AVE值均大于0.50,表示该潜变量具有较好的收敛效度。

2.模型检验结果

对图1中的理论模型进行回归分析,结果如表4所示。模型1中,自变量是用户间互动、用户和企业间互动,因变量是体验价值。模型2中,自变量在用户间互动、用户和企业间互动的基础上加入了情感体验和关系体验,因变量还是体验价值。模型3是用户间互动、用户和企业间互动对共创用户体验的回归结果。3个模型的回归系数均达到显著水平。因此,根据模型1的结果,平台内的用户间互动行为、用户和企业间互动行为均能促进顾客获得体验价值,H1a和H1b得到验证。

表 4 人口统计特征变量表（N=322）

单位：元，人，%

性别	人数	比重	年龄	人数	比重	月收入	人数	比重	每天上网时间	人数	比重
男	163	50.6	19岁以下	65	20.2	2 000元以下	115	35.7	2小时以下	32	9.9
女	159	49.4	20-29	132	41	2 000-5 000元	72	21.7	2-4小时	113	35.1
			30-39	90	28	5 000-8 000元	88	27.3	4-6小时	91	28.3
			40-49	29	9	8 000-12 000元	37	11.5	6-8小时	65	20.2
			50岁以上	6	1.8	12 000元以上	10	3.8	8小时以上	21	6.5

表5 量表的信度、效度及相关系数矩阵

因子	AVE	CR	量表测项	因子载荷	α	用户间互动	用户和企业间互动	情感体验	关系体验	实用价值	享乐价值
用户间互动	0.513	0.808	UI1 UI2 UI3 UI4	0.784 0.659 0.670 0.745	0.830	1					
用户和企业间互动	0.525	0.812	EI1 EI2 EI3 EI4	0.783 0.596 0.857 0.632	0.784	0.316	1				
情感体验	0.514	0.760	EE1 EE2 EE3	0.713 0.762 0.674	0.741	0.605	0.460	1			
关系体验	0.502	0.749	RE1 RE2 RE3	0.689 0.798 0.627	0.809	0.523	0.397	0.499	1		
实用价值	0.503	0.799	UV1 UV2 UV3 UV4	0.672 0.634 0.626 0.875	0.759	0.639	0.485	0.759	0.759	1	
享乐价值	0.513	0.807	HV1 HV2 HV3 HV4	0.643 0.793 0.716 0.704	0.784	0.665	0.505	0.790	0.790	0.823	1
均值	4.35	4.245		4.20	4.64	4.69					
标准差	1.114	1.060		1.140	0.986	0.982					

表6 模型检验结果(N = 322)

自变量	因变量:体验价值		因变量:共创用户体验
	模型1	模型2	模型3
用户间互动	0.401***	0.199***	0.378***
用户和企业间互动	0.264***	0.096**	0.317***
情感体验		0.356***	
关系体验		0.169***	
R Square	0.511	0.659	0.493
Adjusted R Square	0.508	0.654	0.489
F-value	166.585***	152.892***	154.878***
N, Df	322,2	322,4	322,2

说明:***、**、*分别表示 $p<0.001$、$p<0.01$、$p<0.05$,表10同。

3.中介效应检验

本文参照 Baron 等(1986)[40]提出的中介效应检验步骤来分析共创用户体验的平台互动对体验价值的中介作用(见表6)。首先,将互动(自变量)对体验价值(因变量)进行回归。结果如模型1所示,回归系数显著。其次,将互动(自变量)对共创用户体验(中介变量)进行回归,结果如模型3所示,回归系数显著。最后,将互动(自变量)与共创用户体验(中介变量)同时对体验价值(因变量)进行回归,结果如模型2所示,回归系数显著。表中的检验结果说明存在中介效应,由于模型2中互动(自变量)对体验价值(因变量)的回归系数(用户间互动系数为0.199;用户和企业间互动系数为0.096)明显低于模型1中的系数(用户间互动系数为0.401;用户和企业间互动系数为0.264),表明是部分中介效应。因此,情感体验和关系体验均对互动及最终形成体验价值具有部分中介作用,H2a 和 H2b 得到验证。

4.调节效应检验

如前所述,基于互动视角,平台类型分为单项式平台、互动式平台、自媒体平台和协作式平台四组。因为自变量(互动)、因变量(体验价值)均为连续变量,调节变量(平台分类)为分类变量,因此采用 SPSS 19.0 做分层回归分析,按调节变量的取值分组,先分析不同平台类型环境下互动对体验价值之间的关系影响,再分析不同平台类型环境下互动对共创用户体验之间的关系影响。按照温忠麟等

(2005)[41]的观点,若回归系数差异显著,则调节效应显著(见表7)。表7的结果清晰地显示了平台类型对互动和体验价值的关系有正向调节作用;平台类型对互动和共创用户体验的关系也有正向调节作用,但调节作用的程度存在显著差异。其中协作式平台中调节作用最大,自媒体平台中的调节作用最小。协作式平台是大规模协作的典型代表,知识需求者通过协作式平台发布任务,知识提供者可以接受任务,参与和完成任务的过程使两者获得对应的体验价值。如维基百科的用户在不同时间、不同地点分别对词条进行录入和修正,这个过程中用户和用户之间、用户和企业之间的直接互动程度相对较低,但是由于知识的不断叠加,获得的体验价值确实会比较大。所以,协作式平台对互动和体验价值关系及互动和共创用户体验关系调节作用最大。自媒体平台是当前最具备用户基础的平台类型,更新微博、刷朋友圈已成为人们的一种生活习惯,转发、点赞、评论是自媒体平台互动过程的重要体现,只有当互动达到一定程度时,自媒体信息才能被广泛传播并发挥作用,即体验价值、共创用户体验的获取需要一定的互动作为基础。所以,自媒体平台对互动和体验价值关系及互动和共创用户体验关系的调价作用最小,因而H3a和H3b得到验证。

表7 调节效应检验结果

模型4:X=互动,Y=体验价值				
平台类型	标准化系数	R^2	F值	P值
单项式平台($N=85$)	0.679	0.460	70.809	***
互动式平台($N=81$)	0.664	0.441	62.221	***
自媒体平台($N=80$)	0.604	0.365	44.857	***
协作式平台($N=76$)	0.723	0.522	80.867	***
模型5:X=互动,Y=共创用户体验				
平台类型	标准化系数	R^2	F值	P值
单项式平台($N=85$)	0.652	0.426	61.509	***
互动式平台($N=81$)	0.609	0.371	46.581	***
自媒体平台($N=80$)	0.595	0.354	42.783	***
协作式平台($N=76$)	0.763	0.583	103.310	***

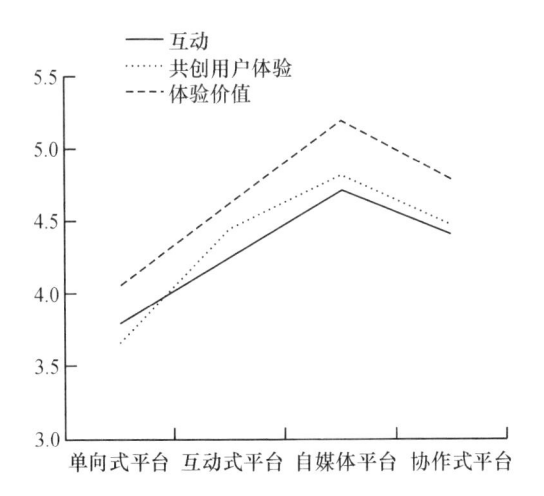

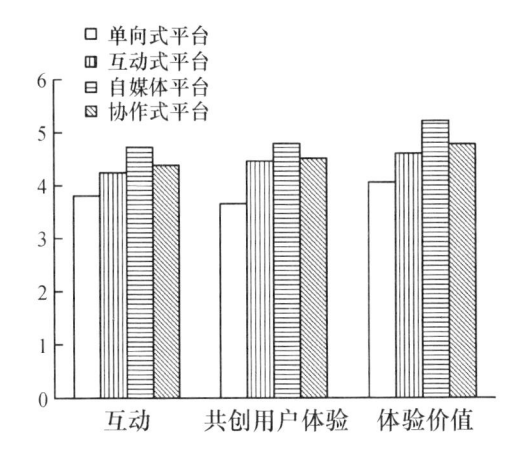

图 2

图 2 为四类平台各维度的均值。其中,单向式平台的各维度均值最低,其次是互动式平台、协作式平台,自媒体平台最高,说明自媒体平台具有较高的互动、共创用户体验和体验价值。因而 H4a 和 H4b 得到验证。四类平台在互动、共创用户体验和体验价值中的均值比较

(三)结论与讨论

本文在体验价值现有研究成果和学科理论的基础上构建理论模型,实证研究了单向式平台、互动式平台、自媒体平台和协作式平台在该理论模型中的调节效果,证明这四类平台之间存在显著差异。具体假设验证情况如表 8 所示。

平台类型的调节作用具体总结如下:(1)单向式平台在用户间互动、用户企业间互动、情感体验、关系体验、实用价值和享乐价值各维度上得分最低,这主要是由于平台信息单方向流动、缺乏互动所致。该类平台以企业为主导,如果能增加

与企业间的互动,将能在很大程度上提升体验价值,即单向式平台对互动和体验价值、互动和共创用户体验的关系具有较大调节作用。(2)互动式平台虽然实现了供需双方的沟通交流,但交流的目的主要是达成交易,用户之间及用户与企业之间的互动程度并不高,所以,共创用户体验和体验价值的各维度得分也不高。用户比较重视的是用户之间的互动以及情感体验和实用价值。互动式平台对互动和体验价值、互动和共创用户体验的关系具有较小的调节作用。(3)自媒体平台各维度得分最高,这是由于自媒体平台用户使用频率高,依赖性强,良好的互动、体验功能已经得到广大用户的肯定。但是只有当互动达到一定的水平时,体验价值才能充分体现出来,即自媒体平台对互动和体验价值、互动和共创用户体验的关系具有较小的调节作用。(4)协作式平台开始得到用户认同,平台既可以企业为主导,也可以个人为主导。该类平台既重视用户间的互动,也重视用户与企业间的互动,既重视实用价值的实现,又重视享乐价值的实现。协作式平台虽然开放程度最大,但互动程度并不高,体验价值和共创用户体验的均值低于自媒体平台。协作式平台通过大规模协作的知识叠加能实现良好的体验价值,因此其对互动和体验价值的关系、互动和共创用户体验的关系具有较大的调节作用。

表8 模型的假设检验结果

假设	内容	是否成立
H1a	平台内用户之间的互动行为促进顾客获得体验价值	成立
H1b	平台内用户和企业之间的互动行为能促进顾客获得体验价值	成立
H2a	关系体验对互动及最终形成体验价值具有部分中介作用	成立
H2b	情感体验对互动及最终形成体验价值具有部分中介作用	成立
H3a	平台类型对互动和体验价值的关系具有调节作用,其中协作式平台调节作用最大	成立
H3b	平台类型对互动和共创用户体验的关系具有调节作用,其中协作式平台调节作用最大	成立
H4a	平台用户双方信息流动及互动参与程度越高,顾客获得的体验价值越大	成立
H4b	平台用户双方信息流动及互动参与程度越高,共创用户体验程度越高	成立

五、研究意义与启示

(一)理论意义

克莱·舍基(2012)[22]在《未来是湿的》一书中提出:"群体行为是一个梯子上的递进行为,按照难度级别递进,分别是共享、合作和集体行动";唐·泰普斯科特(2012)[26]在《维基经济学》中提出"开放、对等、共享以及全球运作是维基经济学的四个新法则"。结合两位学者的观点,我们改变现有关于平台研究的一般思路,从平台理论最本质的分类出发,认为对等性、开放性和协同性是平台发展的目标和方向,并按照互动程度将互联网平台分为单向式平台、互动式平台、自媒体平台、协作式平台四类,这种分类方式不仅有利于预期平台的发展趋势,也有利于每一类平台微观战术的制定(见表9)。同时,本文将平台理论和体验价值理论相结合,从平台的视角研究体验价值的形成路径,构建体验价值的理论模型,以平台分类作为调节变量,剖析了不同平台类型在体验价值创造过程中的差异,为平台体验的研究奠定了基础。

表9 四类互联网平台企业的五维度对比

平台类型	典型企业	双边市场交易费用	信息对称性	对等性	开放性	协同性
单向式平台	新浪门户	很低	不对称	较弱	弱	弱
互动式平台	淘宝	中	不对称	良好	良好	一般
单向式平台	新浪门户	很低	不对称	较弱	弱	弱
自媒体平台	微信	低	比较对称	较好	较好	一般
协作式平台	维基百科	低	对称	突出	强	良好

说明:根据相关文献整理得出。

(二)管理启示

本研究结论对互联网平台企业发展有着重要的实际应用价值。首先,互动和参与是"互联网+"背景下顾客获得体验价值的重要来源。2016年上半年互联网应用使用率最高的五项内容分别为即时通信、搜索引擎、网络新闻、网络视频和网络音乐,其共性为消费者通过互动和参与实现体验式的休闲娱乐。这五项均为内容型平台,涵盖了单向式平台、互动式平台和自媒体平台。四种平台类型虽有自己的功能定位,但都应在各自的领域有所创新,努力实现更大程度的用户参与,实现共创用户体验,最终实现体验价值的提升。其次,能否建立一个渠道开放、信息透明和资源共享的平台,将是顾客获得体验价值、实现长期竞争优势的根本保障。不同的互联网平台其渠道开放性不同,信息透明性和资源共享性也不同。渠道开放性是实现平台网络效应(包括同边网络效应和跨边网络效应)的基础,它能保证供需双方不受阻碍地进入平台;信息透明性越高,越有利于吸引平台双方加入;资源共享性越高,平台双方获利程度越高,受补贴程度越高,从而越能吸引更多的人加入平台,提升平台的网络效应。

(三)局限和未来研究方向

本文在研究过程中存在的不足主要表现在两个方面:一是协作式平台具有对等、开放、透明、共享、协作等优点,本应是未来一段时间互联网平台发展的方向,但实证结果表明协作式平台的互动程度还较低,共创用户体验和体验价值的获取均低于自媒体平台,这与预期的结果并不一致,因而需要进一步深入研究。二是四类平台的对比维度较为单一,未将不同平台的功能类型纳入控制变量,实证样本数相对较少,因此未来可重点关注体验价值创造及其运行机制、不同类型平台之间是否存在关联以及具体的运行机理等方面。

参考文献

[1] ARMSTRONG M. Competition in two-sided markets[D]. London: Mimeo University College, 2005.

[2] ROSON R. Auctions in a two-sided network: the market for meal voucher services[J]. Networks and Spatial Economics, 2005,5(4):339-350.

[3] ROSON R. Platform competition with endogenous multihoming[R]. Working Paper: Ssrn Electronic Journal, 2005.

[4] BALDWIN C Y, WOODARD C J. The architecture of platforms: a unified view[R]. Working Paper: Social Science Electronic Publishing, 2009.

[5] 汪旭晖,张其林. 平台型网络市场"平台-政府"双元管理范式研究——基于阿里巴巴集团的案例分析[J]. 中国工业经济, 2015(3):135-147.

[6] EVANS D S. Some empirical aspects of multi-side platform industries[J]. Review of Network Economics, 2003,3:191-209.

[7] ROCHET J C, TIROLE J. Platform competition in two-sided markets[J]. Journal of the European Economic Association, 2003,1(4): 990-1029.

[8] HAGIU A. Two-sided platforms: pricing and social efficiency[J]. Journal of Economics &

Management Strategy,2009,18(4):1011-1043.

[9] KAISER U, WRIGHT J. Price structure in two-side markets: evidence from the magazine industry[J]. International Journal of Industrial Organization, 2006,24(1):1-28.

[10] EVANS D S, SCHMALENSEE R. Markets with two-sided platform[J]. Competition Law and Policy, 2008,1(28):667-693.

[11] CUSUMANO M A.Staying power: six enduring principles for managing strategy and innovation in an uncertain world[M].Oxford: Oxford University Press,2010:17-52.

[12] 徐晋,张祥建.平台经济学初探[J].中国工业经济,2006(5):40-47.

[13] PINE II B J, GILMORE J H. Welcome to the experience economy[J]. Harvard Business Review, 1998,76(7-8):97-105.

[14] VERHOEF P C,LEMON K N, PARASURAMAN A,et al. Customer experience creation: determinants, dynamics and management strategies[J]. Journal of Retailing, 2009,85(1):31-41.

[15] MATHWICK C, MALHOTRA N, RIGDON E. Experiential value: conceptualization, measurement and application in the catalog and internet shopping environment[J]. Journal of Retailing, 2001,77(1):39-56.

[16] BRADY M K, CRONIN J J. Customer orientation effects on customer service perceptions and outcome behaviors[J]. Journal of Service Research, 2001,3(3):241-251.

[17] HENNIGTHURAU T, GROTH M, PAUL M,et al. Are all smiles created equal? how emotional contagion and emotional labor affect service relationships[J]. Journal of Marketing, 2006,70(3):58-73.

[18] 王新新,万文海.消费领域共创价值的机理及对品牌忠诚的作用研究[J].管理科学,2012(10):52-65.

[19] MCCOLL-KENNEDY J R, VARGO S L, DAGGER T S, et al.Health care customer value cocreation practice styles[J]. Journal of Service Research, 2012,15(4):370-389.

[20] PRAHALAD C K, RAMASWAMY V. Future of competition: co-creating unique value with customers[M]. Boston: Harvard Business School Press,2004:15-18.

[21] SCHAU H J, MUNIZ A M, ARNOULD E J.How brand community practices create value[J]. Journal of Marketing,2009,73(5):30-51.

[22] 克莱·舍基.人人时代——无组织的组织力量[M].北京:中国人民大学出版社,2012:72-85.

[23] 陈威如.平台战略[M].北京:中信出版社,2013:21-26.

[24] GILLMOR D. We the media: grassroots journalism by the people, for the people[M]. O'Reilly Media,Inc,2004:77-85.

[25] BOWMAN S, WILLIS C. We media——how audience are shaping the future of news and information[M]. The Media Center, 2003:6-13.

[26]唐·泰普斯科特.维基经济学[M].北京:中国青年出版社,2012:132-137.

[27]王新新.3.0时代的品牌管理[J].品牌,2016(2):33-39.

[28]MORRISON K R, WHEELER S C. Nonconformity defines the self: the role of minority opinion status in self-concept clarity[J]. Personality and Social Psychology Bulletin, 2010, 36(3):297-308.

[29]万文海,王新新.消费领域共同创造价值的形成机理研究[J].经济管理,2010(7):104-111.

[30]VARGO S L, LUSCH R F. Evolving to a new dominant logic for marketing[J]. Journal of Marketing, 2004,68(1):1-17.

[31]SHAH S K. Motivation, governance and the viability of hybrid forms in open source software development[J]. Management Science, 2006,52(7):1000-1014.

[32]VARGO S L, LUSCH R F. Service-dominant logic: continuing the evolution[J]. Journal of the Academy of Marketing Science, 2008,36(1):1-10.

[33]GENTILE C, SPILLER N, NLCI G. How to sustain the customer experience: an overview of experience components that co-create value with the customer[J]. European Management Journal, 2007,25(5):395.

[34]CHIU H C, HSIEH Y C, LI Y C,et al.Relationship marketing and consumer switching behavior[J]. Journal of Business Research, 2005,58(12):1681-1689.

[35]YOO J J, ARNOLD T J, FRANKWICK G.L. Effects of positive customer-to-customer service interaction[J]. Journal of Business Research, 2012,65(9):1313-1320.

[36]GREMLER D D, GWINNER K P. Customer-employee rapport in service relationships[J]. Journal of Service Research, 2000,3(1):82-104.

[37]杨晓东.服务业顾客体验对顾客忠诚的影响研究[D].长春:吉林大学,2007.

[38]BRENGMAN M, GEUENS M. The four dimensional impact of color on shopper's emotions[J]. Advances in Consumer Research, 2004,31(3):122.

[39]FOMELL C, LAREKER D F. Evaluating structural equation models with unobservable variables and measurement Error[J]. Journal of Marketing Research, 1981,18:39-50.

[40]BARON R M, KENNY D A. The moderator-mediator variable distinction in social psychological research: conceptual, strategic, and statistical consideration[J]. Journal of Personality and Social Psychology, 1986,51(6):1173-1182.

[41]温忠麟,侯杰泰,张雷.调节效应与中介效应的比较和应用[J].心理学报,2005(2):268-274.

众创空间网络嵌入与商业模式创新：
共生行为的中介作用[①]

一、引言

随着开放式经济的发展,创业企业创新发展问题引起学界关注,尤其是创业企业商业模式创新逐渐成为研究的焦点。商业模式创新能够为创业企业带来先动优势(罗兴武等,2017)[1],使创业企业更敏锐地把握市场机会,建立起竞争优势,适应开放式复杂市场(Chescrough,2010)[2]。研究表明,创业企业的"新创弱性"等特点限制了其在商业模式方面的创新(吴晓波和赵子溢,2017)[3],众创空间的网络嵌入能够有效拓宽资源获取渠道,巩固其商业模式创新基础。

众创空间是在创新范式转变背景下出现的新型开放式创业服务平台,是实施国家"双创"战略的有效载体。以北京中关村创业大街、杭州梦想小镇等为代表的知名众创空间,孕育了大量的新技术和新商业模式,促进了创业企业的创新发展。创业企业嵌入众创空间中,一方面可以与众多创新主体建立网络关系,拓宽资源流通渠道,提升自身资源的丰度,巩固商业模式创新基础;另一方面,创业企业能够与众创空间中其他主体建立联结关系,在互动合作过程中挖掘大量的商业模式创新机会。因此,创业企业在众创空间中的网络嵌入能够有效促进其商业模式创新。

虽然已有理论研究揭示了众创空间与创业企业创新之间的相互促进关系[2],但却未对众创空间如何促进创业企业创新做出解释。已有研究证明了网络嵌入

[①] 原载于《广东财经大学学报》2019年第3期第34-42页。
　　作者:王庆金,青岛大学商学院院长、教授、博士生导师;李如玮,青岛大学商学院研究生。

在创业企业突破性创新资源获取(李靖华和黄继生,2017)[4]、商业模式创新(张春雨等,2018)[5]、创新绩效(Hung 等,2017)[6]等方面有着积极作用,但缺乏将众创空间作为创业企业嵌入的外部网络对商业模式创新影响的实证研究。另外,已有网络嵌入与创业企业创新的研究多从制度和组织合法性视角出发,而对于汇聚多元主体的众创空间而言,共生理论提供了一个更优的理论视角。

网络化、开放式的环境中,企业之间交互合作产生类生物群体的共生行为(赵志耘和杨朝峰,2015)[7]。共生理论认为共生行为是处于社会网络中的主体之间建立关系后的必然结果,共生能够驱动创新。创业企业嵌入到众创空间中,能够充分运用众创空间为其提供的众多主体在物理空间上的集聚优势,与其他主体产生共生行为。共生意味着合作交流、互补共进,能够促进商业模式创新[7]。目前对共生理论的运用集中于研究创新网络中主体的共生模式,对于众创式创新网络下创业企业在共生关系中的创新行为尚缺乏深入的研究。

基于上述认知,本文将从网络嵌入和共生理论视角,探讨众创空间创业企业网络嵌入对商业模式创新的影响机制,并揭示共生行为在其中的中介作用。研究结果不仅丰富和完善了现有理论研究,还明确了创业企业在众创空间的网络嵌入对其商业模式创新的作用机制,为创业企业的创新实践活动提供有价值的建议。

二、理论回顾

(一)网络嵌入

行为个体无法在社会网络中独立存在,与此类似,企业的经济行为发生在一定的网络中,即网络嵌入(Granovetter,1985)[8],从外部网络中获取稀缺和关键资源是企业网络嵌入的目的所在,资源来源于网络主体间的联结关系。Granovetter 将网络嵌入划分为结构嵌入和关系嵌入两维度[8],其中,结构嵌入维度关注网络规模与网络中心性(Baum 等,2001)[9],分别描述了企业在外部网络中可与之建立联结关系的主体数量和网络位置;关系嵌入维度强调关系强度,表现为创业企业与外部网络中其他主体的紧密度和信任度(Waston,2007)[10]。

创业企业网络嵌入能够获取大量突破性创新资源,给创业企业带来创造性变革,体现在技术创新、商业模式创新等多个方面。网络嵌入不仅能够带来资源增量,也能够推动创业企业资源整合进程(彭学兵等,2017)[11]。在不断获取和整合资源的过程中,创业企业的创新能力不断得到增强。本研究围绕资源获取与整合,从结构嵌入和关系嵌入两维度对众创空间网络嵌入与创业企业商业模式创新的关系进行分析。

(二)商业模式创新

商业模式是企业明确顾客价值主张,掌握关键资源,高效创造顾客价值并获取自身价值的方式(Johnson 和 Christensen,2008)[12]。如果说商业模式回答了"创造什么价值"和"如何创造价值"两个问题,那么商业模式创新便要在所创造的价值和创造价值的方式上做出新颖性、突破性的变革,这也是商业模式的核心问题(Apak 等,2013)[13]。现有研究一方面探索了商业模式创造的价值及价值创造方式,如 Osterwalder 等(1998)[14]认为商业模式创新是价值要素等重新设计。另一方面,学者们从多个维度划分商业模式创新,如 Zott 和 Amit(2007)[15]提出新颖性和效率性商业模式创新的类别划分;罗兴武等(2018)[16]提出了中国转型经济情境下的开拓性和完善性商业模式创新,其中,开拓性商业模式创新强调企业行为的主动性,谋求高回报,表现为创新绩效的迅速增长,而完善性商业模式创新的企业更倾向于跟随性创新。

现有研究主要从前因变量和创新效果两方面探索了商业模式创新问题。前因变量的研究发现,资源获取是商业模式创新的基础(Zott 和 Huy,2007)[17],商业模式和技术创新互动协同,相互促进,企业间联盟形成的合作和外部学习也是商业模式创新的重要驱动因素(Velu,2015)[18]。创新效果的研究发现,商业模式创新促进创业企业产生更多的价值(Chesbrough 和 Rosenbloom,2002)[19],在复杂的动态环境中找到立足点,形成竞争优势,提升创新绩效(曹和平和吴福象,2017)[20]。

创业企业进入市场的时间较短,选取适应企业发展的商业模式创新对于创业企业在市场中快速立足并得以发展至关重要,众创空间为创业企业从资源和机会中创新商业模式提供了更多可能。本研究采用罗兴武等(2018)[16]对商业模式创新的维度划分探讨众创空间网络中创业企业的创新行为。

(三)共生理论与共生行为

共生理论缘起于生物学领域,用来解释两种或多种不同种属的生物相互依存、动态演化之间的关系(袁纯清,1998)[21]。近些年来,共生理论的应用范围不断拓展,国内学者对其运用主要集中于分析网络中创新主体之间的共生模式对网络演化的影响,即当创新主体形成互利共生模式时,各主体都能从其他主体获益,实现各主体创新能力、创新绩效等的提升(叶斌和陈丽玉,2015)[22],同时各主体的成长也推动着创新网络的演化。

生物界物种之间相互依赖而存在,在经济领域,企业间类似的互动、依存、协同行为即为共生行为[21]。袁纯清(1998)[23]认为企业间的共生行为主要包括共生单元、共生模式和共生环境三方面;赵志耘和杨朝峰(2015)[7]从共生单元、共生基质、共生界面、共生环境四个基本要素分析企业的共生创新行为。已有研究表明共生行为对创业企业的创新能力(林少疆等,2016)[24]和创新绩效(陈佳莹和林少疆,2014)[25]发挥着重要作用。

创业企业与其他主体作为共生单元,能够在众创空间相应的基础设施和交换机制等共生界面作用下,实现资源与知识等共生基质的流通和创造,发生共生创新行为。本研究从共生行为构成要素的角度分析众创空间中创业企业的共生行为与创新之间的关系。

三、研究假设

(一)众创空间网络嵌入与商业模式创新

研究表明,资源、机会、技术、网络关系、创业环境等是引发创业企业商业模式创新的重要因素[3]。众创空间为创业企业提供了良好的创新环境,其中蕴藏着大量的创新机会,嵌入众创空间中的创业企业在资源获取和网络关系建立等方面具有优势,有利于商业模式创新。本研究从结构嵌入和关系嵌入两个维度考察创业企业在众创空间中的网络嵌入与其创新行为之间的关系。

从众创空间结构嵌入的维度考察。网络规模有利于差异化关系的建立,众创空间规模越大,创业企业越能够建立差异化联结关系,这是因为,一方面创业企业在差异化联结关系中能够挖掘到更多的创新机会,激发其创造性(Kugot和Zander,1992)[26];另一方面差异化联结关系能够为创业企业带来丰富的多样化资源(张玉利等,2008)[27],资源丰富度能提高商业模式创新效率。另外,汇集众多创业企业的众创空间有着浓厚的创业氛围,能够刺激创业企业商业模式创新的主动性。创业企业在众创空间的位置决定其资源获取渠道的丰度,处于中心位置的创业企业。具备更多的与其他主体建立联结关系的机会,拥有丰富的资源获取渠道(Bell,2010)[28],在资源共享与整合、知识传递与运用等方面更具优势,极大地促进其商业模式创新。

从众创空间关系嵌入的维度考察主体间的关系强度。强关系意味着高度信任,这种高度信任可以从以下几个方面产生影响:首先,创业企业与众创空间中其他主体之间形成的信任以认同为基础,相互认同有利于资源与知识共享,进而促进商业模式创新;同时,合作双方在相互信任的合作中更易展开深入的技术交流,促进技术创新,而技术创新是商业模式创新的驱动因素之一[3]。其次,高度信任关系使创业企业与众创空间中其他主体之间形成畅通的信息传递渠道,提高创业企业信息获取效率,由此创业企业能够在众创空间中多元主体形成的大量信息中捕捉到关键信息,发掘商业模式创新的突破点[18]。最后,强联结形成的合作关系能够减少创业企业与其他主体之间的摩擦,避免资源和精力的耗费,将有限的资源运用于商业模式的创新。总的来说,众创空间关系嵌入对于创业企业商业模式创新有着积极的促进作用。

根据以上论述,提出假设:

H1:众创空间网络嵌入与创业企业商业模式创新正相关;

H1a:众创空间结构嵌入与创业企业商业模式创新正相关;

H1b:众创空间关系嵌入与创业企业商业模式创新正相关。

(二)众创空间网络嵌入与共生行为

共生行为的实质是共生单元之间资源和能量的传递、共享与创造的互动行为,最终实现企业经营方式、价值创造方式等的共同进化,共生单元嵌入到外部网络是共生行为发生的基本条件[7]。众创空间中的创业企业与多元主体建立网络关系,进行资源共享,发生共生行为,产生共生能量,并进一步作用于主体间的共生关系。本研究从结构嵌入和关系嵌入两个维度讨论创业企业在众创空间中的嵌入性与共生行为之间的关系。

从网络规模和网络中心性两个方面讨论众创空间结构嵌入与共生行为的关系。众创空间的规模决定着共生单元的数量,网络规模越大,创业企业能够与之建立共生关系的主体越多,并且,众创空间具有明显的双边网络效应,汇集的主体越多,创造的效益越多,能够吸引更多创业企业及其他相关主体入驻到众创空间中,使其规模进一步扩大。大量共生单元的汇集为其之间发生共生行为提供了更多可能性。另外,众创空间的规模越大,共生基质越丰富。共生基质是共生行为发生的引力[7],丰富的共生基质意味着众创空间中蕴含大量资源和信息,有利于创业企业弥补自身资源匮乏的不足,促进创业企业与其他共生单元之间的共生行为。从创业企业在众创空间中所处的位置来看,占据中心位置的创业企业拥有更丰富的信息传递渠道等共生界面,是共生基质充分发挥作用的媒介,丰富的共生界面使创业企业在信息、知识的交互整合中占据优势,具有更有利的共生行为发生的条件。因此,众创空间中创业企业的结构嵌入能够促进其共生行为。

从众创空间关系嵌入的维度来看,强联结关系能深化创业企业与其他主体之间基于认同的相互信任,建立更加坚固的合作关系,增进共生单元间的资源流动和信息共享(Jones 和 George,1998)[29],即共生基质丰度增加,促进共生关系的建立。共生单元间协同创新能够创造共生能量,共生能量是共生行为存在的主要动力[23];共生能量的创造产生正反馈效应,促进共生行为。另外,强联结关系使共生单元之间的资源流通渠道更完善,有效减小共生阻力[25],有利于共生行为的发生。因此,众创空间中创业企业的关系嵌入能够促进其共生行为。

根据以上论述,提出假设:

H2:众创空间网络嵌入与创业企业共生行为正相关;

H2a:众创空间结构嵌入与创业企业共生行为正相关;

H2b:众创空间关系嵌入与创业企业共生行为正相关。

(三)共生行为与商业模式创新

共生行为是以共同发展为目标,最终实现企业经营方式、价值创造方式等的共同进化[7]。同时,对商业模式创新的研究表明,商业模式创新是创业企业与其他创新主体协同创新的成果(Ahuja,2000)[30]。由此可以推断,嵌入到众创空间网络中的创业企业与其他主体之间的共生行为将有效促进其商业模式创新。

首先,创业企业与众创空间中其他主体产生共生行为的目的是共同进步。这一目的会促使各主体利用集体智慧解决发展中遇到的问题,而问题的解决可能意味着创新点的萌生,这为创业企业创新商业模式提供了良好的条件。其次,创业企业与其他主体发生共生行为的过程中,各共生单元都能获取到外部知识,同时也能够强化自身内部的知识积累(赵宇和王庆金,2017)[31]。在深入的共生关系中,外部知识和内部知识共同作用于创业企业的商业模式创新。例如,创业企业与其上游企业共生行为产生的共生能量由共生双方共享,而上游企业受益于新生能量做出技术、产品等方面的创新,有利于创业企业对商业模式创新机会的识别和应用。同时,共生行为形成的知识溢出,也可以看作是产生的新共生能量作用于共生单元的资本积累和技术创新,促进了创业企业的商业模式创新(Haunschild和Mimer,1997)[32]。最后,共生行为的发生包含着情感的互动。基于情感互动的合作在资源共享、知识获取等方面更具优势,有利于创业企业识别和应用机会,促进其商业模式创新。据此,提出假设:

H3:创业企业共生行为与商业模式创新正相关。

创业企业嵌入众创空间网络中,与其他主体建立共生关系,凭借着有效的共生界面,交换、创造共生基质。在发生共生行为的过程中产生共生能量,对创业企业资源获取、技术创新、合作关系建立等起到积极作用,促进其商业模式创新。结合上述对众创空间网络嵌入与共生行为、共生行为与商业模式创新之间影响的论述,提出假设:

H4:创业企业共生行为在众创空间网络嵌入与商业模式创新之间起到中介

作用；

H4a：创业企业共生行为在众创空间结构嵌入与商业模式创新之间起到中介作用；

H4b：创业企业共生行为在众创空间关系嵌入与商业模式创新之间起到中介作用。

总体研究模型如图 1 所示。

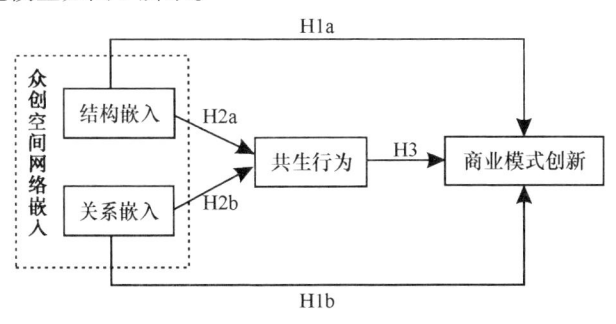

图 1 研究模型

四、研究方法

（一）样本选取与数据收集

本文的研究对象是国内众创空间中的入驻企业。为获取入驻企业的真实数据，项目组于 2018 年 5—8 月深入北京中关村创业大街和杭州梦想小镇为代表的东部省市众创空间进行数据收集。项目组采取以下方式获取研究资料：第一，直接进入入驻企业中，与创业者面对面交流，现场填写问卷，共发出 50 份问卷，回收 43 份；第二，委托众创空间工作人员及被调研入驻企业向众创空间中其他入驻企业发放问卷，后续研究团队进行再访并回收问卷，共发出 80 份问卷，回收 62 份；第三，形成网络版问卷向入驻企业发放，在线回收，共发出 100 份问卷，回收 76 份。汇总后共得到 181 份有效数据。

（二）变量测量

1.众创空间网络嵌入。根据 Granovetter(1985)[8]和张春雨等(2018)[5]的研究，从结构嵌入和关系嵌入两个维度进行测量。用"本企业所在的众创空间网络中成员数量众多"等 3 个题项测量众创空间结构嵌入，变量内部一致性系数（Cronbach's Alpha 信度系数）为 0.689；用"本企业与众创空间网络中其他成员交流合作频繁"等 3 个题项测量众创空间关系嵌入，变量的内部一致性系数为 0.820。

2.商业模式创新。采用罗兴武等(2018)[16]开发的 16 个题项的测量量表，其中8个题项测量开拓性商业模式创新,如,"为顾客提供与众不同的新产品或服务""给顾客带来的价值具备独特性";另外8个题项测量完善性商业模式创新,如,"在市场开辟方面,倾向于跟随市场领先者进行创新""努力融入外部创新合作网络"。变量的内部一致性系数为0.953。

3.共生行为。综合陈佳莹和林少疆(2014)[25]以及林少疆等(2016)[24]等开发的量表,从共生界面扩展和共生能量分配两个方面测量共生行为,包含"本企业与关系网络中其他成员的合作有明确的创新意识""本企业与关系网络中其他成员之间形成的创新绩效能被均匀合理的分配"等4个题项。变量的内部一致性系数为0.847。

4.控制变量。根据以前的研究成果,本研究选取性别、年龄、教育程度、企业成立年限、企业规模作为控制变量,考虑了创业企业的成立年限、发展规模可能与众创空间网络嵌入和商业模式创新有一定的关联性。

五、数据分析与结果

(一)验证性因子分析

本文采用SPSS22.0与AMOS17.0软件进行统计分析。为检验所涉及变量的构念区分性,对众创空间结构嵌入、众创空间关系嵌入、共生行为和商业模式创新进行验证性因子分析,结果如表1所示。四因子模型的各项拟合指标(χ^2/Df = 1.698,RMSEA = 0.062,RMR = 0.047 5,CFI = 0.935,TLI = 0.925)均符合标准要求,且显著优于其他模型,说明本研究构建的四因子模型收敛效度良好,4个变量之间具有良好的区分效度。

表1 验证性因素分析结果

	χ^2	Df	χ^2/Df	RMSEA	RMR	CFI	TLI
零模型(Null model)	930.042	299	3.111	0.108	0.259 0	0.792	0.774
四因子模型	482.209	284	1.698	0.062	0.047 5	0.935	0.925
三因子模型	636.953	287	2.219	0.082	0.063 7	0.885	0.869
二因子模型	639.445	289	2.213	0.082	0.060 9	0.884	0.870
单因子模型	836.138	290	2.883	0.102	0.080 3	0.820	0.798

注:零模型中,所有测量项目之间没有关系;三因子模型中,将共生行为与商业模式创新并为一个潜在因子;二因子模型中,将众创空间结构嵌入、众创空间关系嵌入与共生行为并为一个潜在因子;单因子模型中,将所有项目归属于同一个潜在因子。

(二)描述性统计分析

变量的描述性统计分析结果如表2所示。众创空间结构嵌入与商业模式创新($r=0.48,p<0.01$)、众创空间关系嵌入与商业模式创新($r=0.51,p<0.01$)、众创空间结构嵌入与共生行为($r=0.43,p<0.01$)、众创空间关系嵌入与共生行为($r=0.48,p<0.01$)、共生行为与商业模式创新($r=0.59,p<0.01$)均呈显著正相关关系,这些数据为进一步检验本文的假设提供了依据。

(三)假设检验

本文采用多元线性回归进行假设检验,回归结果如表3所示。

采用主效应模型检验众创空间结构嵌入、众创空间关系嵌入对商业模式创新的影响。首先构建模型3,只允许控制变量进入回归方程中,再将自变量众创空间结构嵌入和众创空间关系嵌入加入回归方程中,构建模型4。从表3中模型4可以看出,众创空间结构嵌入与商业模式创新($\beta=0.30,p<0.01$)、众创空间关系嵌入与商业模式创新($\beta=0.35,p<0.01$)都具有显著正相关关系,说明H1a、H1b成立,即H1成立。

模型2检验了众创空间网络嵌入与共生行为之间的关系。回归分析结果显示,众创空间结构嵌入与共生行为有显著正相关关系($\beta=0.23,p<0.01$),H2a得到验证;众创空间关系嵌入与共生行为有显著正相关关系($\beta=0.34,p<0.01$),H2b得到验证。综上所述,H2得到了验证。

模型5检验了共生行为与商业模式创新之间的关系,根据回归结果$\beta=0.58$($p<0.01$),可以得到共生行为与商业模式创新显著正相关,H3得到验证。

采用中介效应分析共生行为在众创空间结构嵌入、众创空间关系嵌入与商业模式创新之间的中介作用。模型2与模型5分别验证了H2和H3。当自变量众创空间结构嵌入、众创空间关系嵌入和中介变量共生行为同时对因变量商业模式创新进行回归时,即表3中模型6,众创空间结构嵌入对商业模式创新的影响系数由0.30($p<0.01$)减少至0.21($p<0.01$),众创空间关系嵌入对商业模式创新的影响系数由0.35($p<0.01$)减少至0.21($p<0.01$),说明共生行为部分中介众创空间结构嵌入、众创空间关系嵌入对商业模式创新存在正向影响,因此验证了H4。

表 2 相关性分析表

变量	(1)	(2)	(3)	(4)	(5)	(6)	(7)	(8)	(9)
性别	1								
年龄	-0.11	1							
教育程度	0.10	0.08	1						
企业成立年限	-0.11	0.12	-0.13	1					
企业规模	-0.11	0.04	-0.19**	0.66**	1				
众创空间结构嵌入	-0.05	0.10	-0.20**	0.34**	0.33**	1			
众创空间关系嵌入	0.04	0.05	-0.15*	0.19*	0.16*	0.61**	1		
共生行为	0.11	-0.04	-0.06	0.10	0.17*	0.43**	0.48**	1	
商业模式创新	0.01	-0.04	-0.09	0.03	0.16*	0.48**	0.51**	0.59**	1
平均值	1.46	3.13	4.34	3.43	2.74	4.75	4.83	4.44	4.69
标准差	0.50	0.91	0.52	1.77	1.19	1.07	1.07	0.10	0.99

注：** 表示在 0.01 水平上显著；* 表示在 0.05 水平上显著。下表同。

表 3 层级回归统计结果

解释变量	因变量	共生行为 M₁	共生行为 M₂	共生行为 M₃	商业模式创新 M₄	商业模式创新 M₅	商业模式创新 M₆
控制变量	性别	0.13	0.09	0.03	−0.00	−0.04	−0.04
	年龄	−0.03	−0.07	−0.03	−0.07	−0.01	−0.04
	教育程度	−0.03	0.05	−0.06	0.03	−0.04	0.01
	企业成立年限	−0.00	−0.10	−0.14	−0.25	−0.14	−0.21
	企业规模	0.18	0.13	0.25	0.18	0.14	0.13
自变量	众创空间结构嵌入		0.23**		0.30**		0.21**
	众创空间关系嵌入		0.34**		0.35**		0.21**
中介变量	共生行为					0.58**	0.41**
R^2		0.05	0.28	0.04	0.34	0.37	0.46
ΔR^2		0.05	0.23	0.04	0.30	0.33	0.12
F		1.76	9.76**	1.62	12.92**	16.92**	18.42**
ΔF		1.76	28.39**	1.62	39.39**	89.37**	37.73**

六、结论与讨论

(一)研究结论

本研究基于网络嵌入和共生理论,构建"众创空间网络嵌入—共生行为—商业模式创新"的理论模型,探索创业企业在众创空间中的网络嵌入对其商业模式创新的影响路径,以北京中关村创业大街、杭州梦想小镇等知名众创空间中的创业企业为研究对象进行实证分析,得出以下主要结论:

第一,创业企业在众创空间中的网络嵌入对其商业模式创新有正向影响。一方面,本研究验证了众创空间网络嵌入与创业企业商业模式创新的正相关关系,说明众创空间结构嵌入与众创空间关系嵌入都能够促进创业企业商业模式创新。另一方面,创业企业在众创空间中的结构嵌入和关系嵌入对其商业模式创新发挥着同等重要的作用。众创空间为创业企业提供了良好的成长与发展环境,众创空间网络内具有多元化的主体和资源,并且创业企业与相关主体相互沟通协作,达成彼此间的信任,推动创业企业不断挖掘机会、革新技术。丰富的资源、密切的合作、源源不断的机会和技术创新都是推动创业企业商业模式创新的重要力量[3]。第二,创业企业与众创空间中其他主体之间的共生行为能够促进其商业模式创新。在开放式发展的背景下,共生创新成为主流,具有整合性和反馈性的特点[7]。创业企业在资金、信息等方面相对缺乏,而与其他主体共生发展后在资源获取和利用方面更有优势,并且由于共生的反馈作用,信息等在多方主体之间多向流通之后,可以强化创新促进作用,有利于塑造新的商业模式。众创空间为创业企业提供了共生环境,创业企业与其他主体通过共生界面进行资源与信息的互动交流,进而推动技术和商业模式创新。第三,在众创空间网络嵌入和商业模式创新之间,共生行为发挥着中介作用。创业企业在众创空间中的结构嵌入可以与众多主体达成共生关系,共享资源与信息;创业企业在众创空间中的关系嵌入能促进共生主体间的相互信任,推动相互协同创新。另外,众创空间网络嵌入不仅丰富了创业企业的可利用资源,还能够有效利用众创空间中的信息系统和政府政策等,促进商业模式创新。

(二)管理启示

创业企业要积极入驻到众创空间中,主动与网络中政府、上下游企业、高校、中介服务机构等主体建立密切关系,加强与其他主体之间资源、知识、信息等的流通,强化彼此间的信任,促成更多合作与创新机会。由此,创业企业得以在创新资本充足的基础上敏锐地把握机会进行商业模式创新,形成竞争优势。另外,众创空间能够有效促进创业企业的创新发展,进而推动社会进步。相关部门应给予入驻众创空间的创业企业更有效的政策支持,鼓励创业企业实现价值创造,吸引更多的创新主体参与到创新创业活动中。创业企业的成长将对众创空间产生正反馈效应,众创空间管理部门应积极创造条件推动其与创业企业之间的协同共生演化。同时,众创空间应注重软硬件设施的提升,使创业企业与其他主体之间的交流合作更加便利与高效,降低创新创业成本。

(三)研究局限

首先,本研究采用横截面数据进行分析,没有考虑创业企业入驻众创空间的时间对于其网络嵌入程度以及所建立共生关系的成熟度的影响。其次,本研究的样本来源于几个知名众创空间,未涉及众多小型众创空间,研究结果的普适性有待提高。未来的研究可以综合考虑创业企业所入驻众创空间的规模和入驻时间,并拓宽数据来源渠道,做出更合理的设计。

参考文献

[1] 罗兴武,项国鹏,宁鹏,等.商业模式创新如何影响新创企业绩效?——合法性及政策导向的作用[J].科学学研究,2017(7):1073-1084.

[2] CHESCROUGH H. Business model innovation: opportunities and barriers[J]. Long Range Planning, 2010, 43(2): 354-363.

[3] 吴晓波,赵子溢.商业模式创新的前因问题:研究综述与展望[J].外国经济与管理,2017(1):114-127.

[4] 李靖华,黄继生.网络嵌入、创新合法性与突破性创新的资源获取[J].科研管理,2017(4):10-18.

[5] 张春雨,郭韬,刘洪德.网络嵌入对技术创业企业商业模式创新的影响[J].科学学研究,2018(1):167-175.

[6] HUNG J, LI M, MAO L, et al. The impact of network embeddedness on radical innovation performance-intermediators of innovation legitimacy and resource acquisition[J]. International Journal of Technology Policy & Management, 2017, 17(3): 220-239.

[7] 赵志耘,杨朝峰.创新范式的转变:从独立创新到共生创新[J].中国软科学,2015(11):155-160.

[8] GRANOVETTER M. Economic action and social structure: the problem of embeddedness[J]. American Journal of Sociology, 1985, 91(3): 481-510.

[9] BAUM J R, LOCKE E A, SMITH K G. A multidimensional model of venture growth[J]. Academy of Management Journal, 2001, 44(2): 292-303.

[10] WASTON J. Modeling the relationship between networking and firm performance[J]. Journal

of Business Venturing, 2007, 22(6): 852-874.

[11] 彭学兵, 王乐, 刘玥伶, 等. 创业网络、效果推理型创业资源整合与新创企业绩效关系研究[J]. 科学学与科学技术管理, 2017(6): 157-170.

[12] JOHNSON M W, CHRISTENSEN C M. Reinventing your business model[J]. Harvard Business Review, 2008, 35(12): 52-60.

[13] APAK S, VAYVAY Ö, FEYZIOĞLU O. A decision making model for the evaluation of supply chain execution and management systems[J]. International Journal of Computational Intelligence Systems, 2013, 6(2): 293-306.

[14] OSTERWALDER A, PIGNEUR Y, TUCCI C L. Clarifying business models: origins, present, and future of the concept[J]. Communications of the Association for Information Systems, 1998, 16(16): 751-775.

[15] ZOTT C, AMIT R. Business model design and the performance of entrepreneurial firms[J]. Organization Science, 2007, 8(2): 181-199.

[16] 罗兴武, 刘洋, 项国鹏, 等. 中国转型经济情境下的商业模式创新: 主题设计与量表开发[J]. 外国经济与管理, 2018(1): 33-49.

[17] ZOTT C, HUY Q N. How entrepreneurs use symbolic management to acquire resources[J]. Administrative Science Quarterly, 2007, 52(1): 70-105.

[18] VELU C. Business model innovation and third-party alliance on the survival of new firms[J]. Technovation, 2015, 35: 1-11.

[19] CHESBROUGH H, ROSENBLOOM R S. The role of the business model in capturing value from innovation: evidence from Xerox corporation's technology spin-off companies[J]. Social Science Electronic Publishing, 2002, 11(3): 529-555.

[20] 葛和平, 吴福象. 垂直专业化、核心技术创新与自主品牌创建——基于产业集群中我国本土企业创新行为视角[J]. 济南大学学报, 2017(3): 102-117.

[21] 袁纯清. 共生理论: 兼并小型经济[M]. 北京: 经济科学出版社, 1998.

[22] 叶斌, 陈丽玉. 区域创新网络的共生演化仿真研究[J]. 中国软科学, 2015(4): 86-94.

[23] 袁纯清. 共生理论及其对小型经济的应用研究(上)[J]. 改革, 1998(2): 100-104.

[24] 林少疆, 徐彬, 陈佳莹. 企业创新网络结构嵌入性对协同创新能力影响的实证研究——共生行为的中介作用[J]. 软科学, 2016(6): 16-19.

[25] 陈佳莹, 林少疆. 企业创新网络关系特征对技术创新绩效的影响路径[J]. 统计与决策, 2014(2): 186-188.

[26] KUGOT B, ZANDER U. Knowledge of the firm, combinative capabilities, and the replication of technology[J]. Organization Science, 1992, 3(3): 383-397.

[27] 张玉利, 杨俊, 任兵. 社会资本、先前经验与创业机会——一个交互效应模型及其启示[J]. 管理世界, 2008(7): 91-102.

[28] BELL G G. Clusters, networks, and firm innovativeness[J]. Strategic Management Journal,

2010, 26(3):287-295.

[29] JONES G R, GEORGE J M. The experience and evolution of trust: implications for cooperation and teamwork[J]. Academy of Management Review, 1998, 23(3):531-546.

[30] AHUJA G. Collaboration networks, structural holes, and innovation: a longitudinal study[J]. Administrative Science Quarterly, 2000, 45(3):425-455.

[31] 赵宇,王庆金.文化创意产业技术创新战略联盟系统动力学分析[J].理论学刊,2017(6):95-100.

[32] HAUNSCHILD P R, MIMER A S. Modes of interorganizational imitation: the effects of outcome salience and uncertainty [J]. Administrative Science Quarterly, 1997, 42(3):472-500.

市场结构、搜索引擎与竞价排名[①]
——以魏则西事件为例

一、引言

互联网的普及使得消费者获取信息的途径由"线下"转移到了"线上",即通过搜索引擎搜寻有效信息。搜索引擎的使用极大地降低了消费者的搜寻成本,成为当下消费者行为模式中不可或缺的重要环节(Huang 等,2009)[1]。据统计,在全部互联网用户中,有近79.6%的网民偏好使用搜索引擎作为搜寻信息的主要工具[②],而竞价排名是搜索引擎服务商普遍采用的一种广告信息推广模式。这种模式主要通过关键词拍卖来吸引广告主对搜索引擎网页的推广链接区域位置进行争夺,搜索引擎服务商则根据实际点击量和竞价向广告主收取费用(李凯等,2014)[2]。以中国搜索引擎市场为例,互联网巨头百度公司近几年在国内搜索引擎市场中占到80%以上的份额,而其竞价排名广告收入占其主营收入的90%以上[③]。

按照竞价排名预期的商业逻辑,广告主通过搜索引擎平台发布广告信息以促进产品的推广和销售,搜索引擎则通过竞价排名获取利润以支付服务器建设、研发等成本,消费者便捷地获取自身需要的个性化广告信息,进而购买相应产品和服务,因而广告主、搜索引擎服务商、消费者应该是互利共赢的。然而在实践中,处于市场优势地位的服务商,利用竞价排名将付费高的广告主的网站链接到搜索

[①] 原载于《广东财经大学学报》2017 年第 2 期第 4-14,52 页。
作者:凌永辉,南京大学商学院博士研究生;张月友,南京财经大学现代服务业研究院副教授,经济学博士。

[②] 资料来源于中国互联网络信息中心(CNNIC)发布的《中国互联网络发展状况统计报告 2013》。

[③] 资料来源于 Analysys 易观智库产业数据库。

页面靠前的位置,付费越高,位置越是靠前,因而会助推竞价。但市场存在逆向选择效应,因而会导致互联网搜索引擎市场充斥虚假广告,令消费者遭受财富甚至健康损失。如从2008年央视曝光的百度"假药门"事件,到近年的"魏则西"事件,均反映了这种广告推广模式背后紊乱失灵的市场秩序。这一现象不仅会导致搜索引擎服务供给市场失灵,甚至还会对我国当前"互联网+"战略的深入推进产生不利影响,值得理论界和实务界高度重视。

竞价排名这种点击付费模式最早由美国著名搜索引擎 overture 于2000年首次引入,随后被多家搜索引擎采用,并迅速成为搜索引擎行业最主要的盈利模式之一。竞价排名"风靡"引发了学者们的广泛关注和研究。但到目前为止,已有研究成果仍囿于竞价排名本身,即只是孤立地考察其中的关键词特征、竞价效果、广告属性等。

本文试图突破这种局限,将研究视角拓展至竞价排名模式背后的市场微观基础。即在当前我国大力实施"互联网+"国家战略的背景下,从市场结构角度出发,遵循理论分析与实证分析相结合的研究思路,分析竞价排名这一全新商业模式中广告主、搜索引擎服务商及消费者之间的行为博弈,探讨搜索引擎服务供给市场失灵现象频发的内在根源及其解决机制,再结合"魏则西事件"这一典型案例做进一步分析。研究力图能为政府决策部门在未来更有针对性地推进"互联网+"战略、完善网络服务市场治理,进而为完善我国搜索引擎市场、保护消费者权益提供有益参考。

全文结构安排如下:第二部分简要回顾相关文献;第三部分基于SCP分析框架和理论模型,详细讨论市场结构究竟如何影响竞价排名背后广告主、服务商和消费者间的行为关系;第四部分结合魏则西事件进行案例验证;最后得出结论和政策启示。

二、文献综述

国内外学者对搜索引擎的竞价排名机制已进行了广泛研究并取得了丰硕成果。综合来看,这些成果主要体现在以下三个方面:

(一)关于关键词的特征与竞价策略

如 Rutz 和 Bucklin(2007)[3]通过构建一个贝叶斯二值响应模型估计了单个关键词特征的转化率问题,发现大部分关键词均无法带来可观的转化率,导致广告主的收益有限。为分析其中原因,Yang 和 Ghose(2010)[4]根据关键词的不同特征,将其分为品牌型关键词和一般型关键词,以探寻用户实际搜索行为的差异。其研究发现,由于广告主通常只考虑直接关系到其产品的品牌型关键词,而容易忽视那些能够对其产品销售产生间接影响的一般型关键词,从而导致用户虽频繁地搜索大量关键词,但最终形成真实购买的情况并不多。Rutz 和 Bucklin(2011)[5]也进一步分析了一般型关键词和品牌型关键词彼此之间的外溢效应,发现这种外溢效应是非对称的,前者对后者的外溢效应要远大于后者对前者的外溢效应。以用户对竞价广告链接的点击率和产生真实购买的转化率为判断依据,Katona 和 Sarvary(2010)[6]研究了广告主针对搜索引擎推广页面不同位置的估值行为和动态竞价策略,发现排位最高的广告位置受价格劣势影响并不能给广告主带来最优收益。

(二)关于竞价排名效果的影响因素

如 Sen 等(2006)[7]从消费者选择偏好角度研究了竞价排名效果的影响因素,发现消费者对待所偏好产品价格的态度、对互联网企业价格发散的认知度及对销售代理商的熟悉度等,都将对搜寻策略的选择产生重要影响。广告主只有深入了解消费者的搜寻策略,才能最大化自身收益。Ghose 和 Yang(2009)[8]使用蒙特卡洛模拟方法实证估计了竞价广告的影响因素,发现搜索关键词的类型和长度、登录网页的质量和广告在其中的位置、竞价费用与排名都会对竞价广告的最终效果产生显著影响。蔡志强(2013)[9]通过研究搜索引擎竞价排名的经济机理发现,消费者对竞价排名的敏感度对搜索效果及其期望收益具有重要影响。

(三)关于竞价排名的广告属性与法律规制

不同于某些国家在竞价排名出现不久就对其广告属性进行界定的做法,目前我国至今未对竞价排名的广告属性和适用法律给出明确的官方裁定。学界对这一问题的看法也存在较大争议。如邓宏光和周园(2008)[10]认为,竞价排名服务并非真正法律意义上的广告行为,因为搜索引擎并不直接提供产品的介绍和推广,而仅仅是提供广告主网站链接,消费者只有链接到广告主网站才能真正获取产品的介绍信息。但也有学者反对这一观点,如李明伟(2009)[11]认为,竞价排名表面上是针对关键词进行出售,但实质上却是拍卖广告位置,而且,只要广告主出价购买了搜索网页的某一广告位,就已经对所售商品或服务进行了间接的介绍,不论搜索引擎是否直接提供广告主链接网站的信息,竞价排名都是一种不折不扣的广告行为。对竞价排名广告属性存在争议,相关的法律、法规解释缺失,也是近年来竞价排名模式事故频发的重要原因之一。针对竞价排名的法律规制问题,目前学界的普遍共识是要尽快加强相关适用法律的立法,同时利用现有法律及法律原则,尽可能地保护消费者的合法权益(张俊芬,2009;寿步,2014)[12-13]。

综合梳理上述文献,现有关于竞价排名的研究从多个视角进行了深入分析,这对本文研究的开展无疑具有极大裨益。然而,现有研究也存在不足。由于搜索引擎、竞价排名等作为互联网经济中的新生事物,各经济主体的行为很容易受到市场结构的约束,而已有研究恰恰忽视了市场结构这一重要因素,未能将广告主、搜索引擎服务商和消费者置于统一的框架内进行分析。忽视这一点,很有可能会降低研究结论的稳健性和适用性。

鉴此,本文将从市场结构视角切入,考察国内搜索引擎的竞价排名模式及其背后市场失灵的内在根源和解决机制。以期一方面能丰富现有研究视角,另一方面也在一定程度上拓展质量酬金模型,通过引入新的竞争对手和实施政府补贴措施,探寻解决搜索引擎市场失灵问题的可行路径,为后续更为深入的研究提供有益参考。

三、SCP 范式分析和理论模型推演

SCP 范式源于贝恩的《产业组织》一书,它以垄断竞争理论为基础,将产业经济分析纳入一个由市场结构、市场行为和市场绩效构成的逻辑体系框架。SCP 范式强调市场结构、市场行为和市场绩效之间存在链式的因果关系,即市场结构决定市场中的企业行为,企业行为又进一步决定市场的经济绩效。根据哈佛学派的定义,市场结构指的是产业内竞争程度、价格形成等市场组织特征,具体包括产品需求与供给、细分市场的特征等。市场集中度、产品差别化、进入壁垒是影响市场结构的主要因素。而企业作为市场中重要的微观经济主体,只有在充分考虑产业内市场的供求特征和其他企业行为之后,才会采取相应的定价、广告、研发等策略,此即所谓市场行为。市场结构和市场行为对市场中的资源配置效率、企业利润率、社会公共福利等最终经济效果具有决定性作用。

(一)搜索引擎服务的供给市场结构、市场行为与市场绩效

1.市场结构

在以计算机网络为基础、以现代化信息技术为核心的网络经济时代,搜索引擎等网络产品表现出极强的外部性,这决定了搜索引擎服务供给的市场结构必然有别于传统经济。搜索引擎通过自身的算法技术对信息进行收集、分类和处理,为用户在纷繁复杂的互联网中搜寻信息提供了一条便捷之路。虽然搜索引擎在初期的开发设计方面产生了巨大的研发成本,但由于搜索引擎的核心业务是为用户提供信息产品服务,而信息产品一旦被开发出来,便可以被无限复制,且边际成本几乎为零。基于信息服务的这种特性,搜索引擎服务商通常利用免费策略来扩大用户群,而用户群的扩大会进一步增强用户价值的自我实现,从而吸引更多的用户加入。正是凭借这种网络外部性,搜索引擎既实现了市场份额的增加,又实

现了平均成本的递降。一般而言,在众多的服务商中,先行进入的搜索引擎更具优势。因为它能够凭借先行优势,通过产品锁定效应进行用户群规模的积累,进而抢先达到网络效应临界点(Rohlfs,1974)[14]。如果企业达到这个临界点,那么超过该点的任何用户需求的增加,都会使该企业实现利润盈余,即"开始赚钱"①,从而使该企业掌握的市场力量得到加强。在国内搜索引擎市场,百度、谷歌、搜狗和雅虎等几家企业最先进入。其中,虽然谷歌和雅虎曾在中国搜索引擎市场具有可观的用户群,却因为社会文化差异等因素的影响,二者的市场份额逐渐萎缩。而本土的搜索引擎服务商之中,只有百度成功跨越了网络效应临界点,庞大的用户群使其市场份额从2003年的11.2%一直增加到2014年的81.8%。通过测度2014年中国搜索引擎市场集中度,发现百度和谷歌中国的市场占有率高达92.7%。根据贝恩的分类标准,目前中国搜索引擎市场属于极高寡占型结构。

2.市场行为

搜索引擎的互联网经济具有典型的双边市场特征。如图1所示,搜索引擎服务商向普通用户提供免费的信息查询服务,通过用户在搜索引擎上输入关键词的形式获取注意力,随后将用户的注意力通过竞价排名的形式出售给有需求的广告主②。更具体地说,搜索引擎服务商通过对购买同一关键词的广告网站进行付费排名,单次点击付费最高的广告网站将被自动排在搜索结果界面的第一位,其余广告网站则按照竞价从高到低进行排位。大量关于用户网页浏览习惯的研究表明,排位越靠前的网站,通常其点击量也越高,用户一般只会关注前三页的搜索结果,而超过三页之后的网页点击量极少(李建廷等,2012)[16]。在这种消费者偏好下,广告主为吸引消费者注意力,不得不向搜索引擎服务商支付高昂的价格成本。

图1 搜索引擎双边市场示意图

由于搜索引擎行业的市场结构呈现寡头垄断特征,搜索引擎服务商有能力也有动力使用市场势力攫取垄断利润,而且,搜索引擎服务商的市场势力和竞价排

---

① 当然,如果该先行企业未能达到临界点,那么它的市场份额不仅无法扩大,反而有可能会逐渐萎缩。从这个意义上,我们可将其称为"失败的先行者"。此时,将会有其他企业对其形成替代和赶超。

② "注意力"一词的经济学含义源自美国经济学者迈克尔·戈德海伯,他认为随着互联网的出现,当今社会已成为一个信息极为丰富的社会,因而相对于过剩的信息而言,人们的注意力反而更具价值(Goldhaber,1997)[15]。

名之间还存在着内生的相互增强机制。一方面,搜索引擎行业中市场占有率较高的服务商通常拥有大量的用户群,将使得众多广告主认为投入广告的回报率高、风险小,因而这些搜索引擎很容易通过竞价排名获得众多广告主的青睐。另一方面,市场占有率较高的搜索引擎服务商通过竞价排名获取的垄断利润,有力支撑了自身的技术研发、市场拓展等费用,从而更有能力去完善搜索引擎的算法系统,对关键词搜索排名进行更为精准的智能干预。这反过来又能够促进用户群范围的进一步扩大,进而增强市场势力。

3. 市场绩效

当拥有市场势力的搜索引擎服务商通过竞价排名进行广告推广时,会产生所谓的"逆向选择"效应。在竞价排名模式中,网站广告主只要遵循竞价机制支付服务商认可的价格,就能将自己的产品信息推送至消费者终端。在此过程中,搜索引擎服务商是唯一能够进行"信息过滤"的中间环节,但搜索引擎服务商通常更愿意看到越来越多的广告商参与到竞价中来,从而可通过抬高价格来获利。尤其是在寡头垄断的市场结构中,搜索引擎服务商拥有大量的用户群,迫使想要进行网络营销的广告主没有其他可替代的搜索引擎可选,导致竞价始终处于较高位置。然而,真实广告主的产品成本远高于虚假广告主的产品成本。在高位竞价情形下,真实广告主虽然有意愿进行广告推广,但与虚假广告主相比毫无竞价优势。在这种情况下,真实广告主只能退出竞价,使得搜索引擎服务供给市场必然发生"劣币驱逐良币"的失灵现象。

首先,从搜索引擎服务商与广告主的角度看,搜索引擎服务商使用市场势力通过竞价排名来索要高额竞价,广告主企业如果生产成本足够低,那么争夺搜索引擎网页的高排位将有利可图,因而愿意支付高额竞价。

其次,从广告主和消费者的角度来看,由于大多数的网络营销产品和服务都是经验品,有的甚至是信任品①,处于信息弱势一方的消费者难以对产品质量做出预先判断,从而令虚假广告有机可乘。加上网络企业身份的不易识别性,消费者几乎没有能力从投放虚假广告的企业那里追讨任何赔偿。正如 Pepall 等(2008)[19]所指出,经验品和难以索赔构成了欺诈性广告盛行的两个基本条件。

最后,从搜索引擎与消费者的角度看,消费者作为虚假广告的受害者,虽然无法直接向投放虚假广告的厂商索要赔偿,但消费者很可能会选择终止使用该搜索

---

① "经验品"(experience goods)是指那些只能在消费了之后才能知道质量高低的产品和服务(Nelson,1970)[17];"信任品"(credence goods)是指那些即使在消费之后,也很难知其质量的产品和服务(Darby 和 Karni,1973)[18]。

引擎,从而使该搜索引擎遭受到"声誉"损失。

那么,搜索引擎服务商是否会因为潜在的声誉租金损失而加强对竞价排名中广告信息的甄别呢?为回答这一问题,下面将通过构建理论模型进行深入分析。

(二)模型构建与分析

借鉴经典质量酬金模型(Shapiro,1983;Allen,1984)[20-21],假设搜索引擎网页推广中的广告有两种可能的类型:真实广告和虚假广告。凭借市场势力,垄断搜索引擎的服务商通过竞价排名向所有投放广告的广告主索要一个固定的价格W。如果搜索引擎服务商通过建立广告信息甄别机制来确保广告的真实性,将会产生高成本,假定为C_h。同理,如果搜索引擎服务商不进行信息甄别,则成本为C_l($C_l<C_h$)。假定市场上所有消费者具有相同的偏好,不同消费者之间的相互影响是有限的,且数量固定不变,因而可以标准化为1。其中,比例为μ的部分消费者不幸遭受了虚假广告的欺骗。垄断搜索引擎服务商在每一期都有可能选择建立广告信息甄别机制,即间接选择广告质量。其中,时期是无限的:$T=1,2,\cdots$,令$\delta=1/(1+r)$表示贴现因子。给定消费者对搜索引擎服务商的"声誉"预期,搜索引擎服务商最大化利润贴现值。

1.基准模型

首先,假设垄断搜索引擎服务商不建立广告信息甄别机制。如果比例为μ的部分消费者在T期遭受了虚假广告的欺骗,那么,可以合理预期从$T+1$期起,这部分消费者将终止使用该搜索引擎的广告推广服务。但剩余比例为$(1-\mu)$的部分消费者仍将继续使用该搜索引擎。此时,搜索引擎服务商的跨期垄断利润为:

$$\Pi_a = \mu(W-C_l) + (1-\mu)(W-C_l)(1+\delta+\delta^2+\cdots) = (W-C_l)[\mu+(1-\mu)(1+r)/r] \tag{1}$$

式(1)中,第一个等号右边第一项表示搜索引擎服务商从只在T期进行购买的受害消费者身上获得的垄断利润,第二项表示搜索引擎服务商从未受虚假广告影响的其余消费者身上获得的垄断利润。

其次,假设垄断搜索引擎服务商建立广告信息甄别机制。此时,其成本由C_l上升为C_h,而所有消费者都会使用该搜索引擎服务商的推广服务。从而,搜索引擎服务商的跨期垄断利润为:

$$\Pi_b = (W-C_h)(1+\delta+\delta^2+\cdots) = (W-C_h)(1+r)/r \tag{2}$$

不难看出,如果$\Pi_a>\Pi_b$,那么搜索引擎服务商显然不会建立针对广告信息的甄别机制。于是,将上述两式相减可得:

$$\Pi_a - \Pi_b = (C_h-C_l)(1+r)/r - \mu(W-C_l)/r \tag{3}$$

式(3)中,等号右边的第一项恰为搜索引擎服务商选择不建立广告信息甄别机制所节省成本的跨期贴现,第二项为该搜索引擎服务商从 $T+1$ 期开始的跨期声誉租金损失。因此,式(3)的经济学含义是直观的:当不建立广告信息甄别机制带来的成本节省超过声誉租金损失时,不建立广告信息甄别机制就是垄断搜索引擎服务商的最优选择。

令 $\Pi_a - \Pi_b > 0$,可进一步得到搜索引擎服务商建立广告信息甄别机制的临界条件为:

$$\mu < \bar{\mu} = \frac{(1+r)(C_h - C_l)}{W - C_l} \tag{4}$$

式(4)表明,只要遭受虚假广告欺骗的消费者比例小于某一临界水平 $\bar{\mu}$,垄断搜索引擎服务商就不会针对广告信息进行有效甄别。一般来说,短期内的虚假广告受害者数量有限,通常很难达到临界值。即使在长期中,由于垄断搜索引擎服务商拥有很强的市场势力,行业进入壁垒极高,垄断厂商的长期决策基本上会退化为短期决策。这意味着,贴现因子 δ 将大大降低,从而临界值 $\bar{\mu}$ 将会上升,使得临界条件更加难以实现。也就是说,垄断搜索引擎服务商不建立广告信息甄别机制的均衡具有自我维持的稳定特质。

2.拓展分析

基准模型的分析结果表明,在寡头垄断的市场结构中,单纯地依靠市场自身显然难以避免竞价排名模式所引致的负外部性和公共福利损失。这里反映出来的深层问题是,搜索引擎服务市场中服务提供商的私人价值与服务使用者的公共价值之间存在冲突(李俊生和姚东旻,2016)[22],而垄断市场结构进一步激化了二者间的矛盾。理论上讲,要从根本上解决垄断市场结构的搜索引擎服务市场失灵问题,必须借助政府合理地使用财政手段(如财政补贴、税收优惠等),以增强搜索引擎服务商建立广告信息甄别机制的激励。具体而言,政府可以直接对搜索引擎服务商建立广告信息甄别机制的行为进行政策性补贴,也可以运用税收减免等优惠政策培育竞争性市场,引入新的竞争对手以打破寡头垄断的市场格局。

下面将通过引入相应参数变量拓展基准模型,就如何解决搜索引擎服务商建立广告信息甄别机制的激励问题进行深入探讨。

情形1:政府对搜索引擎服务商建立广告信息甄别机制的行为进行一次性财政补贴 S①。此时,搜索引擎服务商的利润函数为:

---

① 可以证明:如果政府进行非一次性补贴,也不会改变模型推导的最终结论。但限于篇幅,具体证明过程略去,备索。

$$\Pi'_b = (W-C_h)(1+r)/r + S \tag{5}$$

但由于政府与搜索引擎服务商之间存在信息不对称,搜索引擎服务商很可能产生"骗补"动机,即拿了补贴却不建立真正有效的广告信息甄别机制。为防止这种道德风险,政府也必须对不诚实的搜索引擎服务商进行严厉的事后惩罚,假定处以高额罚金 F。但由于搜索引擎服务商的不诚实行为最终是否被发现,实际上是一种概率事件,而这一概率的大小又与受虚假广告侵害的消费者数量息息相关,因此,不妨将此概率假定为受害消费者比例 μ。从而,搜索引擎服务商对其因不诚实行为所遭受处罚的预期就为 μF。因此,在政府进行一次性补贴情形下,搜索引擎服务商若仍不建立广告信息甄别机制,那么其利润函数可以表示为:

$$\Pi'_a = (W-C_l)[\mu+(1-\mu)(1+r)/r] - \mu F \tag{6}$$

同理,令 $\Pi'_a = \Pi'_b$,可得政府补贴情形下搜索引擎服务商建立广告信息甄别机制的临界条件为:

$$\bar{\mu} = \frac{(C_h-C_l)(1+r)-rS}{W-C_l+rF} \tag{7}$$

经过简单偏微分计算可得:

$$\frac{\partial \bar{\mu}}{\partial S} < 0; \quad \frac{\partial \bar{\mu}}{\partial F} < 0 \tag{8}$$

从式(8)可以看到,临界条件随着政府补贴的增加而降低,同时也伴随事后罚金的增加而降低。这意味着,政府"胡萝卜加大棒"的策略选择将有助于克服搜索引擎服务供给市场失灵,促进服务商建立有效的广告信息甄别机制,而且,式(7)中由于分母项不可能等于0,于是当分子项无限趋于0,可以近似地得到政府补贴的函数解析式为:$S \approx (C_h-C_l)(1+r)/r$。因此,政府应对搜索引擎服务商提供补贴,以增大其建立广告信息甄别机制的激励,且补贴额应尽可能地接近服务商选择不建立广告信息甄别机制而节省成本的跨期贴现。同时,政府也要采取相应的事后惩罚策略,规避不诚实服务商可能发生的道德风险。

情形2:在搜索引擎服务供给市场中引入新的竞争对手,培育竞争性市场,从而令现有服务供给市场的在位者必须考虑潜在进入者的策略行为。

为简单起见,考虑一个仅限两期的序贯博弈。在第一期,垄断在位者选择是否建立广告信息甄别机制;在第2期,潜在进入者选择是否进入市场。如果在位者没有建立广告信息甄别机制,那么潜在进入者选择进入并且建立广告信息甄别机制将有利可图。此时,由于市场存在竞争,服务商索取的价格将发生下降(假定

为 W_l),进入者的利润函数可表示为 $\Pi_b^e = \mu(W_l-C_h)(1+r)/r$①,而在位者的利润函数为 $\Pi_a^i = (W_l-C_l)[\mu+(1-\mu)(1-r)/r]$。如果在位者已经建立了广告信息甄别机制,那么潜在进入者的最优选择就是不进入。因为此时在位者由于拥有全部声誉而获得垄断利润 Π_b^i,潜在进入者强行进入只会导致亏损(即出现负利润)。

这一博弈过程可以用图 2 来表示。图 2 是一个"在位者与潜在进入者博弈的扩展形式"图,利用逆向归纳法可得该博弈的纳什均衡为在位者不建立广告信息甄别机制,而潜在进入者进入且建立广告信息甄别机制。但当我们放松博弈期限的假定时可以发现,如果在位者在第 1 期宣称只要进入者选择进入,它将毫不犹豫地建立广告信息甄别机制,那么理性的潜在进入者在面临这一可信的威胁时,将只能选择不进入。这样一来,博弈的均衡就是在位者不建立广告信息甄别机制,潜在进入者不进入市场。

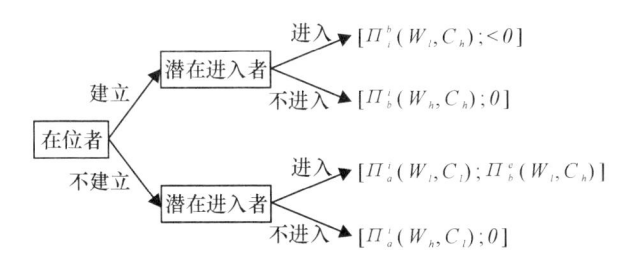

图 2 在位者与潜在进入者博弈的扩展形式

因此,通过培育竞争性市场来解决搜索引擎服务供给的失灵问题,关键就在于要保障新的竞争对手能够成功进入。具体来说,就是通过对进入者实行税收减免等优惠政策,使其能够不惧在位者的掠夺性威胁。即使在位者选择建立广告信息甄别机制,潜在进入者进入也不至于亏损。这样,多期博弈的纳什均衡就会等同于图 2 所示的两期博弈纳什均衡,而且,我们还可以从该纳什均衡中观察到,随着 μ 值的增加,在位者和进入者的收益呈现此消彼长的趋势,在位者将很快意识到对广告信息有效甄别的重要性②。因此,在搜索引擎服务供给市场上引入新竞争对手,其最终的纳什均衡将会是进入者建立广告信息甄别机制,从而倒逼在位

---

① 此处暗含的假设是:比例为 μ 的部分消费者若在 T 期遭受了虚假广告的欺骗,他们就会在 T+1 期不再使用在位者所提供的服务,而会全部转向使用进入者提供的服务。事实上,我们也可以据此合理地推断:潜在进入者只要选择了进入,那么一定会选择建立广告信息甄别机制。

② 尽管在基准模型中 μ 值也会逐渐增加,但由于没有外界竞争对手的压力,要达到使垄断服务商建立广告信息甄别机制的临界条件,必将是一个极其漫长的过程,这与此处存在新竞争者进入的情形有着本质的区别。

者也建立广告信息甄别机制。

四、魏则西事件案例分析

本文选取魏则西事件作为案例分析对象,主要出于以下两点考虑:一是案例的匹配性。魏则西事件是近年来国内搜索引擎市场失灵现象的集中爆发,包括受害消费者(魏则西)、寡占搜索引擎服务商(百度)、投放虚假广告的广告主(武警北京二院生物诊疗中心)等,都具有典型代表性,与本文所要探讨的主题十分契合。二是资料可获得性。魏则西事件引起了官方、媒体和公众等社会各界的普遍关注,相关资料在互联网等传播媒介较为丰富,不仅方便收集,而且也有利于进行三角验证,以保障信息真实性。对案例的具体分析将遵循如下逻辑:首先简要回顾魏则西事件的案例背景,然后通过考察广告信息甄别机制建立的临界条件,解析搜索引擎市场失灵的产生过程,最后从政府直接补贴和引入市场竞争两个角度来揭示市场失灵的解决机制。

(一)案例分析背景

魏则西事件可简要梳理如下:在读大学生魏则西身患"滑膜肉瘤",多地求医未果,最后通过百度搜索到有关治疗方案,并选择了百度首页所推广的武警北京总队第二医院的所谓"生物免疫疗法"。这个宣称与国外大学合作的疗法曾被魏则西及其家人视为"救命稻草",但其所采用的技术其实早已被美国临床治疗所淘汰。魏则西历经了两年多进行了4次治疗,花费了近20万的医疗费用,病情一直未见好转,最终于2016年4月12日不幸去世。随后,媒体曝光了该事件,一时间有关"搜索结果间接导致青年人死亡"的报道引起了社会的广泛关注。政府相关部门成立了联合调查组分别对百度公司和武警北京二院展开调查。调查结果显示:百度竞价排名的关键词搜索存在付费竞价权重过高、商业推广标识不清等问题,而武警二院也存在科室违规合作、发布虚假广告信息等一系列问题。

目前,国内的搜索引擎服务供给商主要有百度、谷歌中国、搜狗、360搜索、搜搜等。但各服务商之间的市场份额差异较大,其中百度稳居国内搜索引擎市场的主导地位,营收份额占到80%以上,远超其他搜索引擎服务商。从移动端搜索引擎市场来看,百度公司也同样占据了主导,其市场份额占到整个市场的近一半,而且,百度从2015年起开始着手布局O2O,拟对百度搜索、百度地图、百度糯米等进行系统整合。如果策略得当,这将为百度公司带来海量的流量,会进一步增强消费者、广告主对百度关键词搜索的依赖。事实上,目前除了阿里、腾讯、360等寥寥几家企业外,几乎所有互联网公司的流量命脉都掌握在百度手中(如携程网就必须从百度公司购买关键词)。

(二)搜索引擎市场失灵产生过程的解析

从市场行为视角来看,垄断搜索引擎市场失灵的产生有两个重要根源:一是逆向选择效应下的广告主虚假宣传;二是消费者真正实现"用脚投票"比较困难。这两方面的原因,使得垄断服务商建立广告信息甄别机制的临界条件难以达成。

1.逆向选择效应下的广告主虚假宣传

在本案例中,涉事广告主为武警北京二院的生物诊疗中心。事实上,该诊疗中心已被武警北京二院外包给了一家民营医疗机构,而这家民营医疗机构隶属"莆田系"[①]。近年来,由于莆田系等民营医疗机构的急速膨胀,大量医疗广告主偏好拥有巨大流量资源的百度,从而加剧了百度搜索关键词的买方竞争,竞价费用"水涨船高",很多跟医疗有关的关键词价格已涨至近千元。然而,在制度监管较为缺乏的环境下,"价高者得"的竞价排名模式过度倾向于拥有更多金钱和权势客户,忽视甚至排斥了普通客户。比如某些广告信息虽然与消费者所搜索关键词更为接近,但由于出不起竞价而未参与关键词拍卖,从而遭到百度的恶意屏蔽。由于医疗服务属于"信任品",普通患病者根本无法辨别医疗服务质量的高低,这就使得莆田系当中许多虚假广告的发布者能支付巨额医疗广告竞价,并将其转嫁给医疗服务消费者。这些虚假广告商不仅在百度竞价排名中获得首位排名,而且还挤出了那些不愿支付高额竞价的正规医疗机构。

2.消费者难以"用脚投票"令垄断服务商建立广告信息甄别机制的临界条件难以达成

由于消费者在信息获取方面处于绝对劣势地位,因而对大量广告的真实性根本难以进行有效辨别。消费者只能凭借广告传播中介的一些表象信息进行间接判断,如百度、央视、武警二院等属于知名品牌,但恰巧就是这些被无良医院所利用的表象信息,往往因其所谓的"权威性"而使大量消费者深受其害。虽然消费者在遭受损失之后,会对百度产生不信任感,减少对百度的使用,致使百度遭受一定程度的"声誉"损失。但问题是,百度对搜索引擎市场的长期垄断已经使消费者产生了网络锁定效应,消费者想要真正实现"用脚投票"并不容易。百度近年来的营收情况(见图3)显示,即使在经历多次事件之后,百度仍旧创下了巨额营收,年均增长率高达46.5%,而且从增长趋势来看,未来3年内,百度总营业收入很可能仍然保持高位增长态势。从百度公司上市以来的股价看,其2005年上市之初为

[①] "莆田系"是一系列以"江湖游医"起家的莆田籍人士所掌握的民营医疗企业的俗称。参见新京报《联合调查组进驻百度调查"魏则西事件"》,http://www.bjnews.com.cn/news/2016/05/03/402053.html。

4.44美元,但在2014年底已上涨至历史峰值的251.99美元①。短短10年时间,百度的股价涨了50多倍。这种优秀业绩使得百度的高层管理人员几乎不会感受到"消费者逃离"的声誉威胁,遭受虚假广告损害并选择"用脚投票"的消费者数量极为有限,其比例很难达到使服务商建立广告信息甄别机制的临界水平$\bar{\mu}$。因此,在通常情况下,垄断搜索引擎服务商不会主动地针对广告信息进行有效甄别。

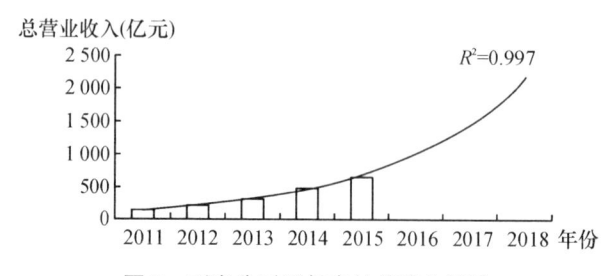

图3 百度公司近年来的总营收情况

注:资料来源于《百度年度报告2015》。

（三）对搜索引擎市场失灵解决机制的考察

在本案例中,根据"武警北京二院肿瘤生物治疗中心"网站标示的ICP备案号,通过工信部官网进行查询,发现这些备案信息几乎与医院无关,均为"久久印象""葫芦岛订房网""信息网"等诸如此类②。这表明武警北京二院肿瘤生物治疗中心显然存在诸多问题。百度虽然有能力对其进行资质审核,帮助消费者规避风险,但事实却是:出于成本节省与声誉租金的权衡(trade-off),百度最终并没有选择进行信息甄别。实际上,面对互联网中成千上万的纷杂信息,百度想要对它们的真实性进行有效甄别,必须投入高额的研发成本。但百度作为寡头垄断厂商,往往表现出研发动力不足,并不会主动建立信息甄别机制。这种策略选择为百度带来了可观的成本节省(C_h-C_l)③。同时,由于消费者难以真正实现"用脚投票",也使得百度的声誉损失十分有限。在此情况下,不建立广告信息甄别机制显然是作为垄断在位厂商的百度的最优选择。然而,如果政府能够对百度建立广告信息甄别机制的行为进行直接补贴S,那么百度的机会成本就会降为(C_h-C_l-S),当这一补贴使得机会成本节省低于声誉损失时,百度的最优选择策略将会转向建立广告信息甄别机制。这当中需要注意的是,为避免道德风险问题,政府在实行补贴

---

① 资料来源于新浪财经行情中心,http://stock.finance.sina.com.cn/usstock/quotes/BIDU.html。

② 参见搜狐新闻:《起底调查:引发公愤的医院科室背后是莆田系身影》,http://news.sohu.com/20160502/n447234217.shtml。

③ 此处的分析未考虑贴现,但不影响总体结论。下同。

优惠政策的同时,须对可能的不诚实行为也规定相应的处罚 F(这种处罚实际上是对声誉租金损失的加成,即 μF),以有利于搜索引擎市场的有效均衡。

另一方面,前文提到,作为在位者的百度如果选择不建立广告信息甄别机制,那么市场中的其他进入者(如搜狗、360 搜索等)选择建立广告信息甄别机制,其所提供的搜索引擎服务将作为消费者多样性选择的高质量替代品,从而赢得消费者声誉,扩大市场份额。但事实上目前不仅百度没有建立广告信息甄别机制,搜狗、360 搜索等其他进入者也没有建立广告信息甄别机制,搜索引擎服务供给市场呈现出无效率的均衡。而究其根源,则是百度能对潜在进入者的广告信息甄别行为产生可信的进入威胁。具体来说,搜狗、360 搜索等潜在进入者会存在这样的信念:在自己建立广告信息甄别机制之后,百度一定也会选择建立,届时不仅争夺消费者声誉的战略会失败,而且还会产生额外的研发成本。因此,想要成功引入竞争来解决垄断市场的失灵,关键的前提显然是必须转变潜在进入者的信念。那么该如何转变呢?最有效的方式就是对潜在进入者实行优惠政策,使之能够弥补建立广告信息甄别机制的额外研发成本。这样一来,不仅搜狗、360 搜索等将率先建立广告信息甄别机制,提高服务质量,增强企业核心竞争力,而且通过市场竞争还会进一步倒逼百度改变策略,最终也将选择建立广告信息甄别机制。

五、研究结论、意义与政策启示

本文基于 SCP 范式分析框架,构建了一个拓展的质量酬金模型,从理论上探讨了我国搜索引擎服务供给市场失灵的原因及其解决机制,并结合近期热点"魏则西事件"进行案例分析。主要结论为:第一,百度充分利用其进入搜索引擎这一新兴产业的先行优势以及雅虎、谷歌退出中国大陆市场的契机,掌握了巨大的流量资源,对国内搜索引擎市场实现了绝对的寡头垄断。第二,百度利用市场势力针对竞价排名的广告关键词收取高额价格,在一定程度上造成了广告主一方市场的逆向选择,从而降低了广告信息的平均质量水平。第三,目前百度面临的声誉租金损失远小于成本节省带来的垄断利润,百度显然不会主动建立有效的广告信息甄别机制。第四,政府的合理干预将有助于改善搜索引擎服务供给市场失灵状况。

以上研究结论表明,市场的"无形之手"并非万能,政府的"有形之手"也能发挥不可替代的作用。更为重要的是,这些发现对于我国在"互联网+"背景下如何进一步推进搜索引擎服务供给市场的健康发展具有重要的启示意义。一方面,搜索引擎作为互联网新兴行业,其相关法律法规比较缺乏,尤其是反垄断法在搜索引擎市场中的适用性问题未能引起足够重视,导致搜索引擎服务商过度追逐其企业私人价值最大化,导致不正当竞争、欺诈、侵权等市场失灵现象时有发生。但搜索引擎服务还具有一定程度的公共价值,需要政府的合理干预才能得到有效体现。政府对搜索引擎市场的正确引导,将有助于促进搜索引擎服务供给市场的充分竞争,使竞价排名的负外部性成本内部化,从而降低广告竞价,提高服务质量。

因此,在具体的政策取向上,有关部门首先应积极落实相关法律法规的研究和制定工作,对竞价排名的广告属性和适用法律给出明确裁定。目前,国内法律尚未有明确的条文规定百度推广行为的广告属性,导致竞价排名的负外部性无法从法律层面得到合理纠正。其次,由于搜索引擎服务具有半公共品性质,政府部门可针对在位服务商建立广告信息甄别机制的行为进行财政补贴,同时,为防止道德风险问题,也应针对其中可能的不诚实行为规定相应的事后处罚条例。再次,政府部门也可以通过税收减免等优惠政策引入新的竞争对手,培育竞争性市场。比如,尽快研究如何让谷歌、雅虎等搜索引擎回归国内市场,进而增强国内搜索引擎市场的竞争程度。但在这一过程中要注意避免这些实力较强的国外服务商对原本实力就较弱的360搜索、搜搜等国内服务商造成挤出效应。最后,要继续加强针对市场供给方制假售假行为的打击和整治力度,通过多种渠道帮助消费者提高信息辨别能力,尽可能减少消费者与商户之间的信息不对称。

参考文献

[1] HUANG P, LURIE N H, MITRA S. Searching for experience on the web: an empirical examination of consumer behavior for search and experience goods[J]. Journal of Marketing, 2009, 73(2): 55-69.

[2] 李凯,邓智文,严建援.搜索引擎营销研究综述及展望[J].外国经济与管理,2014(10): 13-21.

[3] RUTZ O J, BUCKLIN R E. A model of individual keyword performance in paid search advertising[R]. SSRN Working Paper 1024765, 2007.

[4] YANG S, GHOSE A. Analyzing the relationship between organic and sponsored search advertising: positive, negative, or zero interdependence? [J]. Marketing Science, 2010, 29(4): 602-623.

[5] RUTZ O J, BUCKLIN R E. From generic to branded: a model of spillover in paid search advertising[J].Journal of Marketing Research,2011,48 (1):87-102.

[6] KATONA Z, SARVARY M. The race for sponsored links: bidding patterns for search advertising[J].Marketing Science,2010,29(2):199-215.

[7] SEN R, KING R C, SHAW M J. Buyers' choice of online search strategy and its managerial implications[J]. Journal of Management Information Systems, 2006, 23(1): 211-238.

[8] GHOSE A, YANG S. An empirical analysis of search engine advertising: sponsored search in electronic markets[J]. Management Science, 2009, 55(10): 1605-1622.

[9] 蔡志强. 搜索引擎竞价排名的经济机理及策略分析——兼论厂商广告竞争策略[J]. 北京工商大学学报:社会科学版,2013(1):121-126.

[10] 邓宏光,周园. 搜索引擎商何以侵害商标权?——兼论"谷歌"案和"百度"案[J]. 知识产权,2008(5):59-64.

[11] 李明伟. 论搜索引擎竞价排名的广告属性及其法律规范[J]. 新闻与传播研究,2009(6):95-100,108-109.

[12] 张俊芬. 搜索引擎之竞价排名的法律问题研究[J]. 北京邮电大学学报:社会科学版,2009(6):19-22.

[13] 寿步. 搜索引擎竞价排名商业模式的规制[J]. 暨南学报:哲学社会科学版,2014(2):67-73,163.

[14] ROHLFS J. A theory of interdependent demand for a communications service[J]. The Bell Journal of Economics and Management Science, 1974, 5(1): 16-37.

[15] GOLDHABER M H. The attention economy and the net[J]. First Monday, 1997, 2(4): 440-519.

[16] 李建廷,郭晔,汤志军. 基于用户浏览行为分析的用户兴趣度计算[J]. 计算机工程与设计,2012(3):968-972.

[17] NELSON P. Information and consumer behavior[J]. Journal of Political Economy, 1970, 78(2): 311-329.

[18] DARBY M R, KARNI E. Free competition and the optimal amount of fraud[J]. The Journal of Law & Economics, 1973, 16(1): 67-88.

[19] PEPALL L, RICHARDS D, NORMAN G. Industrial organization: contemporary theory and empirical applications[M]. Malden, MA: Blackwell, 2008.

[20] SHAPIRO C. Premiums for high quality products as returns to reputations[J]. The Quarterly Journal of Economics, 1983, 98(4): 659-679.

[21] ALLEN F. Reputation and product quality[J]. The RAND Journal of Economics, 1984, 15(3): 311-327.

[22] 李俊生,姚东旻. 互联网搜索服务的性质与其市场供给方式初探——基于新市场财政学的分析[J]. 管理世界, 2016(8):1-15.

02

品牌与消费经济

绿色产品购买意向的影响机制：
基于消费者创新性视角[①]

一、问题的提出

生活方式绿色化是推进我国生态文明建设的必由之路（环境保护部，2015）[1]，而绿色化的生活方式必然要求绿色化的消费行为与之相适应。在当前日趋严峻的环境保护情势下，消费者通过购买绿色产品降低自身消费带给环境的负面影响，无疑是一种理性的消费选择。但现实中消费者的绿色产品购买行为差异显著，有的愿意勇敢尝试，有的则因心存质疑而踌躇不前。究其原因，一方面，绿色产品往往以新产品的形式出现，消费者需要通过较长时间对其认知和适应；另一方面，购买绿色产品有一个价值权衡过程，不同的消费者所关注的价值属性重点不同，但往往会购买能为其提供更多核心价值属性的产品（Gershoff 和 Frels，2015）[2]。因而加速消费者对绿色产品的认知，使绿色产品能在消费者的价值权衡过程中脱颖而出，成为我国绿色产品推广的重要课题。

研究发现，部分消费者展现出比其他消费者更加愿意接受新产品的特性，Midgley 和 Dowling（1978）[3]称之为消费者创新性（Consumer Innovativeness）。Adjei 和 Clark（2010）[4]认为消费者的行为基本上取决于消费者创新性。消费者创新性为绿色产品的理论研究和营销实践提供了一个很好的切入点，并由此引出如下相关问题：首先，创新性越强的消费者是否越容易接受绿色产品？其次，由于绿色产品相比非绿色产品一般具有更高的社会价值属性（Social Value），即消费者

[①] 原载于《广东财经大学学报》2010 年第 2 期第 33-42 页。
作者：高键，吉林大学商学院博士研究生；盛光华，吉林大学商学院教授、博士生导师，经济学博士；周蕾，吉林大学商学院硕士研究生。

购买绿色产品能够获得更高的社会声望,那么,创新性较强的消费者在选择绿色产品时,绿色产品所具有的社会价值能否成为其产生购买意向的重要因素?第三,消费者个体不同的环境知识水平是促进还是阻碍了消费者创新性、社会价值对绿色产品的购买意向?

立足于以上问题,本研究从消费者创新性的视角研究消费者创新性、社会价值、环境知识以及绿色产品购买意向(Green Product Purchase Intention)等变量之间的关系,以及在绿色产品购买情境下,消费者创新性对绿色产品购买意向的心理影响机制,以期能对厂商绿色营销的开展以及消费者对绿色产品的购买提供具有针对性的营销建议。

二、文献回顾与研究框架构建

(一)关于消费者创新性、绿色产品购买意向、社会价值与环境知识

1.消费者创新性

消费者创新性是 Midgley 和 Dowling(1978)[3]在总结有关消费者对新产品创新行为的研究时提出的一个构念,它是指个体不与其他个体进行沟通和分享经验的基础上进行独立决策的能力。基于消费心理和消费行为的差别,消费者创新性可进一步分为内在创新性、特定领域创新性和实际创新性(Bartels 和 Reinders,2011)[5]。其中,内在创新性是指个体普遍存在的一种潜在的、喜欢接受新产品的心理特质(Goldsmith 和 Hofacker,1991)[6];特定领域创新性是指消费者在一个特定的领域对新产品了解和采用的倾向(Roehrich,2004)[7];实际创新性是指个体在其社会系统中较他人更早采用创新性产品的程度,包括对新产品的实际购买和对新产品创新性信息的搜寻(Rogers 和 Shoemaker,1971)[8]。Im 等(2003)[9]通过对创新性消费者不同行为活动的识别,提出具有实际创新性的行为具有追求刺激、寻求多样化、体验新颖性、搜寻信息和获取认知等特点。通过对时尚行业(Midgley 和 Dowling,1993)[10]、网上购物(常亚平和朱东红,2007)[11]、电子信息产品(陈文沛,2011)[12]等购物类型的研究,学者们发现消费者创新性能正向影响消费者的新产品购买行为。Truong(2013)[13]在消费者创新性的跨国比较研究中,发现虽然文化规范和价值观对创新产品的采用具有不同的影响,但消费者创新性与创新产品采用之间的关系普遍存在。劳可夫(2013)[14]认为,由于绿色产品一般具有技术先进、功能和外型新颖等特点,能够较好地满足消费者求新求变的需要,所以采用绿色产品的消费者往往具有较强的消费者创新性。

2.绿色产品购买意向

意向是实际行为的预测变量,它包括影响行为的各种动机。意向能预测个体实施特定行为的意愿以及为该行为所愿付出的努力程度(Ajzen,1991)[15]。个体实施某种行为的意向越强,实际实施该行为的可能性就越高。

关于绿色产品购买意向,目前理论界尚未有统一定义,但一般认为是指消费者购买绿色产品的倾向以及愿意为此付出的努力。关于绿色产品购买意向的影响因素,有研究认为:便利性(Ramayah 等,2010)[16]、价值导向(Groot 和 Steg,2010)[17]、自我决定动机(Cordano 和 Frieze,2000)[18]、环境态度、主观规范、感知行为控制(Tonglet 等,2004)[19]、对环境愿意付出牺牲的意愿(Rahman 和 Reynolds,2016)[20]等对绿色产品购买意向产生正向影响;而消费者为获得新产品所愿付出努力的程度将对绿色产品购买意向产生负向影响(Ramayah 等,2010)[16]。

3.社会价值

社会价值的概念源自对顾客感知价值的研究,是指较高层次的顾客感知价值(范秀成和罗海成,2003)[21]。在绿色消费行为研究领域,社会价值被定义为消费者通过参与环保节约活动而感知到的、对社会压力和社会声望的权衡(Biswas 和 Roy,2015)[22],是绿色产品提高社会自我概念给顾客带来的效用(Sweeney 和 Soutar,2001)[23]。Medeiros 等(2016)[24]在研究巴西消费者的绿色产品购买决策影响因素时,认为社会价值能够增加消费者在绿色产品购买决策时的支付意愿;Hur 等(2013)[25]在对美国混合动力汽车市场的研究中发现,社会价值会正向影响消费者对绿色购买行为的满意度。可见,研究者对社会价值于绿色消费行为的重要性已取得广泛共识。

4.环境知识

环境知识是指消费者具有的与环境保护相关的知识,包括自然环境知识、环境问题知识和环境行动知识。有关环境知识对环境行为的影响目前存在较大分歧。部分研究者认为环境知识与绿色产品购买行为之间存在正向关系(王建明,2007)[26],部分研究者认为两者之间不存在显著的关系(Oskamp,2000)[27]。Schahn 和 Holzer(1990)[28]认为应区分"抽象"和"具体"的环境知识,只有具体的环境知识才会对绿色产品购买行为产生正向影响(王建明,2010)[29]。此外,还有研究者提出,环保意图(Kaiser 等,1999)[30]、绿色购买态度、环境情感等中介变量(Chan,2001)[31]也会为环境知识影响环境行为提供很好的解释依据。在针对中国消费者环境行为的研究中,宗计川等(2014)[32]认为,因中国目前的环保体系由政府主导,消费者往往会将环保行为看作是制度监管下的结果,故而其虽对环境问题可能持积极态度,并可能拥有较丰富的环境知识,但却并不一定会产生正向的环境行为,有时甚至还会产生负向的环境行为。

(二)研究假设与理论模型构建

1. 关于消费者创新性与绿色产品购买意向

关于消费者创新性与绿色产品购买意向的关系,Adjei 和 Clark(2010)[4]认为消费者的行为基本取决于消费者的创新性;在时尚行业(Midgley 和 Dowling,1993;Chao 等,2012)[9,33]、网上购物(常亚平和朱东红,2007)[11]、电子信息产品(陈文沛,2011)[12]等新兴行业中,相关研究同样证实了消费者创新性能正向影响产品购买行为。在绿色产品购买情境下,绿色产品往往以新产品的形象出现在消费者视野中,消费者创新性会通过环境态度、感知行为控制和主观规范等影响消费者的绿色消费意向(劳可夫,2013)[14]。由此提出如下假设:

H1:消费者创新性会正向影响其绿色产品购买意向。

2. 关于消费者创新性与社会价值

产品的核心属性所带来的绿色利益是消费者选择绿色产品的关键要素(Gershoff 和 Frels,2015)[2],消费者对绿色产品所带来的绿色利益的识别过程,同样也是一个价值判断的过程,即消费者会对消费绿色产品的感知价值与获取产品所需要付出的成本进行权衡。与非绿色产品比较,绿色产品的消费者能感知绿色产品具有更高的社会价值,进而成为衡量绿色产品绿色利益的核心价值判断依据。由此提出如下假设:

H2:消费者创新性会正向影响社会价值。

3. 关于社会价值与绿色产品购买意向

Hur 等(2012)[25]认为社会价值能正向影响消费者对绿色产品购买行为的满意度。在绿色产品购买情境下,消费者对绿色产品感知价值中社会价值的判断,不同于对产品具体使用功能和其代表的身份特征所获得的价值,而是隐含了消费者与其他消费者、环境与自然之间互动所产生的效用价值,表明了消费者对环境问题的关注和重视。消费者向所属群体和其他消费群体传达积极的、对环境负责的态度,从而期望获得所属群体甚至更高期望群体的认可。Medeiros 等(2016)[24]的研究也证明社会价值能增加消费者在绿色产品购买决策时的支付意愿。基于以上理由,本研究推测消费者由于对绿色产品的社会价值感知,进而会产生绿色产品购买意向。由此提出如下假设:

H3:消费者感知绿色产品的社会价值会正向影响其购买意向。

4. 关于社会价值在消费者创新性与绿色产品购买意向间的中介作用

Im 等(2003)[9]认为,消费者创新性在影响新产品购买行为的心理机制中存在中介变量。劳可夫(2013)[14]在消费者创新性影响绿色消费行为的机制中加入了环境态度、主观规范和感知行为控制等间接变量。Boyd 和 Mason(1999)[34]的研究发现,在对新产品的优势、相容性等价值因素进行判断时,具有较高创新性的消费者往往要比创新性较低的消费者更易做出购买决策。在绿色产品购买情境下,创新性消费者在感知绿色产品具有的社会价值后,会直接影响其购买决策,产生购买意向。即消费者创新性是通过社会价值这一中介变量来影响绿色产品的购买意向。由此提出如下假设:

H4:社会价值在消费者创新性与绿色产品购买意向之间起中介作用。

5. 关于环境知识在消费者创新性、社会价值与绿色产品购买意向间的可调节中介作用

在消费者创新性、社会价值与绿色产品购买意向的作用机制中,消费者对于环境知识的差异会影响其对绿色产品所具有社会价值的认知。一般而言,具有更多环境知识的消费者在面对新的绿色产品刺激时,其消费者创新性能更加清晰地评价绿色产品所具有的社会价值,并进而产生具体的购买意向。王建明等(2007)[26]则对环境知识正向影响绿色产品的购买意向进行了验证。但需说明的是,类似研究大多以欧美消费者为研究样本,有关我国消费者环境知识的影响效果则缺乏相应的实证分析。宗计川等(2014)[32]研究发现,我国消费者与欧美消费者在环保产品问题上差异明显,欧美消费者已建立起较为强烈的环保意识和环保消费文化,对环保产品的选择更多的是出于一种自觉认知,而我国消费者则将环保产品和环保行为视为制度监管下的行为结果。具有更多环境知识的消费者更加明确绿色产品所具有的社会价值,但对绿色产品所应付出的产品溢价却无法获得更多认可。消费者一般认为,购买绿色产品所应支付的更高产品价格不应由其自身而应由政府等环境管理机构承担。所以,具备较多的环境知识不仅不会产生更强的购买意向,反而会降低其对绿色产品的购买意向。由此提出如下假设:

H5:环境知识在消费者创新性、社会价值与绿色产品购买意向的关系中起负向可调节中介作用。

综上,消费者创新性对绿色产品购买意向的影响机制可用如下研究框架图来表示:

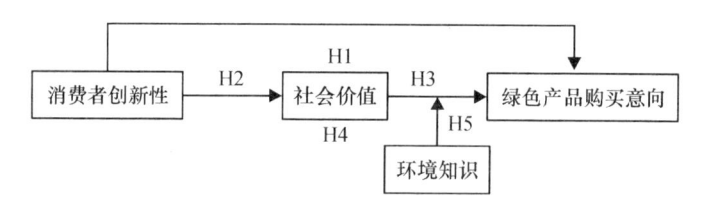

图 1　消费者创新性对绿色产品购买意向影响的理论模型

三、研究方法

（一）调查过程

本研究将通过问卷调查收集研究数据。在正式调研前，为对量表的信度和效度进行检验，研究团队进行了预调研。预调研样本主要来源于吉林省长春市某高校的本科生，共发放预调研问卷180份，回收问卷135份，有效问卷110份，有效回收率为81.48%。

正式调研样本来源于本研究团队在吉林省长春市、吉林市、黑龙江省双鸭山市以及湖南省长沙市的现场消费者，调研时间为2015年2月15日至3月1日。共发放问卷1 000份，回收837份，剔除填写不完整或填答不认真的问卷，得到有效问卷784份，有效回收率为93.67%。正式调研有效样本的构成情况见表1。

调研以节能冰箱作为绿色产品实例，在正式填写问卷前，请被调研者先阅读一段文字，以使其进入本研究设定的研究情景："假设您家中现在需要购买一款冰箱，有新产品节能冰箱和普通冰箱两种可以选择，与普通冰箱相比较，节能冰箱的冷冻及冷藏效果一致，但节能效果好于普通冰箱，价格也略高于普通冰箱。"

（二）测量工具

对消费者创新性、社会价值、环境知识以及绿色产品购买意向进行测量，所采用的量表都是较为成熟的研究量表，并经其他学者进行验证，证明具有较好的信度和效度。消费者创新性、社会价值以及绿色产品购买意向3个变量采用Liket5级量表，以数字1-5分别表示非常不同意、不同意、一般、同意和非常同意。其中，消费者创新性量表借鉴Hirschman(1980)[35]和劳可夫(2013)[14]的消费者创新性量表，共有3个测量项目。分别为：我喜欢尝试使用新型和新功能产品；我喜欢阅读新型产品的各种信息和新闻；我喜欢学习和掌握新产品的变化和特点。社会价值量表借鉴杨晓燕和周懿瑾(2006)[36]等开发的量表，选取顾客感知价值中社会价值方面的量表，共有5个测量项目。分别为：节能冰箱的消费帮我给别人留下

表 1 正式调研有效样本构成情况（N=784）

单位：个，%

名称	类别	样本数	百分比	名称	类别	样本数	百分比
性别	男	320	40.8	年龄	18岁以下	14	1.8
	女	464	59.2		18-25岁	477	60.8
婚姻状况	未婚	577	73.6		26-30岁	143	18.2
	已婚	207	26.4		31-40岁	117	14.9
学历	小学及小学以下	15	1.9		41-50岁	26	3.3
	初中,中专	56	7.1		51-60岁	3	0.4
	高中,职高	41	5.2		60岁以上	4	0.5
	大专	58	7.4	月收入状况	1 000元及以下	324	41.3
	本科	433	55.2		1 001-2 000元	108	13.8
	硕士	169	21.6		2 001-3 000元	112	14.3
	博士	12	1.5		3 001-4 000元	93	11.9
					4 001-5 000元	54	6.9
					5 001-6 000元	23	2.9
					6 000元以上	70	8.9

好印象;节能冰箱的消费使我赢得更多的赞许;节能冰箱的消费帮我树立积极健康的个人形象;节能冰箱的消费可以改善别人对我的看法;节能冰箱的消费让别人觉得我非常有社会责任感。绿色产品购买意向量表借鉴 Gollwitzer(1999)[37]和劳可夫(2013)[14]的绿色消费意向量表,共3个测量项目。分别为:我愿意收集和学习节能冰箱的更多信息;我愿意推荐我的亲戚朋友来购买节能冰箱;我愿意将节能冰箱介绍和推荐给我的家人。环境知识的测量有别于以上3个变量,采用 Wang 等(2014)[38]开发的环境知识量表,共8个测量项目。分别为:废电池能够对环境和人体健康产生危害;农用薄膜和塑料包装是白色污染物;煤炭是可再生资源;温室气体主要成分是二氧化碳;因为化肥能促进农作物生产故而使用的化肥越多越好;绿色食物是以安全、营养、高质量且无污染为特征;焚烧农作物的秸秆不会污染环境;过多的农药对环境不会产生危害。本研究同时选取5个消费者行为研究中常用的人口统计变量即性别、年龄、婚姻状况、月收入及学历作为控制变量。

在统计方法上,采用 SPSS22.0 和 AMOS17.0 进行所有统计分析。先采用 AMOS17.0 对所研究的变量进行验证性因子分析,以检验相关量表的收敛效度和区分效度,并采用 Bollen-Stine Bootstrap 的方法对整体研究模型的拟合度进行修正。再采用 AMOS17.0 对本研究的主效应进行分析,并运用 Bootstrap 方法对社会价值在消费者创新性和绿色产品购买意向间的间接效应进行分析。最后采用 SPSS22.0 软件,运用层次回归法论证环境知识的可调节中介效应。

四、数据分析与假设检验

(一)信度、效度分析

本研究采用 Cronbach's α 值来检验各变量量表及整体量表的信度(见表2)。

表2显示,消费者创新性、社会价值、绿色产品购买意向以及整体量表的 Cronbach's α 值分别为 0.898、0.934、0.900、0.909,全部高于 0.7,说明本研究的量表具有良好的信度。

本研究同时对消费者创新性、社会价值与绿色产品购买意向进行验证性因子分析(CFA),以检验收敛效度和判别效度(见表2)。由表中可知,所有题项标准化因子载荷全部高于 0.6,SMC 值全部高于 0.5,组成信度 CR 全部高于 0.9,平均方差萃取量 AVE 全部高于 0.7。说明本研究所使用的研究量表具有较好的收敛效度。

判别效度的检验结果显示,原始模型的拟合度:$\chi^2 = 275.547$,df = 41,$\chi^2/df =$

6.721（χ^2/df 值在 2-5 之间代表数据与模型间的拟合可接受），RMSEA = 0.085（小于 0.08 说明数据与模型拟合合理），CFI = 0.967>0.9，GFI = 0.939>0.9，AGFI = 0.902>0.9。该数据与原始模型间拟合度不佳。根据 Bollen 和 Stine（1992）[39]的观点,造成原始模型拟合度不佳的原因可能是模型本身存在问题或样本量过大所致。为此,采用 Bollen-Stine Bootstrap 方法对原始模型进行修正。经过 Bollen-Stine 2 000 次 bootstrap 抽样修正后的模型结果为：χ^2 = 47.966, df = 41, χ^2/df = 1.170, CFI = 0.999>0.9, GFI = 0.993>0.9, AGFI = 0.983>0.9, RMSEA = 0.015。该结果排除了因模型原因导致拟合度不佳的可能,证明经过修正后的模型具有较好的拟合度。故而本研究具有较好的判别效度。

表 3 为各变量的相关系数矩阵。从中可以看出,消费者创新性与社会价值（r = 0.337, p<0.001）、消费者创新性与绿色产品购买意向（r = 0.395, p<0.001）、社会价值与绿色产品购买意向（r = 0.614, p<0.001）呈显著正相关。这与理论预期相一致,为假设提供了初步的支持。

（二）假设检验

1. 主效应检验

下面采用结构方程模型对主效应进行检验。结果显示,消费者创新性对绿色产品购买意向存在正向影响（β = 0.135, S.E. = 0.023, t-Value = 5.919, p<0.001）,假设 1 得到验证；消费者创新性对社会价值存在正向影响（β = 0.346, S.E. = 0.036, t-Value = 9.499, p<0.001）,假设 2 得到验证；社会价值对绿色产品购买意向存在正向影响（β = 0.427, S.E. = 0.028, t-Value = 15.078, p<0.001）,假设 3 得到验证。

2. 中介效应检验

参考 Preacher 和 Hayes（2008）[40]的成果,对中介效应的检验采用非参数百分位 Bootstrap 的方法。设定 Bootstrap 抽样 2 000 次,若间接效应 Z 值绝对值大于 1.96（95% 置信区间下）,且 95% CI 情况下的间接效应的 Bias-Corrected 和 Percentile 置信区间内不包含 0,则表示存在中介效应,反之则不存在中介效应。结果显示,间接效应 Z 值 = 6.167>1.96, Bias-corrected 95% CI 为[0.105, 0.200], Percentile 95% CI 为[0.104, 0.199], 均不包含 0,表示间接效应存在,假设 4 成立。同时,直接效应 Z 值 = 5.000>1.96, Bias-corrected 95% CI 为[0.088, 0.192], Percentile 95% CI 为[0.086, 0.190], 均不包含 0,表明直接效应同时存在,说明社会价值在消费者创新性与绿色产品购买意向的关系中起部分中介作用。

3.可调节中介效应检验

对于环境知识在消费者创新性、社会价值及绿色产品购买意向间的可调节中介作用的检验,采用温忠麟和叶宝娟(2014)[41]的有调节中介检验方法,建立5个回归模型进行检验。为避免自变量与交互效应项之间相关过高而产生共线性问题,本研究先将自变量、调节变量、中介变量和因变量进行中心化处理,再进行交互效应项计算。表4显示,环境知识在消费者创新性、感知价值及绿色产品购买意向的前半阶段具有显著的负向可调节中介作用(M4: $\beta_{消费者创新性}$ = 0.405, p < 0.001; $\beta_{环境知识}$ = 0.005, ns; $\beta_{消费者创新性×环境知识}$ = −0.040, ns; M2: $\beta_{消费者创新性}$ = 0.337, p < 0.001; $\beta_{环境知识}$ = −0.037, ns; $\beta_{消费者创新性×环境知识}$ = 0.002, ns; M5: $\beta_{消费者创新性}$ = 0.222, p < 0.001; $\beta_{环境知识}$ = 0.033, ns; $\beta_{社会价值}$ = 0.541, p < 0.001; $\beta_{社会价值×环境知识}$ = −0.064, p < 0.05),即假设5得到验证。

四、结论与启示

(一)消费者创新性、社会价值与绿色产品购买意向的关系及其启示

本研究显示:消费者创新性对绿色产品购买意向具有正向影响,即消费者创新性越强,对绿色产品购买意向的影响越强。绿色产品的新颖性能够激活消费者创新性这一心理特质,进而对绿色产品产生购买意向;消费者创新性对社会价值具有正向影响。即消费者创新性越强,对绿色产品具有的社会价值认知越深刻。消费者因绿色产品的新颖性和品牌价值引发好奇心,或因绿色产品所带来的环保消费经历,会令消费者意识到绿色产品所带来的社会价值。井绍平(2004)[42]认为消费者在消费行为的认知过程中,一旦开始关注某产品进而进行信息搜寻,就会对该产品的价值产生判断,进而对获取该绿色产品所得的社会收益和需付出的成本进行权衡,即进行绿色产品的社会价值判断。所以,消费者创新性越强,其对绿色产品感知到的社会价值越高,绿色产品购买意向越强烈。即社会价值在消费者创新性和绿色产品购买意向间起部分中介作用。该结论进一步论证了Boyd和Mason(1999)[34]对于消费者创新性与消费行为之间存在调节变量和中介变量的论断。

以上研究结论对厂商开展绿色营销、促使消费者形成绿色生活方式具有如下重要意义:厂商在细分消费者群体的过程中,应充分重视创新性较强的消费者群体,将这部分消费者作为绿色产品营销的激活群体和消费者群体中的意见领袖,以带动其身边的其他消费者来尝试使用绿色新产品。在具体的营销推广过程中,厂商应加强该部分消费者对绿色产品社会价值属性的感知,使其充分认可绿色产品所具有的绿色利益,增强其购买意向,进而获取良好的市场利益。

表 2 各研究构念验证性因子分析结果及效度值（N=784）

构念	指标	模型参数估计值					收敛效度		
		非标准化因子载荷	标准误 S.E.	C.R (t-value)	标准化因子载荷	SMC	C.R 组成信度	AVE 平均方差萃取量	Cronbach's α
消费者创新性	CI1	1			0.797	0.635	0.900	0.750	0.898
	CI2	1.168	0.042	27.847	0.897	0.805			
	CI3	1.129	0.040	27.890	0.900	0.810			
社会价值	GPV1	1			0.853	0.728	0.934	0.739	0.934
	GPV2	1.082	0.030	35.687	0.916	0.839			
	GPV3	1.048	0.032	32.940	0.887	0.787			
	GPV4	0.983	0.034	28.685	0.825	0.681			
	GPV5	0.944	0.034	27.774	0.811	0.658			
绿色产品购买意向	GPI1	1			0.919	0.845	0.905	0.764	0.900
	GPI2	0.998	0.026	38.786	0.958	0.918			
	GPI3	0.738	0.029	25.839	0.727	0.529			
整体量表 Cronbach's α									0.909

注：***、**、* 分别表示显著性水平 $p<0.001$、$p<0.01$、$p<0.05$，表 4、表 5、表 7 同。

表3 研究变量相关系数矩阵（N=784）

	1	2	3	4	5	6	7	8	9
性别	1								
年龄	0.062	1							
婚姻	0.071*	0.733***	1						
月收入	−0.156***	0.450***	0.457***	1					
学历	−0.035	−0.365***	−0.407***	−0.015	1				
环境知识	0.027	−0.074*	−0.110**	−0.047	0.146***	1			
消费者创新性	−0.101**	0.069	0.057	0.066	−0.05	0.039	1		
社会价值	−0.002	0.091*	0.043	−0.003	−0.067	−0.028	0.337***	1	
绿色产品购买意向	0.094**	0.076*	0.076*	0.023	−0.03	0.024	0.395***	0.614***	1

表 4 环境知识的可调节中介作用 (N=784)

	变量名称	社会价值 模型 1	社会价值 模型 2	社会价值 模型 3	绿色产品购买意向 模型 4	绿色产品购买意向 模型 5
控制变量	性别	-0.014	0.021	0.092*	0.132***	0.120***
	年龄	0.132**	0.115*	0.073	0.051	-0.012
	婚姻	-0.054	-0.055	-0.012	-0.009	0.018
	月收入	-0.042	-0.052	0.010	-0.001	0.017
	学历	-0.042	-0.026	-0.005	0.008	0.019
自变量	消费者创新性		0.337***		0.405***	0.222***
	调节变量					
	环境知识		-0.037		0.005	0.033
	中介变量					
	社会价值					0.541***
交互项	环境知识×消费者创新性		0.002		-0.040	-0.064*
	环境知识×社会价值		0.125	0.014	0.177	0.436
	R^2	0.013	0.000	0.014	0.002	0.004
	ΔR^2	0.013	0.003	2.191	1.479	5.591*
	F charge	2.054				

(二)环境知识的可调节中介作用及启示

本研究显示,环境知识在消费者创新性、社会价值与绿色产品购买意向间的关系中起负向可调节中介作用。即消费者受对绿色产品好奇心的驱使,在感知其社会价值并转化为绿色产品购买意向的过程中,其环境知识水平越高,越会弱化社会价值向购买意向的转化。这也印证了宗计川(2014)[32]等学者关于我国消费者在环境态度与支付溢价方面与欧美消费者存在差异的研究结论。

针对这一研究结论,政府一方面应通过教育和宣传,提升消费者对环境知识的认知和了解,鼓励其建立良好的绿色环保价值观,提升其参与环保行为的意愿和能力,使消费者逐渐将环保行为视为独立自主的行为,而非制度监管下的行为。另一方面,应对厂商进行管理,通过制定绿色产品的生产标准,确保厂商生产的绿色产品的真实性,还可通过转移支付手段对绿色产品厂商给予一定的价格补贴,为其创造较好的生产经营环境,提升其竞争实力。

参考文献

[1]中华人民共和国环境保护部.关于加快推动生活方式绿色化的实施意见[EB/OL].(2015-11-16)[2015-11-23]. http://www.mep.gov.cn/gkml/hbb/bwj/201511/t20151116_317156.htm.

[2]GERSHOFF A D,FRELS J K. What make it green? the role of centrality of green attributes in evaluations of the greenness of products[J].Journal of Marketing,2015,79(1):97-110.

[3]MIDGLEY D F,DOWLING G R. Innovativeness: the concept and its measurement[J].Journal of Consumer Research,1978,4(4):229-242.

[4]ADJEI M T,CLARK M N. Relationship marketing in a B2C context: the moderating role of personality traits[J].Journal of Retailing and Consumer Services,2010,17(1):73-79.

[5]BARTELS J,REINDERS M.Consumer innovativeness and its correlates: a propositional inventory for future research[J].Journal of Business Research,2011,64:601-609.

[6]GOLDSMITH R E, HOFACKER CE.Measuring consumer innovativeness[J].Journal of the Academy of Marketing Science,1991,19(3):209-221.

[7]ROEHRICH G.Consumer innovativeness concepts and measurements[J].Journal of Business Research,2004,57:671-677.

[8]ROGERS E M,SHOEMAKER F F.Communication of innovations[M].New York: The Free Press,1971.

[9]IM S, BAYUS B L, MASON C H. An emoirical study of innate consumer innovativeness, personal charcateristics and new-product adoption behavior[J].Journal of the Academy of Marketing Science,2003,31(1):61-73.

[10] MIDGLEY D F, DOWLING G R.A longitudinal study of product form innovation: the interaction between predispositions and social messages[J].Journal of Consumer Research, 1993,19(4):611-625.

[11] 常亚平,朱东红.基于消费者创新性视角的网上购物意向影响因素研究[J].管理学报,2007(6):820-823.

[12] 陈文沛.生活方式、消费者创新性与新产品购买行为的关系[J].经济管理,2011(2):94-101.

[13] TRUONG Y.A cross-country study of consumer innovativeness and technological service innovation[J].Journal of Retailing and Consumer Services,2013,20:130-137.

[14] 劳可夫.消费者创新性对绿色消费行为的影响机制研究[J].南开管理评论,2013(4):106-113.

[15] AJZEN I.The theory of planned behavior[J].Organizational Behavior and Human Decision Processes,1991,50:179-211.

[16] RAMAYAH T,LEE J W C,MOHAMAD O.Green product purchase intention: some insights from a developing country[J].Resource, Conservation and Recycling, 2010, 54(12):1419-1427.

[17] GROOT J I M, STEG L. Relationships between value orientations, self-determined motivational types and pro-environmental behavioural intentions[J].Journal of Environmental Psychology,2010,30(4):368-378.

[18] CORDANO M,FRIEZE I H.Pollution reduction preferences of U.S. environmental managers: applying ajzen theory of planned behavior[J]. Academy of management Journal, 2000, 43(4):627-641.

[19] TONGLET M,PHILLIPS P S,READ A D.Using the theory of planned behaviour to investigate the determinants of recycling behaviour:a case study from brixworth, UK[J].Resources, Conservation and Recycling,2004,41(3):191-214.

[20] RAHMAN I,REYNOLDS D.Predicting green hotel behavioral intentions using a theory of environmental commitment and sacrifice for the environment[J]. International Journal of Hospitality Management,2016,52:107-116.

[21] 范秀成,罗海成.基于顾客感知价值的服务企业竞争力探析[J].南开管理评论,2003(6):41-45.

[22] BISWAS A,ROY M.Leveraging factors for sustained green consumption behavior based on consumption value perceptions: testing the structural model[J]. Journal of Cleaner Production,2015,95:332-340.

[23] SWEENEY C J,SOUTAR N G.Consumer perceived value:the development of a multiple item

scale[J].Journal of Consumer Research,2001,77(2):203-220.

[24] MEDEIROS J F,Ribeiro J D,Cortimiglia M N.Influence of perceived value on purchasing decisions of green products in Brazil[J].Journal of Cleaner Production,2016,110(1):158-169.

[25] HUR W M,KIM Y,PARK Y.Assessing the effects of perceived value and satisfaction on consumer loyalty:A 'green' perspective[J].Corporate Social Responsibility and Environmerntal Management,2013,20:146-156.

[26] 王建明.消费者为什么选择循环行为——城市消费者循环行为影响因素的实证研究[J].中国工业经济,2007(10):95-102.

[27] OSKAMP S.Psychological contributions to achieving an ecologically sustainable future for humanity[J].Journal of Social Issues,2000(56):373-390.

[28] SCHAHN J,HOLZER E.Studies of individual environmental concern:the role of knowledge,gender and background variables[J].Environment and Behavior,1990,22:767-786.

[29] 王建明.消费者资源节约与环境保护行为及其影响机理[M].北京:中国社会科学出版社.2010.

[30] KAISER F G,WOLFING S,GUHRER U.Environmental attitude and ecological Behavior[J].Environmental Psychology,1999,19(1):1-19.

[31] CHAN R Y K.Determinants of Chinese consumers' green purchase behavior[J]. Psychology & Marketing,2001,18(4):389-413.

[32] 宗计川,吕源,唐方方.环境态度、支付意愿与产品环境溢价——实验室研究证据[J].南开管理评论,2014(2):153-160.

[33] CHAO C W,REID M,MAVONDO F.Consumer innovativeness influence on really new product adoption[J].Australasian Marketing Journal,2012,20:211-217.

[34] BOYD T C,MASON C H.The link between attractiveness of 'extrabrand' attributes and the adoption of innovations[J].Journal of the Academy of Marketing Science,1999,27(3):306-319.

[35] HIRSCHMAN E C.Innovativeness,novelty seeking and consumer creativity[J].Journal of Consumer Research,1980,7(12):289-295.

[36] 杨晓燕,周懿瑾.绿色价值:顾客感知价值的新维度[J].中国工业经济,2006(7):110-116.

[37] GOLLWITZER P M.Implementation intentions:strong effects of simple plans[J].American Psychologist, 1999,54:493-503.

[38] WANG P,LIU,ER Q,et al. Factors influencing sustainable consumption behaviors:a survey of the rural residents in China[J].Journal of Cleaner Production,2014,63(15):152-165.

[39] BOLLEN K A,STING R A.Bootstrapping goodness-of-fit measures in structural equation models[J].Sociological Metheods Research,1992,21(2):205-229.

[40] PREACHER K,HAYERS A.Asymptotic and resampling strategies for assessing and comparing indirect effects in multiple mediator models [J]. Behavior Research Methods, 2008, 40: 878-891.

[41] 温忠麟,叶宝娟.有调节的中介模型检验方法:竞争还是替补?[J].心理学报,2014(5):714-726.

[42] 井绍平.绿色营销及其对消费者心理与行为影响的分析[J].管理世界,2004(5):145-146.

变革型商业模式、双元营销能力与价值创造[①]

一、引言

"互联网+"的迅猛发展形成了不可阻挡的分享经济潮流,使得变革型商业模式在各个领域如雨后春笋般涌现,孕育了一批极具发展潜力的平台型企业。例如,在交通出行领域,滴滴出行当属国内业界翘楚,每天为1 000万人提供出行服务,成为仅次于淘宝的全球第二大在线交易平台;在创意设计领域,猪八戒网一家独大,注册威客数量超过1 300万,交易总额超过65亿元;在生产制造领域,海尔Hope开发的创新平台平均每年产生创意超过6 000个,已成功孵化200个创新项目;在医疗服务领域,名医主刀的手术量以每月40%的速度增长,每年完成的手术量超过6万台。还有一些企业凭借成功变革的商业模式,积极拓展国际市场以创造更多价值。例如,Wi-Fi万能钥匙的用户遍及223个国家和地区,并在巴西、香港等近50个国家和地区的Google Play工具榜上排名第一,成为少数能覆盖全球用户的中国移动互联网应用之一(张新红,2016)[1]。上述创新型企业主动拥抱分享经济,借助变革型商业模式在短时间内取得了巨大成功,它们颠覆了传统商业模式的获利方式,为顾客创造了丰富的价值。由此可见,变革型商业模式作为商业模式创新的一种崭新形态,已成为企业满足客户需求、实现价值创造以改变市场竞争格局的重要利器(Teece,2010)[2]。

---

① 原载于《广东财经大学学报》2017年第5期第34-45页。
作者简介:王学军,兰州财经大学工商管理学院教授,硕士生导师;孙炳,西南财经大学工商管理学院博士研究生。

价值创造是企业生产经营活动的核心目标之一,是企业存在的根基(Collis,1994)[3]。以往学者大多将变革型商业模式作为企业价值创造活动的前因进行研究,如 Amit 和 Zott(2012)[4]、Chesbrough 和 Rosenbloom(2002)[5]、曾萍等(2017)[6]、罗珉和李亮宇(2015)[7]等,并定性研究了变革型商业模式对于企业价值创造、获取、分配的经营逻辑。只有少数学者实证研究了变革型商业模式对价值创造的直接作用,如江积海和蔡春花(2016)[8]等,但这些研究并没有就变革型商业模式与价值创造的关系取得一致结论。原因可能在于:变革型商业模式不仅对价值创造具有直接的促进作用,而且还可能存在间接的作用机理。但学界目前对此机制的实证研究十分缺乏。

组织学习理论认为,变革型商业模式的创新实践能通过探索与开发两种创新活动,帮助企业整合和重构内外部知识、技术和能力等资源,提升企业在不同市场环境下的适应能力,促进企业探索与开发双元能力的形成(Buliga 等,2016)[9]。双元理论认为,探索与开发的双元能力作为企业开展差异化竞争的战略性活动的动态能力(Simsek 等,2009)[10],能通过市场机会的识别和把握以及内外部资源和能力的重构,为企业创造难以模仿和比拟的战略性竞争优势,是企业实现价值创造的关键途径。组织学习理论和双元理论已被广泛应用于战略管理、营销管理和技术创新等诸多领域,并成为许多跨学科研究的重要理论依据,由此衍生而来的双元营销能力的影响作用也被部分学者所验证。如 Sosna 等(2010)[11]认为商业模式创新能够通过组织双元能力的中介作用影响企业绩效,胡宝亮(2015)[12]则实证分析了商业模式通过双元能力的中介作用对企业绩效的影响。

本文将结合组织学习理论和双元理论,以双元营销能力为中介变量,构建市场竞争情境下的"变革型商业模式—双元营销能力—价值创造"关系模型,再依据247家创新企业的调查数据对关系模型进行实证研究,以探讨变革型商业模式通过双元营销能力的适应性调整来实现价值创造的传导路径,进而在理论层面厘清它们之间的内在逻辑关系,为企业创新商业模式、获取竞争优势提供决策参考。

二、理论综述与研究假设

(一)变革型商业模式与价值创造:创造性破坏理论视角

"互联网+"时代,商业模式是指跨越企业边界,通过与客户、供应商和合作伙伴形成交易内容、治理和结构,来实现价值创造、主张和获取并分配利润的活动系统。商业模式创新是指跨越核心企业边界,对活动系统的资源、要素和主题进行变革或改进,以创新的经营逻辑实现企业价值创造的过程(Zott 等,2011)[13]。本文借鉴Zott和Amit(2007)[14]的观点,将商业模式创新的维度分为变革型和效率型两类,以对应于熊彼特价值创造的两个来源——创新与效率。变革型的商业模式源于熊彼特的创造性破坏理论,即创新是不断从内部革新经济结构、淘汰旧的技术和生产体系并建立新的生产体系的过程。而生产体系的革新也可理解为商业模式的变革性创新,即企业通过"互联网+"跨界开拓新的市场和渠道,引入新的资源和组织模式,从而获得熊彼特租金(罗珉和李亮宇,2015)[7]。可见,变革型商业模式本身就代表了一种"创造性破坏"的过程。因此,本文将基于创造性破坏理论视角,实证考察变革型商业模式与实现企业价值创造的内在逻辑关系。

所谓价值创造,是指企业通过整合知识活动的不同资源使其内在价值外化的过程(Felin和Hesterly,2007)[15]。与企业绩效不同,价值创造作为企业保持长期竞争优势的关键,既是获取企业绩效的根源,也是企业绩效的前导变量(Chatain和Olivier,2011)[16]。已有研究认为商业模式的变革性创新能促进企业价值创造的实现,如Berzosa等(2012)[17]研究发现,企业在市场竞争中必须变革原有商业模式,并将外部资源整合其中以影响价值创造;江积海和蔡春花(2016)[8]证明,企业能通过商业模式变革的新颖性促进价值创造。因而本文提出以下假设:

H1:变革型商业模式正向促进价值创造。

(二)变革型商业模式与双元营销能力:组织学习理论视角

Vorhies等(2011)[18]基于营销知识的改进和更新角度,将源于组织学习的探索与开发概念作为企业的适应性流程共同构成企业的双元营销能力,并认为具备良好双元营销能力的企业其组织更有效果,且能更有效率地运用营销知识和资源,推动企业价值创造的实现。具体而言,营销探索能力是指通过运用新的市场知识来探索新的技能、流程和营销能力的动态能力;营销开发能力是指通过现有市场相关能力引发并专注于改善和提升现有技能、流程、营销能力以及有价值产出的动态能力。此外,营销探索能力与营销开发能力是企业动态营销能力的两种表现形式,它会随着企业生命周期的演变而逐渐减弱,因而需要通过组织的学习活动来增强(Vorhies等,2009)[19]。

当企业发现市场环境中存在潜在的商业机会时,便会进行商业模式的变革性创新。一方面,变革型商业模式创新偏重于采取前瞻性的探索式学习活动,会通过主动获取和重构企业外部的知识资源(Mcgrath,2001)[20],创造出全新的营销探索能力和专属战略资产,以契合新兴市场需求和培育未来竞争优势(Kang等,2007)[21]。另一方面,变革型商业模式创新还倾向于采取渐进性的开发式学习活动,深入发掘和提炼企业内部的知识资源,形成高效率的营销开发能力和改善已有的品牌管理及客户关系管理,以充分满足当前市场需求和提升现有竞争优势(Helfat 和 Peteraf,2003)[22],从而产生比营销探索能力更加稳定的市场效果(Kang 等,2007)[21]。因此,变革型商业模式必然会引起企业不断探索新的营销能力和开发已有的营销能力。因而本文提出以下假设:

H2a:变革型商业模式正向促进营销探索能力;

H2b:变革型商业模式正向促进营销开发能力。

(三)双元营销能力与价值创造:双元理论视角

营销的目的在于整合企业资源,为客户创造价值,进而实现利润最大化,因此营销能力决定了企业在市场竞争中的长期生存与发展。双元营销能力代表了企业知识应用和产生的不同方式,动态运用企业知识有助于价值创造的实现(Vorakulpipat 和 Rezgui,2008)[23];Sirmon 等(2007)[24]指出,企业可以通过探索新的能力和提升现有能力来实现价值创造;王涛和陈金亮(2011)[25]的研究发现,在环境不确定的条件下,能力探索与能力开发均有利于促进价值创造的实现。

双元理论的二元平衡观点认为,企业的营销探索能力与营销开发能力可以同时存在,且当它们的乘积越大、差异的绝对值越小(趋于平衡)时,创造的价值越多(Raisch 和 Birkinshaw,2009)[26]。对于资源丰富的大型企业来说,同时兼顾营销探索能力与营销开发能力固然有利于价值创造,但对于资源相对匮乏的中小企业而言,培育双元营销能力时必须有所侧重。March(1991)[27]认为,探索与开发两种营销活动表现为相互争夺企业有限资源的竞争关系而非互补关系,因而这两种能力的运用应与企业的实际资源相匹配,才会有利于价值创造。另一些研究成果也佐证了这一观点,如 Vorhies 等(2011)[18]通过实证研究发现,营销探索与营销开发的交互作用对企业财务绩效有显著负向影响;冯永春和许晖(2015)[28]的研究发现营销探索能力与营销开发能力的交互作用会负向影响其市场适应性。因而本文提出以下假设:

H3a:营销探索能力正向影响价值创造;

H3b:营销开发能力正向影响价值创造;

H3c:营销探索和营销开发的交互作用负向影响价值创造。

(四)营销探索与营销开发能力的中介作用:动态能力理论视角

动态能力理论认为,动态能力是企业创造价值并获取竞争优势的源泉,可以帮助企业建立双元型组织(焦豪,2011)[29]。而变革型商业模式是企业培育组织动态能力的必然途径,可以有效提升和重构企业的双元能力(Buliga 等,2016)[9]。为应对动态而复杂的市场环境,企业需要凭借变革型商业模式来构建双元动态营销能力,进而实现价值创造。具体来说,一方面,变革型商业模式会促使企业运用激进的营销探索能力,通过提供新的产品和服务、开拓新的业务和分销渠道来满足未来市场需求,创造出新的价值增长点(Ho 和 Lu,2015)[30]。另一方面,变革型商业模式还会促使企业运用渐进的营销开发能力,通过改进企业现有的营销知识、技能和流程来深度发掘现有顾客价值,以扩大现有市场竞争优势(Helfat 和 Peteraf,2003)[22]。此外,有些学者的研究也佐证了这一推断,如胡宝亮(2015)[12]研究发现双元能力在商业模式与企业绩效之间起中介作用;王涛和陈金亮(2011)[25]也认为探索能力和开发能力在市场导向与企业价值创造之间起中介作用。可见,变革型商业模式可以借助营销探索能力与营销开发能力的中介作用促进企业价值创造的实现。因而本文提出以下假设:

H4a:营销探索能力在变革型商业模式与价值创造之间起中介作用;

H4b:营销开发能力在变革型商业模式与价值创造之间起中介作用。

(五)市场竞争强度的调节作用:资源配置理论视角

市场竞争强度是指由行业领域内竞争对手的数量及实力反映的企业面临竞争的激烈程度(Matusik 和 Hill,1998)[31]。资源配置理论认为,企业应根据市场环境的变化选择合适的创新资源配置方式(Jansen 等,2006)[32]。在动态竞争的市场环境下,静态的资源组合无法实现价值创造,企业只有变革原有的商业模式以建立高效匹配的资源配置系统,并借助营销探索与营销开发实践不断改变资源组合方式(Mathur N 和 Mathur A,2016)[33],才能使资源的内在价值外化出来(Adner 和 Kapoor,2010)[34]。O'cass 和 Weerawardena(2010)[35]指出,行业竞争强度会影响到组织资源配置的效果和营销能力的培育。因此,变革型商业模式对企业资源配置能力或营销能力培育的影响,取决于它与市场竞争环境的匹配程度(Siggelkow,2002)[36]。

在高竞争强度的市场环境中,同类企业数量众多,消费者需求变化快,行业现有的技术、产品及服务很容易过时(彭正龙等,2015)[37],特定的市场需求可能会被进一步细分,全新的利基市场就容易出现。因而企业需要对商业模式不断进行变革和创新,要通过营销探索活动来开发新的产品、服务和营销流程(Auh 和 Menguc,2005)[38],并依靠专属的营销能力和全新的营销流程来构建核心竞争力,打破既定的竞争范围,抢占全新的利基市场,以创造卓越的价值(Lumpkin 和 Dess,2001)[39]。因此市场竞争强度越高,越需要企业通过变革型商业模式来培育营销探索能力以实现价值创造。

在低竞争强度的市场环境中,现有技术更新缓慢,消费者需求相对稳定,产品和服务不会发生剧烈变动,市场信息是清晰和透明的(王涛和陈金亮,2011)[25],企业只要充分用好现有的资源来满足当前的市场需求,就能实现稳定的盈利。为此,企业可以根据对消费者需求和市场前景的准确预测,做出维持现有竞争产品、价值主张和营销流程的经营决策,充分挖掘企业易于忽略的创新机遇(Sirmon等,2007)[24],将有限的资源配置到高效率、低风险的营销开发活动中去,通过商业模式的变革性创新来提升营销开发能力(Zhan和Luo,2008)[40],以创造丰富的价值。因此,市场竞争强度越低,越需要企业通过变革型的商业模式来提升营销开发能力以实现价值创造。因而本文提出以下假设:

H5a:市场竞争强度正向调节变革型商业模式与营销探索能力间的关系;

H5b:市场竞争强度负向调节变革型商业模式与营销开发能力间的关系。

根据上述理论推演和研究假设涵盖的变量间的关系,可构建如图1所示的关系模型。

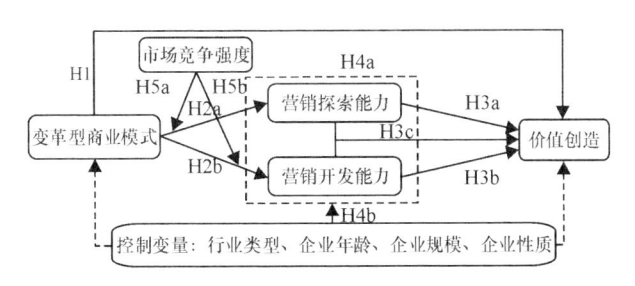

图1 关系模型

三、数据与研究方法

(一)样本与数据

本文以中国情景下的创新企业为研究对象,2016年6-8月在西安、成都、重庆等地收集样本企业数据。主要通过两种渠道发放调查问卷:一是通过实地访谈形式对西安高新区的创新企业发放问卷74份,回收65份;二是经调研企业同意,通过电子邮箱等互联网平台向当地创新企业发放问卷300份,回收221份,共计回收问卷286份。剔除填写人身份不符、回答有规律性的问卷39份,最终得到有效问卷247份,有效回收率为66.04%。样本构成情况如表1所示。

表1 有效样本构成情况　　　　　　　　单位:家,%

类别	企业数量	占比	类别	企业数量	占比
行业类型			成立年限		
电子通信/计算机/软件	57	23.1	5年及以下	65	26.3
房地产/建筑业	18	7.3	6-10年	48	19.4
酒店/旅游/娱乐/服务	21	8.5	11-15年	41	16.6
医药/卫生/教育/文化	44	17.8	16-20年	36	14.6
能源/采掘/制造业	36	14.6	20年以上	57	23.1
金融/保险	31	12.6	员工人数		
物流、批发和零售业	28	11.4	50人及以下	44	17.8
农/林/牧/渔业	12	4.9	51-200人	69	27.9
所有权性质			201-500人	39	15.8
国有或国有控股	61	24.7	501-1 000人	33	13.4
民营或民营控股	130	52.6	1 000人以上	62	25.1
外资或外资控股	37	15.0	—	—	—
其他企业	19	7.7			

(二)变量测量

为保证问卷的信度与效度,本文均采用现有文献的成熟量表,并结合我国创新企业实际完善问卷题项。除控制变量外,问卷的所有题项均采用Likert 5级量表进行测量(见表2)。

自变量即变革型商业模式的量表源于Zott和Amit(2007)[14]的研究,包括"以创新的方式实现产品、服务及信息的新组合"等5个题项。

因变量即价值创造的量表借鉴Cepeda和Vera(2007)[41]、王涛和陈金亮(2011)[25]的研究,包括"我们产生的新想法可以体现在新产品或服务中"等4个题项。

中介变量即双元营销能力的量表来自Vorhies等(2011)[18]的研究,其中营销探索能力包括"我们会定期推出大胆的、冒险的或激进的新的营销流程"等5个题项;营销开发能力包括"我们会关注营销流程的变革,以提高效率及实施效果"等5个题项。

调节变量即市场竞争强度的量表源于Jansen等(2006)[32]、Fang和Zou(2009)[42]的研究,包括"所在行业内一旦有企业推出新产品,其他企业会及时跟进"等4个题项。

控制变量包括企业的行业类型、成立年限、企业规模(员工人数)、所有权性质等,通过客观数据来测量。

(三)共同方法偏差检验

由于问卷中所有变量数据来自同一受访者,可能会导致共同方法偏差问题。因此,本文运用 Podsakoff 等(2003)[43]提出的 Harman 单因素检验法对同源性方法偏差进行检验。对问卷的所有题项做探索性因素分析,未旋转前共抽取 5 个因子,解释了总变异量的 70.24%。其中第一个因子的方差贡献率为 38.91%,未超过总变异量的 50%,表明能够解释绝大部分变异量的单一因子是不存在的。而运用验证性因素分析的结果显示,相比单一因素模型(χ^2/d.f. = 1 482.912/230,CFI = 0.610,IFI = 0.613,RMSEA = 0.149),既定的 5 因素模型较为理想地拟合了样本数据(χ^2/d.f. = 291.631/220,CFI = 0.978,IFI = 0.978,RMSEA = 0.036)。因此,样本数据的同源性误差问题得到了良好控制。

四、回归分析与假设检验

(一)信度与效度分析

本文运用 SPSS21.0、AMOS17 对变革型商业模式、价值创造、双元营销能力、市场竞争强度等变量进行信效度检验。由表 2 可知,各变量的 Cronbach's α 系数均大于临界值 0.700,表明量表的内部一致性较高,变量均具有良好的信度。验证性因素分析(CFA)的结果则显示,组合信度值(CR)均大于临界值 0.700,因子载荷和平均变异抽取量(AVE)均大于 0.500,表明测量模型具有较好的收敛效度。在此基础上,通过各变量间相关系数是否小于 AVE 的平方根来检验区分效度(见表 3),对比观察表 3 中的变量间相关系数与变量 AVE 平方根,发现变量间具有较好的区分效度。

表 2 量表的测量题项与信效度检验

变量与题项		因子载荷	Cronbach's α	AVE	C.R.
变革型商业模式	以创新的方式实现产品、服务及信息的新组合	0.816	0.892	0.628	0.894
	不断纳入新的合作伙伴(如供应商、渠道商、顾客等)	0.793			
	用新的方式实现与合作伙伴的连接去完成交易	0.770			

续表

变量与题项		因子载荷	Cronbach's α	AVE	C.R.
变革型商业模式	在交易活动中采用新颖的方式激励合作伙伴	0.785	0.892	0.628	0.894
	公司持续地将创新引入商业模式中	0.798			
价值创造	我们产生的新想法可以体现在新的产品或服务中	0.825	0.900	0.698	0.902
	我们产生的新想法可以对旧的产品或服务进行改进	0.809			
	我们在当地市场的成功经验可以同时运用到其他市场	0.798			
	我们产生的新想法可以成为未来的发展战略机会	0.906			
营销探索能力	我们会定期推出大胆的、冒险的或激进的新的营销流程	0.751	0.870	0.572	0.870
	我们会不断开发与以往其他营销流程大为不同的新的营销流程	0.700			
	我们会持续使用市场知识去开发与现有营销流程不同的营销流程	0.809			
	我们会使用市场知识打破传统模式并创造以前未使用的新的营销流程	0.777			
	我们会不断学习对公司甚至整个行业而言全新的营销知识或技能	0.741			
营销开发能力	我们会关注营销流程的变革，以提高效率及实施效果	0.825	0.872	0.585	0.875
	我们会持续重新审视来自现有项目/学习的信息，以改进既有的营销流程	0.681			
	我们会在开发新的营销流程的过程中一贯地遵循并适应现有的理念	0.800			
	我们会循序渐进地改良或提升现有的营销流程	0.788			
	我们擅长总结和提炼既有的营销经验，逐渐累积系统化的营销知识	0.720			

续表

变量与题项		因子载荷	Cronbach's α	AVE	C.R.
市场竞争强度	所在行业内一旦有企业推出新产品，企业会及时跟进	0.735	0.843	0.576	0.844
	所在行业内企业经常开展促销大战	0.708			
	所在行业经常有新的企业加入进来	0.833			
	所在行业的市场竞争异常激烈	0.755			

(二)相关分析

表3列出了变量的均值、标准差，并对各变量间的相关系数进行了分析。由表3可知，除市场竞争强度外，变革型商业模式、营销探索能力、营销开发能力、价值创造之间的系数均显著相关，为研究假设验证提供了初步证据。

(三)假设检验

下面采用层次回归分析方法对关系模型进行实证分析，在此之前，经数据中心化处理后进行多重共线性诊断，结果显示所有方差膨胀因子(VIF)值均在2以下，表明多重共线性不严重，回归结果可信。首先将行业类型等控制变量纳入回归方程中，再将变革型商业模式等自变量加入回归方程中，假设检验结果见表4、表5。

为检验变革型商业模式的影响作用，本文建立了三个模型。由表4中模型2的结果可知，变革型商业模式($\beta=0.462, p<0.001$)对价值创造具有显著正向影响，假设H1得到验证；由表5中模型8和模型12的结果可知，变革型商业模式对营销探索能力($\beta=0.597, p<0.001$)和营销开发能力($\beta=0.482, p<0.001$)均具有显著正向影响，且影响程度依次递减，H2a和H2b得到验证。

为检验双元营销能力的影响作用，由表4中模型5可知，营销探索能力($\beta=0.317, p<0.001$)、营销开发能力($\beta=0.345, p<0.001$)分别对价值创造具有显著正向影响。然后再纳入营销探索能力和营销开发能力的交互项，由表4中模型6可知，营销探索能力和营销开发能力的交互作用($\beta=-0.184, p<0.050$)与价值创造显著负相关，H3a、H3b和H3c均得到验证。

表 3 变量描述性统计及相关系数

变量	1	2	3	4	5	6	7	8	9
1 行业类型	—								
2 企业年龄	0.186**	—							
3 企业规模	0.116†	0.344***	—						
4 企业性质	0.096	−0.006	−0.050	—					
5 变革型商业模式	−0.219**	−0.031	0.060*	−0.110†	0.793				
6 营销探索能力	−0.166**	−0.055	0.091	−0.168**	0.649***	0.757			
7 营销开发能力	−0.168**	−0.097	0.133*	−0.140*	0.526***	0.519***	0.765		
8 市场竞争强度	−0.073	0.150*	0.079	−0.098	0.264***	0.375***	0.345***	0.759	
9 价值创造	−0.150*	−0.100	0.096	−0.118†	0.452***	0.457***	0.478***	0.124†	0.836
均值	4.984	2.887	3.000	2.328	3.474	3.333	3.705	3.731	3.550
标准差	3.225	1.521	1.462	1.173	0.917	0.869	0.892	0.752	0.995

注：†、*、**、*** 分别表示 p<0.1、p<0.05、p<0.01、p<0.001；对角线上的数据为各变量 AVE 的平方根。

表 4　价值创造的影响因素分析结果

<table>
<tr><th colspan="2">变量</th><th>模型 1</th><th>模型 2</th><th>模型 3</th><th>模型 4</th><th>模型 5</th><th>模型 6</th></tr>
<tr><th colspan="2"></th><th colspan="6">价值创造</th></tr>
<tr><td rowspan="8">控制变量</td><td rowspan="2">行业类型</td><td>−0.041*</td><td>−0.013</td><td>−0.011</td><td>−0.008</td><td>−0.013</td><td>−0.011</td></tr>
<tr><td>(0.020)</td><td>(0.018)</td><td>(0.018)</td><td>(0.018)</td><td>(0.017)</td><td>(0.017)</td></tr>
<tr><td rowspan="2">企业年龄</td><td>−0.084†</td><td>0.078†</td><td>−0.068†</td><td>−0.053</td><td>−0.043</td><td>−0.035</td></tr>
<tr><td>(0.044)</td><td>(0.040)</td><td>(0.039)</td><td>(0.039)</td><td>(0.039)</td><td>(0.038)</td></tr>
<tr><td rowspan="2">企业规模</td><td>0.103*</td><td>0.077†</td><td>0.065</td><td>0.046</td><td>0.039</td><td>0.034</td></tr>
<tr><td>(0.045)</td><td>(0.041)</td><td>(0.040)</td><td>(0.040)</td><td>(0.040)</td><td>(0.040)</td></tr>
<tr><td rowspan="2">企业性质</td><td>−0.083</td><td>−0.052</td><td>−0.032</td><td>−0.033</td><td>−0.018</td><td>−0.030</td></tr>
<tr><td>(0.053)</td><td>(0.048)</td><td>(0.048)</td><td>(0.047)</td><td>(0.047)</td><td>(0.046)</td></tr>
<tr><td rowspan="8">解释变量</td><td rowspan="2">变革型商业模式</td><td></td><td>0.462***</td><td>0.284***</td><td>0.297***</td><td></td><td></td></tr>
<tr><td></td><td>(0.063)</td><td>(0.080)</td><td>(0.070)</td><td></td><td></td></tr>
<tr><td rowspan="2">营销探索能力</td><td></td><td></td><td>0.298***</td><td></td><td>0.317***</td><td>0.333***</td></tr>
<tr><td></td><td></td><td>(0.084)</td><td></td><td>(0.073)</td><td>(0.072)</td></tr>
<tr><td rowspan="2">营销开发能力</td><td></td><td></td><td></td><td>0.342***</td><td>0.345***</td><td>0.269***</td></tr>
<tr><td></td><td></td><td></td><td>(0.073)</td><td>(0.072)</td><td>(0.076)</td></tr>
<tr><td rowspan="2">营销探索能力×营销开发能力</td><td></td><td></td><td></td><td></td><td></td><td>−0.184**</td></tr>
<tr><td></td><td></td><td></td><td></td><td></td><td>(0.065)</td></tr>
<tr><td colspan="2">R^2</td><td>0.059</td><td>0.229</td><td>0.267</td><td>0.294</td><td>0.296</td><td>0.319</td></tr>
<tr><td colspan="2">调整 R^2</td><td>0.043</td><td>0.213</td><td>0.249</td><td>0.276</td><td>0.278</td><td>0.299</td></tr>
<tr><td colspan="2">F 值</td><td>3.793**</td><td>14.299***</td><td>14.578***</td><td>16.635***</td><td>16.808***</td><td>15.979***</td></tr>
</table>

注：†、*、**、***分别表示 $p<0.1$、$p<0.05$、$p<0.01$、$p<0.001$；括号内为对应的标准误差。表 5 同。

表 5 市场竞争强度调节效应的回归结果

变量		营销探索能力					营销开发能力			
		模型 7	模型 8	模型 9	模型 10	模型 11	模型 12	模型 13	模型 14
控制变量	行业类型	−0.042*	−0.005	−0.002	−0.003	−0.043*	−0.014	−0.011	−0.011
		(0.017)	(0.014)	(0.013)	(0.013)	(0.018)	(0.016)	(0.015)	(0.015)
	企业年龄	−0.041	−0.034	0.055†	0.053†	−0.081†	−0.075*	0.097**	0.097**
		(0.038)	(0.030)	(0.029)	(0.029)	(0.039)	(0.034)	(0.033)	(0.033)
	企业规模	0.075†	−0.042	−0.041	−0.036	0.117**	0.091*	0.089**	0.090**
		(0.040)	(0.031)	(0.030)	(0.029)	(0.040)	(0.035)	(0.034)	(0.034)
	企业性质	−0.109*	−0.070†	−0.059†	−0.054	−0.089†	−0.057	−0.045	−0.046
		(0.046)	(0.036)	(0.035)	(0.034)	(0.047)	(0.041)	(0.040)	(0.040)
解释变量	变革型商业模式		0.597***	0.544***	0.529***		0.482***	0.425***	0.428***
			(0.047)	(0.047)	(0.046)		(0.054)	(0.054)	(0.054)
	市场竞争强度			0.257***	0.278***			0.275***	0.271***
			(0.057)	(0.056)			(0.065)	(0.054)
	变革型商业模式×市场竞争强度				0.153**			0.065	−0.030
					(0.049)			(0.057)	
	R^2	0.066	0.438	0.482	0.503	0.082	0.312	0.361	0.361
	调整 R^2	0.050	0.426	0.469	0.488	0.067	0.298	0.344	0.342
	F 值	4.247**	37.407***	37.124***	34.349***	5.368***	21.782***	22.456***	19.229***

为检验双元营销能力的中介效应,本文遵循 Baron 和 Kenny(1986)[44] 提出的三步中介回归方法。表4 中模型2 的结果满足中介效应检验的第一个条件;表5 中模型8 和模型12 的结果满足中介效应检验的第二个条件;由表5 中模型3 和模型4 可知,当自变量和中介变量同时对因变量进行回归时,变革型商业模式对价值创造的回归系数由 0.462($p<0.001$)分别下降到 0.284($p<0.001$)和 0.297($p<0.001$),且营销探索能力($\beta=0.298, p<0.001$)、营销开发能力($\beta=0.342, p<0.001$)均显著正向影响价值创造,满足中介效应检验的第三个条件。这表明营销探索能力和营销开发能力分别在变革型商业模式对价值创造的影响中承担了部分中介作用,H4a 和 H4b 得到验证。

为检验市场竞争强度的调节效应,将变革型商业模式、市场竞争强度以及交互项依次纳入回归方程中。由表5 中模型9 可知,变革型商业模式($\beta=0.544, p<0.001$)、市场竞争强度($\beta=0.257, p<0.001$)均对营销探索能力具有显著正向影响,模型10 中变革型商业模式与市场竞争强度的交互项对营销探索能力具有显著正向影响($\beta=0.153, p<0.010$)。为进一步展现市场竞争强度在变革型商业模式和营销探索能力之间的调节作用,本文采用简单斜率图法进行分析。由图2 可知,变革型商业模式对营销探索能力的影响始终为正,但与低市场竞争强度相比,在高市场竞争强度下,变革型商业模式对营销探索能力的影响更大。因此,市场竞争强度在变革型商业模式与营销探索能力之间起到显著的正向调节作用,H5a 得到验证。与此相对应,由表5 中模型13 可知,变革型商业模式($\beta=0.425, p<0.001$)、市场竞争强度($\beta=0.275, p<0.001$)均对营销开发能力具有显著正向影响,模型14 中变革型商业模式与市场竞争强度的交互项对营销开发能力具有负向影响但不显著($\beta=-0.030, p>0.100$)。因此,市场竞争强度在变革型商业模式与营销开发能力之间没有起到显著调节作用,H5b 未得到验证。

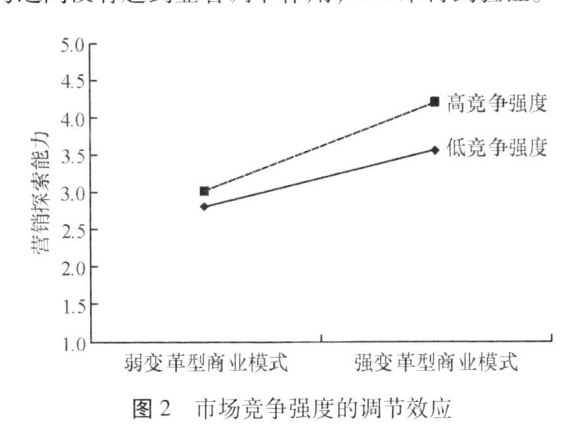

图2 市场竞争强度的调节效应

五、结论与启示

（一）研究结论

当今企业间的竞争不是产品的竞争,而是商业模式的竞争[45]。然而,已有研究迄今尚未厘清变革型商业模式与价值创造的间接作用机理。为此,本文基于组织学习理论和资源配置理论的视角,分别引入双元营销能力和市场竞争强度作为中介变量和调节变量,构建相应的关系模型,并依据247家创新企业的调研数据对关系模型进行实证研究,得到如下结论:(1)变革型商业模式不仅直接正向促进价值创造,而且通过营销探索能力和营销开发能力的中介作用间接促进了价值创造,但影响程度依次递减。(2)营销探索能力和营销开发能力对价值创造均具有显著正向影响,但两者的交互作用显著负向影响价值创造,两者的动态均衡可能对价值创造更为有益。(3)市场竞争强度正向调节变革型商业模式与营销探索能力之间的关系,高竞争强度的市场环境调节效果高于低竞争强度的市场环境调节效果。

（二）理论价值

本文为探讨变革型商业模式对价值创造的间接传导机制提供了一种新的分析框架,具体贡献如下:(1)突破了以往仅针对变革型商业模式对价值创造具有直接促进作用的单一研究范式[8,17],引入营销探索能力和营销开发能力作为中介变量,构建了一个有调节的中介作用模型,揭示了变革型商业模式对价值创造的间接作用机理,发现营销探索能力大于营销开发能力的中介作用,进一步厘清了两者间潜在的逻辑关系和具体的传导路径。(2)已有研究大多关注营销探索能力与营销开发能力间的二元平衡对企业绩效的正向影响[26,37],而本文却发现两者间的交互作用负向影响价值创造,两者的动态均衡可能对价值创造更为有益,从而丰富了双元营销理论中的二元平衡观点。(3)本文基于资源配置理论视角,将市场竞争强度作为调节变量纳入关系模型中,发现市场竞争强度正向调节变革型商业模式与营销探索能力间的关系,且高竞争强度的市场环境能促使企业更加主动地开展营销探索活动,低竞争强度的市场环境则促使企业更积极地进行营销开发活动,这一分析进一步拓宽了变革型商业模式与双元营销能力间调节作用的研究视野。

（三）管理启示

本研究结论为分享经济时代的企业通过商业模式的变革性创新实现价值创造提供了如下有益管理启示:(1)应不断增强营销探索能力和营销开发双元能力。

鉴于变革型商业模式创新意味着价值创造方式的根本转变,需要企业通过双元营销能力的适应性调整来促进价值创造的实现。因而,企业一方面可通过深入挖掘潜在市场机会,准确识别战略客户,建立新的交易激励模式和交易机制,将核心营销资源转化为前瞻性的营销探索能力,进而重塑差异化竞争优势。另一方面,企业可以通过深入拓展现有市场,精准定位细分顾客,推进"互联网+"跨界经营,不断改进交易内容和交易关系,将优质的营销资源转换为高效率的营销开发能力,进而打造低成本竞争优势。(2)应权衡使用交互和匹配组合策略。企业管理者应谨慎调配稀缺资源,对双元营销能力不断进行权衡或取舍,以创造更多的价值。如对资源相对丰富的大企业而言,可以采用两者的交互策略,同时兼顾营销探索能力与营销开发能力的运用,率先抢占市场先机以获得超额利润。而资源相对匮乏的中小企业则应当运用两者的匹配策略,以营销开发能力为主、营销探索能力为辅,充分挖掘现有顾客需求以获得稳定的商业回报。(3)应注重处理好营销能力与市场环境间的匹配关系。随着市场竞争环境的动态变化,企业应当有针对性地选择变革型商业模式的营销主题。如在竞争激烈的市场环境下,企业应主动进行营销探索活动,把创造未来市场和消费者需求作为价值创造的源泉,而不是一味地去改进现有的营销能力;在相对稳定的市场竞争环境下,企业则应重视改进现有营销能力,把迎合现有市场和消费者的需求作为价值获取的源泉,而不必过度耗费资源进行营销探索活动,以致落入"能力陷阱"的泥淖。

(四)局限性及未来研究方向

本研究尚存在以下局限性:一是取样范围仅限于西部较发达地区,未来可扩展至全国各区域,以更好地反映我国创新企业商业模式变革的实际。二是本研究发现营销探索能力与营销开发能力的交互项对价值创造存在显著负向影响,该结果与 Vorhies 等(2011)[18]、冯永春和许晖(2015)[28]的研究结论相一致,但与 Raisch 和 Birkinshaw(2009)[26]、彭正龙等(2015)[37]的研究结论有所不同,表明两者的交互作用仍有待进一步研究。三是本文检验了市场竞争强度在变革型商业模式与营销开发能力之间的负向调节作用,但未能得到实证数据的支持,因而还需要进一步扩大调研范围和样本容量,以建立完备的理论模型并最终加以实证。

参考文献

[1] 张新红. 分享经济——重构中国经济新生态[M]. 北京:北京联合出版公司,2016.
[2] TEECE D J. Business models, business strategy and innovation[J]. Long Range Planning,

2010, 43(2-3):172-194.

[3] COLLIS D J. Research note: how valuable are organizational capabilities? [J]. Strategic Management Journal, 1994, 15(S1):143-152.

[4] AMIT R, ZOTT C. Creating value through business model innovation[J]. MIT Sloan Management Review, 2012, 53(3):41-49.

[5] CHESBROUGH H, ROSENBLOOM R S. The role of the business model in capturing value from innovation: evidence from Xerox corporation's technology spin-off companies[J]. Industrial & Corporate Change, 2002, 11(3):529-555.

[6] 曾萍,陈书伟,孙奎立.企业社会资本与商业模式创新:机制与路经研究[J].财经论丛,2017(2):85-94.

[7] 罗珉,李亮宇.互联网时代的商业模式创新:价值创造视角[J].中国工业经济,2015(1):95-107.

[8] 江积海,蔡春花.开放型商业模式NICE属性与价值创造关系的实证研究[J].中国管理科学,2016(5):100-110.

[9] BULIGA O, SCHEINER C W, VOIGT K I. Business model innovation and organizational resilience: towards an integrated conceptual framework[J].Journal of Business Economics, 2016, 86(6):647-670.

[10] SIMSEK Z, HEAVEY C, VEIGA J F, et al. A typology for aligning organizational ambidexterity's conceptualizations, antecedents, and outcomes[J]. Journal of Management Studies, 2009, 46(5):864-894.

[11] SOSNA M, TREVINVO-RODRIGUEZ R N, VELAMURI S R. Business model innovation through trial-and-error Learning: the naturhouse case[J]. Long Range Planning, 2010, 43(2):383-407.

[12] 胡保亮.商业模式、创新双元性与企业绩效的关系研究[J].科研管理,2015(11):29-36.

[13] ZOTT C, AMIT R, MASSA L. The business model: recent developments and future research [J]. Social Science Electronic Publishing, 2011, 37(4):1019-1042.

[14] ZOTT C, AMIT R. Business model design and the performance of entrepreneurial firms[J]. Organization Science, 2007, 18(2):181-199.

[15] FELIN T, HESTERLY W S. The knowledge-based view, nested heterogeneity, and new value creation: philosophical considerations on the locus of knowledge[J]. Academy of Management Review, 2007, 32(1):195-218.

[16] CHATAIN, OLIVIER. Value creation, competition, and performance in buyer-supplier relationships[J]. Strategic Management Journal, 2011, 32(1):76-102.

[17] BERZOSA D L, DAVILA J A M, HEREDERO C D P. Business model transformation in the mobile industry: co-creating value with customers[J].Transformations in Business & Eco-

nomics, 2012, 11(2):134-148.

[18] VORHIES D W, ORR L M, BUSH V D. Improving customer-focused marketing capabilities and firm financial performance via marketing exploration and exploitation[J]. Journal of the Academy of Marketing Science, 2011, 39(5):736-756.

[19] VORHIES D W, MORGAN R E, AUTRY C W. Product-market strategy and the marketing capabilities of the firm: impact on market effectiveness and cash flow performance[J]. Strategic Management Journal, 2009, 30(12):1310-1334.

[20] MCGRATH R G. Exploratory learning, innovative capacity, and managerial oversight[J]. Academy of Management Journal, 2001, 44(1):118-131.

[21] KANG S C, MORRIS S S, SNELL S A. Relational archetypes, organizational learning, and value creation: extending the human resource architecture[J]. Academy of Management Review, 2007, 32(1):236-256.

[22] HELFAT C E, PETERAF M A. The dynamic resource-based view: capability lifecycles[J]. Strategic Management Journal, 2003, 24(10):997-1010.

[23] VORAKULPIPAT C, REZGUI Y. Value creation: the future of knowledge management[J]. Knowledge Engineering Review, 2008, 23(3):283-294.

[24] SIRMON D G, HITT M A, IRELAND R D. Managing firm resources in dynamic environments to create value: looking inside the black box[J]. Academy of Management Review, 2007, 32(1): 273-292.

[25] 王涛, 陈金亮. 环境不确定条件下市场导向对价值创造的作用研究[J]. 南开管理评论, 2011(6):57-66.

[26] RAISCH S, BIRKINSHAW J. Organizational ambidexterity: balancing exploitation and exploration for sustained performance[J]. Organization Science, 2009, 20(4): 685-695.

[27] MARCH J G. Exploration and exploitation in organizational learning[J]. Organization Science, 1991, 2(1):71-87.

[28] 冯永春, 许晖. 国际企业市场知识开发对其市场适应性的作用机制研究——基于营销双元视角的分析[J]. 营销科学学报, 2015(4):129-143.

[29] 焦豪. 双元型组织竞争优势的构建路径:基于动态能力理论的实证研究[J]. 管理世界, 2011(11):76-91.

[30] HO H, LU R. Performance implications of marketing exploitation and exploration: moderating role of supplier collaboration[J]. Journal of Business Research, 2015, 68(5):1026-1034.

[31] MATUSIK S F, HILL C W L. The utilization of contingent work, knowledge creation, and competitive advantage[J]. The Academy of Management Review, 1998, 23(4):680-697.

[32] JANSEN J J P, BOSCH F A J V D, VOLBERDA H W. Exploratory innovation, exploitative innovation, and performance: effects of organizational antecedents and environmental moderators[R]. Erim Report, 2006:1661-1674.

[33]MATHUR N, MATHUR A. An empirical study of online marketing practices on e-business models in India: price as a determinant[J]. International Journal of Research in IT and Management, 2016, 6(2): 131-138.

[34]ADNER R, KAPOOR R. Value creation in innovation ecosystems: how the structure of technological interdependence affects firm performance in new technology generations[J]. Strategic Management Journal, 2010, 31(3): 306-333.

[35]O'CASS A, WEERAWARDENA J. The effects of perceived industry competitive intensity and marketing-related capabilities: drivers of superior brand performance[J]. Industrial Marketing Management, 2010, 39(4): 571-581.

[36]SIGGELKOW N. Evolution toward fit[J]. Administrative Science Quarterly, 2002, 47(1): 125-159.

[37]彭正龙,何培旭,李泽.战略导向、双元营销活动与服务企业绩效:市场竞争强度的调节作用[J].经济管理,2015(6):75-86.

[38]AUH S, MENGUC B. Balancing exploration and exploitation: the moderating role of competitive intensity[J]. Journal of Business Research, 2005, 58(12):1652-1661.

[39]LUMPKIN G T, DESS G G. Linking two dimensions of entrepreneurial orientation to firm performance: the moderating role of environment and industry life cycle[J]. Journal of Business Venturing, 2001, 16(5):429-451.

[40]ZHAN W, LUO Y. Performance implications of capability exploitation and upgrading in international joint ventures[J]. Management International Review, 2008, 48(2):227-253.

[41]CEPEDA G, VERA D. Dynamic capabilities and operational capabilities: a knowledge management perspective[J]. Journal of Business Research, 2007, 60(5):426-437.

[42]FANG E, ZOU S. Antecedents and consequences of marketing dynamic capabilities in international joint ventures[J]. Journal of International Business Studies, 2009, 40(5): 742-761.

[43]PODSAKOFF P M, MACKENZIE S B, LEE J Y, et al. Common method biases in behavioral research: a critical review of the literature and recommended remedies[J]. Journal of Applied Psychology, 2003, 88(5):879-903.

[44]BARON R M, KENNY D A. The moderator-mediator variable distinction in social psychological research: conceptual, strategic, and statistical considerations[J]. Journal of Personality and Social Psychology, 1986, 51(6): 1173-1182.

在线平台用户画像对品牌依恋的影响[①]

一、引言

信息化时代下,急速的信息膨胀和大数据产生的商用价值正在逐渐改变现有的营销模式和企业的其他营销活动(Schonberger 和 Cukier, 2013)[1]。目前,大型的互联网公司纷纷推出自己的用户数据报告,如支付宝推出的"年度账单",网易云音乐的"年度听歌报告"等,这些基于用户数据所产生的个性化用户画像报告的推出引起全民转发及传播,不仅引发行业内的关注,还会成为一段时间内的经济领域重大事件,引得各大媒体竞相报道(郭倩,2018)[2]。

以往的研究肯定了基于用户行为数据形成的用户画像对企业进行广告宣传、信息推送等精准营销方面的重大影响(如 Lambrecht 和 Tucker, 2013;Summers 等, 2016)[3-4]。但鲜有学者去探究主动给用户推送画像报告是否会对用户产生直接影响(刘海鸥,2018)[5]。这种理论的缺失会导致只把用户画像当作精准营销辅助工具的企业错失推送用户画像进行关系营销的机会。

事实上,向用户直接推送画像报告,不仅能够帮助企业进行精准营销,还能够通过对消费者过往经历的刺激,凸显平台与用户的高度相关性与一致性(郭光明,2017)[6],触发消费者的怀旧情感(李斌等,2015)[7]。消费者怀旧情感诉求的表现能够转化为维持与特定品牌之间持久关系的渴望,从而使消费者对平台产生品牌依恋感(Fournier,1997)[8]。值得注意的是,对过往经历的怀旧既可能让人产生积极快乐的正面情绪,也可能诱发消极伤感的负面情绪(Wildschut 等,2006)[9],因此,用户画像产生的怀旧感可以分为积极怀旧与消极怀旧。此外,拟人化的互

[①] 原载于《广东财经大学学报》2019 年第 5 期第 38-49 页。
作者:黎小林,广东财经大学工商管理学院副教授;徐苏,广东财经大学工商管理学院研究生;王海忠,中山大学中国战略品牌研究中心主任,管理学院教授,博士生导师。

动方式可以更好地建立起人与品牌之间的情感联结,影响消费者与品牌关系的形成(Hudson 等,2016)[10],在怀旧与品牌依恋的关系中起到调节作用。

通过一个企业层面的真实二手数据研究与两个消费者层面的实验数据研究,本文得出了以下结论:首先,用户画像正向影响品牌依恋,这种影响通过积极怀旧与消极怀旧介导,并且积极怀旧的中介作用大于消极怀旧的中介作用。其次,拟人化语言风格正向调节积极怀旧对品牌依恋的影响,但在消极怀旧对品牌依恋的影响中,拟人化语言风格的调节作用不显著。本文扩宽了用户画像的应用范围,对企业利用用户画像进行新型关系营销具有一定的启示。

二、文献回顾与假设提出

(一)用户画像

用户画像(User Profile)又称用户打标签(User Labeling)、用户建模(User Modeling)、用户肖像(User Portrait),由交互设计之父 Alan Cooper 提出。具体来说,用户画像是指通过收集与分析用户的相关数字化数据踪迹,如页面点击历史、商品交易记录、用户反馈数据等,将用户所有的标签综合起来,勾勒出该用户的整体特征与轮廓(郭光明,2017)[6]。

随着信息化程度的加深,用户画像的应用日益成熟。由于它能在繁杂的数据信息中全面、精准地抽象出用户的信息全貌,动态追踪用户需求变化并分析其原因,因此被许多企业用之进行精准营销(王凌霄,2018)[11]。在计算机信息学、图书情报学领域,关于用户画像的研究大多围绕着四种模型构建方法:基于用户行为的画像方法(Iglesias 等,2012)[12]、基于用户兴趣偏好的画像方法(Pazzanimj 和 Billsusd,2007)[13]、基于主题的画像方法(Abel 等,2011)[14]、基于人格特性与用户情绪的画像方法(Schiaffmo 和 Amandi,2009)[15]。而营销学领域的学者则从消费者心理的角度出发,关注到用户画像所暗示的社会标签能够影响消费者的自我认知,进而影响消费者的行为(Summers 等,2016)[4]。林燕霞和谢湘生(2018)[16]指出,由于网民使用互联网平台过程中做出的行为、表现的态度与他们感知自己所属群体成员身份紧密相关,因此用户画像能够直观地展现典型群体成员的人物特征,并被用户所接受。

这些研究虽然丰富了用户画像的内涵,但仍存在局限性。计算机信息学与图书情报学的研究焦点是将用户画像作为辅助企业进行精准营销的工具,力图针对不同企业与平台构建高效、准确的用户画像模型(刘海鸥,2018)[5];而基于消费者行为学的研究虽然揭示了基于用户画像所形成的广告对消费者的认知与行为的影响(Summers 等,2016)[4],却忽视了直接推送用户画像对消费者的影响以及画像报告中以往的行为信息数据可能会触发用户的相关记忆,从而对用户的情绪与行为产生影响。

为了探究用户画像对用户的情绪以及最终对平台方态度的影响,本文从怀旧的视角出发,认为用户画像报告由于与用户过往的经历及行为高度一致,因此会在一定程度上成为触发用户怀旧感的刺激物,且因用户个体的差异性导致推送的信息可能会引起美好或伤感的回忆,从而会产生积极情感的怀旧与消极情感的怀旧(Wildschut 等,2006)[9],进而影响用户对企业的依恋感。其中,在积极怀旧的情境下,拟人化的语言方式可以更好地建立起人与品牌之间的情感联结,影响消费者与品牌关系的形成(Hudson 等,2016)[10],从而提升积极怀旧对于品牌依恋的影响。

(二)用户画像与品牌依恋的关系

品牌依恋是营销学者根据依恋理论所建立的概念,是指个体与品牌之间认知和情感联系的强度,包括两个独立的成分:自我—品牌联结与认知和情感联系(Park 等,2006)[17]。Fournier(1997)[8]在个案分析的基础上,认为个体可以与品牌发展出依恋关系,并且这种依恋关系是自我概念的延伸。Park 等学者(2010)[18]进一步研究后指出,自我概念的延伸能够使消费者产生自我与品牌之间的联结,最终形成依恋。品牌依恋对于企业而言具有重要的意义,它不仅影响消费者的品牌忠诚和溢价购买意向,还能够影响消费者购买后的分享行为,预测分享活动。

在线平台推送的年度用户画像是基于过往一段时间内用户行为的相关数字化数据踪迹(Iglesias 等,2012)[12],这些用户画像与用户本身具有高度的一致性。当画像中的信息与用户之前的行为相吻合时,由于画像信息是用户产生相关回忆的触发器,并且平台是承载记忆的载体,这会让用户与平台建立一种联系(Collins 和 Loftus,1975)[19],从而使用户在情感上更容易产生自我—品牌联结(王财玉,2013)[20]。同时,用户画像报告本身并不属于平台的主要业务,而是一种额外服务。这种额外服务能够帮助用户回忆、记录自己过往的行为,且超出用户预期,给用户带来一种惊喜感,从而加深用户与平台之间的关系联结(Roberts 和 Petzer,2018)[21],最终使这种联结感成为依恋感(Park 等,2010)[18]。据此,本文提出如下假设:

H1:用户画像正向影响品牌依恋。

(三)用户画像与怀旧的关系

关于怀旧的研究目前存在两个争论的焦点:一是前因的争论,即引起怀旧情感的经历应该是积极美好的还是悲伤抑郁的。有学者认为怀旧与人们过往的美好经历有关,如 Kaplan(1987)[22]把怀旧定义为对过去温暖的感觉,是充满快乐的回忆。但是,也有学者认为怀旧涉及个人过去的悲伤和痛苦,会引发个人失落或悲痛的情绪(Baker 和 Kennedy,1994)[23]。二是后果的争论,即引起怀旧情感后人们的情绪究竟是积极美好的还是悲伤痛苦的。Sedikides 等(2008)[24]偏向于将怀旧定义为一种正面的并与自我高度相关的情绪体验。也有学者强调怀旧消极的一面,并将怀旧定义为对已不存在的、不再能被个人抓住的过去的向往(Barrett 等,2010)[25]。在近年的研究中,一些学者偏向于将怀旧描述成苦乐参半的情感,不仅会给个体带来积极影响,也会带来消极影响(Ryynanen 和 Heinonen,2018)[26];杨强等(2018)[27]研究了孤独感与个体的怀旧消费偏好之间的关系。

由于平台在推送用户画像时难以分辨画像信息的内容涉及的是用户积极的经历还是消极的经历(郭光明,2017)[6],并且积极的经历并非完全带来正面情绪,消极的经历也并非完全带来负面情绪(Ryynanen 和 Heinonen,2018)[26],单纯采用经历的积极与消极无法界定积极怀旧与消极怀旧,因此,本文将积极怀旧定义为用户在引发怀旧情感后产生了积极开心的正面情绪,将消极怀旧定义为用户在引发怀旧情感后产生了消极悲伤的负面情绪。

怀旧的感觉基本上可以从一个人经历过的事件中产生(Ryynanen 和 Heinonen,2018)[26]。当平台推送画像报告时,画像报告的内容会展示用户过往的行为数据,而用户对于用户画像信息的加工形式属于自上而下式,其会将用户画像的信息与记忆中的进行对比(Siegel,2001)[28]。由于这些数据与用户具有高度的一致性,因此用户更容易产生自我一致性,并且激活与这些信息相关的记忆(Summers 等,2016)[4],进而产生相关记忆的联想,形成怀旧。但这种怀旧并不是完全的正面情绪。当用户画像的内容让用户回想起过往并产生积极高兴的情绪时,自然会激发用户的积极怀旧;但也有可能产生消极低落的情绪,从而发用户的消极怀旧。因此,本文提出如下假设:

H2a:用户画像正向影响积极怀旧;

H2b:用户画像正向影响消极怀旧。

(四)怀旧与品牌依恋的关系

大量的研究表明,怀旧与品牌依恋之间存在着密切的关系。Schultz 等(1989)[29]在探究品牌依恋形成的心理机制时指出,消费者过去的经历会引发其本身的怀旧情感,这种情感影响到消费者对特定品牌的依恋程度。Fournier(1997)[8]认为消费者有对过往经历进行怀旧的情感诉求。为了满足这种情感诉求,消费者会寻求与特定品牌之间维持持久的关系,这种心理正是品牌依恋的表现。Thomaon 等(2005)[30]从品牌功能角度提出,消费者对个人自主、关联和发展能力这三方面的需求与品牌依恋高度相关,而怀旧情感能够满足消费者对自主与关联能力的需求,从而引发消费者对品牌的依恋感。Park 等(2006)[17]甚至认为怀旧情感是构成品牌依恋的维度之一,对品牌依恋具有重要影响。

因此,用户画像的推送在激发用户产生积极怀旧之后,还会让用户产生亲近感,这种亲近感来自于自我概念的延伸(Fournier,1997)[8]。当用户的自主与关联需求被激发与满足之后,其会对关联的品牌产生联结,从而增强用户与品牌之间的联系,最终形成品牌依恋(Park 等,2006)[17]。需要注意的是,以往对怀旧与品牌依恋关系的研究侧重于怀旧积极的一面,据此,本文提出如下假设:

H3a:积极怀旧正向影响品牌依恋。

事实上,怀旧虽然能够引发大部分人对美好回忆的追求,并且使人产生积极正面的情绪,但是研究发现部分人也会因怀旧而产生消极负面的情绪(Ryynanen 和 Heinonen,2018)[26]。Wildschut 等(2006)[9]研究发现,积极怀旧能够让陷入负面情感的消费者得到情感上的补偿,但消极怀旧不能使消费者得到情感补偿。因此,在用户画像激发出用户的消极怀旧之后,用户并不能从怀旧中得到情感补偿,反而会对用户产生不良影响。在这种负面情绪的影响下,用户通常会采取两类应对方式:问题指向和情绪指向(Lazarus 和 Folkman,1984)[31]。问题指向是指用户努力改变导致负面情绪的压力来源,即产生逃避或消极接受负面信息的行为;情绪指向是指通过改变对所经历事件或情绪的认知来对自身情绪进行补偿,即对以往痛苦经历进行自我改变,从而缓解压力来源。这两种处理方式都会影响消费者对品牌的好感,从而导致用户的品牌依恋降低。因此,本文提出如下假设:

H3b:消极怀旧负向影响品牌依恋。

另外,张义和孙明贵(2011)[32]指出,虽然怀旧感既能够引发个体的积极正面情绪,也能够引发个体的消极负面情绪,但以往大多数的研究大多是从积极的角度进行的,主要原因在于,记忆基本上是自我的同一性,在同一性形成的过程中,消极因素具有很强的被封存和被忽略的倾向,即人们对于消极的记忆与情感总是会有倾向性地忽视或者遗忘。同时,人们在触发怀旧时,往往想要寻求情感补偿,从而更愿意去追求对过往美好经历的怀旧(Wildschut 等,2006)[9],因此,在积极怀旧与消极怀旧同时被触发时,人们往往更愿意进行积极怀旧而不是消极怀旧,即在画像报告的内容同时和用户过往的美好经历及痛苦经历相关联时,用户会有倾向性地回忆美好的经历而有选择性的忽视痛苦的经历。据此,本文提出如下假设:

H4:在用户画像对品牌依恋的影响中,积极怀旧的中介作用大于消极怀旧的中介作用。

(五)拟人化的调节作用

拟人化是指对非人类客体进行加工,让其产生想象中或实际的人类行为,使它们拥有像人一样的特征、动机、意图和情感(Epley 等,2007)[33]。以往的研究证实,拟人化营销能够影响消费者好感、消费者认知以及社会联系(汪涛和谢志鹏,2014)[34]。具体来说,拟人化不仅能够帮助消费者更好地理解品牌、传递相关知识(Epley 等,2007)[33],还能够帮助品牌或产品与顾客建立情感纽带,强化消费者与品牌之间的关系,从而增强顾客和品牌之间的信任(Gupta 等,2010)[35]。因此,从人的认知视角看,拟人化的互动方式可以更好地建立起人与品牌之间的情感联结,影响消费者与品牌关系的形成(Hudson 等,2016)[10]。

Epley 等(2007)[33]提出的拟人化三因素理论得到众多学者的认同。他们认为,拟人化有三个决定因素,即诱发主体知识、效能动机与社会动机。从诱发主体知识来看,用户画像是基于用户本身行为数据所产生的,因此,在用户接收画像中的信息时,采用拟人化的语言风格,更能诱发用户对于过往经历的怀旧,产生情感共鸣,从而加强用户与平台之间的情感联系,最终形成品牌依恋。从效能动机来看,在用户激发出怀旧情感后,采用拟人化的语言风格能够让用户产生一种与人分享的感觉,更能满足其怀旧情感诉求(Hudson 等,2016)[10],从而加深与平台的联系,产生联结情感。从社会动机来看,拟人化使用户画像能够更好地满足用户的积极怀旧情感的需求,增强用户的社会联系,从而使用户在与平台关系的发展层次上形成品牌依恋感(Epley 等,2007)[33]。另一方面,拟人化能够让激发了消极怀旧的用户产生一种与伙伴交流分享消极情绪的感觉(Aggarwal 和 McGill,2012)[36],从而削弱消极怀旧对于品牌依恋的负向影响。据此,本文提出如下假设:

H5a:拟人化沟通方式对积极怀旧与品牌依恋之间的关系具有正向调节作用,即:采用拟人化沟通方式时,积极怀旧对品牌依恋的正向影响更强;采用非拟人化沟通方式时,积极怀旧对品牌依恋的正向影响更弱。

H5b:拟人化沟通方式对消极怀旧与品牌依恋之间的关系具有负向调节作用,即:采用拟人化沟通方式时,消极怀旧对品牌依恋的负向影响更弱;采用非拟人化沟通方式时,消极怀旧对品牌依恋的负向影响更强。

基于以上假设推导,本文的主要内容如下:第一,探讨用户画像对品牌依恋的正向影响;第二,探讨积极怀旧与消极怀旧在用户画像对品牌依恋影响中的中介机制,并且比较两种中介机制的大小;第三,探究拟人化在积极怀旧与品牌依恋以及消极怀旧与品牌依恋关系中所起的调节作用。

三、研究设计与分析

本文的研究设计通过一个真实数据研究和两个实验研究来验证先前提出的假设。真实数据分析通过互联网第三方平台搜集各大公司关于个体用户画像报告推送的二手数据来进行分析完成。实验分析一和实验分析二通过互联网在线调查网站问卷星来完成,实验对象主要为大学生,包括在校生及毕业生,并在问卷结束后进行抽奖作为报酬。题目中设计了检测问题,以便于在数据分析前将不符合研究要求或者不认真作答的问卷进行剔除。

(一)真实数据分析

1.研究目的

本部分收集了真实企业的二手数据进行分析,目的是探究用户画像是否对品牌依恋具有正向影响。其中自变量为有无用户画像,数据为各在线平台用户画像报告的信息;因变量为品牌依恋。由于并没有直观的二手数据能够体现品牌依恋这一变量,根据 Park 等学者(2006,2010)[17-18]的研究,品牌依恋与消费者行为有很强的相关性,即如果消费者对于某品牌具有依恋感,那他一定是这一品牌的重度购买者或者使用者。因此,本研究采用间接证明的方式,因变量为推送了用户画像报告的平台的使用人数。

2.研究过程

首先,在国内各大搜索、门户、社交网站搜集在线平台用户画像推送信息,以收集目前主动推送用户画像报告的 App 信息。搜索的网站新浪微博、知乎、豆瓣、百度搜索等,关键词主要有"2017 年度账单""2017 年度报告""2017 年度听歌报告"等。其次,在国内知名咨询公司——艾瑞咨询网站上搜集推送年度用户画像报告时的各大在线平台的用户数量信息。在艾瑞咨询网站下的移动 App 指数分类中,搜集目标在线平台发送年度用户画像报告的当月用户量,以及发送之前一个月的用户数量,以月度独立设备数为基准。

共搜集到包括网易云音乐、QQ 音乐、支付宝、中国银行缤纷生活、中国建设银行等在内的 27 家移动 App 平台数据,剔除因其他因素而导致用户数变化异常的 4 家数据,剩余 23 家,当月用户数平均值为 8 176.52,标准差为 14 285.909,上月用户数平均值为 8 363.90,标准差为 14 563.781,并对此进行配对样本 T 检验。

3.数据分析

根据表 1 可知,未发用户画像报告的上月用户数与发送了用户画像报告的当月用户数具有显著性差异($M=-187.381$,$SD=317.115$,$t=-2.708$,$P<0.05$),即推送年度报告的前一月平台用户数与推送年度报告的当月用户数存在显著性差异。以往的研究表明,品牌依恋与消费者购买与使用行为之间存在很强的关系(Park 等,2006,2010)[17-18],间接证明了用户画像正向影响品牌依恋,假设 1 成立。

表 1 用户画像对品牌依恋的影响

	Mean	SD	SE	T-value	df	Sig.
LM—TM	-168.435	306.992	64.012	-2.631	22	0.015*

注:*表示 $P<0.05$,LM 代表画像推送前一月 App 使用人数,TM 代表画像推送当月 App 使用人数。

4.结果讨论

真实数据分析的结果间接支持了假设 1,即用户画像正向影响品牌依恋。如果企业给用户推送基于其过往行为数据形成的画像报告,则能够影响到用户与平台之间的关系。但是,由于没有直观表述品牌依恋的二手数据,真实数据分析只能间接证明主效应。接下来的实验分析一将采用实验法再次验证主效应的存在,并讨论积极怀旧和消极怀旧的中介作用。

(二)实验分析一

1.研究目的

首先,由于真实数据分析间接证明的局限,故运用实验法再一次验证用户画像对品牌依恋的影响。其次,对积极怀旧与消极怀旧的中介作用进行验证。最后,比较积极怀旧与消极怀旧之间的中介作用大小。实验分析一分为用户画像组和无用户画像组。

实验材料采用真实品牌——网易云音乐作为刺激材料,采用其年度听歌报告的内容作为素材。为了对其他变量进行控制,画像组与控制组在其他方面保持一致,只是其中文字描述不同。画像组的文字内容中有关于用户的行为数据信息,而控制组中则没有。积极怀旧与消极怀旧的刺激在参考前人研究的基础上进行了改进,主要做法是让被试人员回忆上一年的经历(Wildschut 等,2006;Zhou 等,2012)[9,37]。积极怀旧文字描述为"请回忆您去年生活中的一件往事,每当您想起这件往事,就会感到怀旧,并且感觉开心兴奋,假定往事发生的过程前后您有使用过该 App 听《海阔天空》这一首歌";消极怀旧文字描述为"请回忆您去年生活中的一件往事,每当您想起这件往事,就会感到怀旧,并且感觉忧伤抑郁,假定往事发生的过程前后您有使用过该 App 听《海阔天空》这一首歌"。考虑到被试人员的品牌熟悉度对研究的影响,研究中采用 Kent 和 Allen(1994)[38]的品牌熟悉度量表控制了品牌熟悉度。共发放 360 份问卷,剔除回答不完整以及结果异常(如全填 7 分或者 1 分)的问卷,最终获得有效问卷 342 份,其中男生 176 人(占 51.5%),女生 166 人(占 48.5%),并且 98% 的被试年龄处于 18-30 岁之间。

2.研究过程与变量测量

被试者被随机分配到两个组别。在观看指导语后,两组被试者分别看到两个图片,其中,画像组看到的是画像报告图片,控制组看到的是无画像报告图片。随后被试者将会看到积极怀旧的文字描述,经过 1 分钟的回想后填写积极怀旧的题项,包括"它们使我想起那些美好的记忆"等 4 个题项(a=0.81)(Pascal 等,2002)[39]。之后,被试将会看到消极怀旧的文字描述,经过 1 分钟的回想后填写消极怀旧的题项,包括"它们使我想起那些伤感的记忆"等 4 个题项(a=0.80)(Pascal 等,2002)[39]。最后,被试者需要完成品牌依恋量表,题项包括"我对该 App 更有依赖感"等 5 个题项(a=0.82)(Park 等,2010)[18]。所有问项都采用 7 点量表进行测量。各变量的描述性统计结果见表 2。

3.数据分析

实验分析一中采用多元线性回归的方式来检验本文提出的假设,回归结果如表 3 所示。根据模型 1 可以看出,H1 关于用户画像正向影响品牌依恋从数据上得到进一步的支持($\beta=0.51, P<0.01$)。根据模型 2 可以看出,H2a 关于用户画像正向影响积极怀旧也得到支持($\beta=0.53, P<0.01$);根据模型 3 可以看出,H2b 认为用户画像正向影响消极怀旧成立($\beta=0.43, P<0.01$);H3a 关于积极怀旧正向影响品牌依恋成立($\beta=0.20, P<0.001$),H3b 认为消极怀旧负向影响品牌依恋也得到支持($\beta=-0.12, P<0.05$)。

接下来进行中介效应分析,以验证积极怀旧与消极怀旧的中介作用并且比较其差异化影响。在 95% 置信区间下,选择模型 4 进行 5 000 次 Bootstrap 检验。结果表明,积极怀旧的区间(LLCI=0.03, ULCI=0.22)不包含 0,且效应值为 0.11,表明积极怀旧的部分中介效应显著,H2a、H3a 成立。消极怀旧的区间(LLCI=-0.12, ULCI=-0.01)不包含 0,且效应值为-0.05,表明消极怀旧的部分中介效应显著,H2b、H3b 成立。最后,积极怀旧与消极怀旧的中介效应比较 C1 的区间(LLCI=0.07, ULCI=0.28)不包含 0,效应值为 0.16,为正值,说明积极怀旧的中介效应大于消极怀旧的中介效应,H4 成立。

表2 各变量均值、标准差及相关系数（N=342）

	M	SD	1	2	3	4	5	6	7	8	9	10	11	12	13
用户画像	0.56	0.50	1	0.20***	0.18**	0.08	0.04	0.22***	-0.04	-0.06	-0.01	-0.03	0.04	-0.03	0.01
积极怀旧	4.74	1.32	0.20***	-0.05	0.26***	-0.06	-0.06	0.08	-0.07	0.06	-0.11	0.01	0.12*	-0.10*	-0.01
消极怀旧	4.64	1.15		1	-0.11*	0.12*	-0.03	0.04	-0.01	0.02	-0.03	-0.08	0.03	0.07	-0.03
品牌依恋	4.70	1.26			1	-0.09	-0.05	0.06	0.04	-0.11*	0.02	0.05	0.06	-0.11*	0.03
熟悉度	5.04	1.10				1	0.09	0.03	0.03	-0.07	0.003	-0.04	-0.01	0.03	-0.01
性别	0.51	0.50					1	0.01	0.03	-0.05	-0.02	0.04	-0.06	-0.01	0.03
年龄1	0.15	0.36						1	-0.36***	-0.31**	-0.08	0.20***	-0.02	-0.06	-0.10
年龄2	0.43	0.50							1	-0.64***	-0.16**	-0.06	0.07	0.04	0.02
年龄3	0.35	0.48								1	-0.13*	-0.07	-0.02	0.08	0.09
年龄4	0.03	0.18									1	-0.01	-0.08	-0.08	-0.04
教育背景1	0.20	0.40										1	-0.33***	-0.42***	-0.12*
教育背景2	0.30	0.46											1	-0.54***	-0.16**
教育背景3	0.40	0.49												1	-0.20***
教育背景4	0.06	0.23													1

注：*** 表示 $P<0.001$，** 表示 $P<0.01$，* 表示 $P<0.05$。

表3 实验分析—线性回归结果

	品牌依恋 Model 1	积极怀旧 Model 2	消极怀旧 Model 3	品牌依恋 Model 4
用户画像	0.51**(0.14)	0.53**(0.15)	0.43**(0.13)	0.46**(0.14)
积极怀旧				0.20***(0.05)
消极怀旧				-0.12*(0.06)
熟悉度	-0.12(0.06)	-0.08(0.06)	0.11(0.06)	-0.09(0.06)
性别	-0.14(0.13)	-0.15(0.14)	-0.10(0.12)	-0.12(0.13)
年龄1	-0.76(0.44)	0.16(0.46)	0.19(0.40)	-0.77(0.42)
年龄2	-0.71(0.40)	-0.03(0.42)	0.16(0.37)	-0.69(0.39)
年龄3	-0.96*(0.41)	0.20(0.42)	0.23(0.37)	-0.97*(0.39)
年龄4	-0.46(0.50)	-0.83(0.53)	0.12(0.46)	-0.28(0.49)
教育背景1	0.52(0.48)	-0.20(0.50)	0.04(0.44)	0.57(0.49)
教育背景2	0.47(0.47)	-0.04(0.50)	0.22(0.43)	0.51(0.46)
教育背景3	0.26(0.47)	-0.42(0.50)	0.27(0.43)	0.38(0.46)
教育背景4	0.62(0.55)	-0.35(0.57)	0.03(0.50)	0.70(0.53)
R^2	0.076	0.083	0.062	0.134
F	2.471**	2.697**	1.981*	3.926***
N	342	342	342	342

注：*** 表示 $P<0.001$，** 表示 $P<0.01$，* 表示 $P<0.05$，括号中数值为标准误。

4.结果讨论

实验分析一的结果进一步验证并支持了 H1、H2a、H2b、H3a、H3b 和 H4,证明了积极怀旧和消极怀旧在用户画像对品牌依恋的影响中起中介作用,并且积极怀旧的中介作用大于消极怀旧的中介作用。然而,根据理论推导,拟人化的文字风格更能够引起用户的共鸣,从而引发用户的品牌依恋感。因此,本文将通过实验分析二继续探讨拟人化的语言风格的调节作用。

(三)实验分析二

1.研究目的

实验分析二的目的是验证拟人化的语言风格在怀旧与品牌依恋之间关系中的调节作用。实验分析二为 2(用户画像:有 vs 无)×2(拟人化:有 vs 无)双因素被试间实验设计。首先进行积极怀旧情境下的验证,再进行消极怀旧情境下的验证。

实验材料仍采用网易云音乐作为刺激材料,采用其年度听歌报告的内容作为素材,控制组的内容无用户过往行为数据。为了对其他变量进行控制,拟人组与非拟人组在其他方面保持一致,只是文字描述不同。拟人组的文字内容中采用拟人化的语言风格,控制组中的文字则没有进行拟人化处理。积极怀旧与消极怀旧的刺激与实验分析一相比,文字描述减少了"假定往事发生的过程前后您有使用过该 App 听《海阔天空》这一首歌"。考虑到被试人员的品牌熟悉度对研究的影响,实验分析二中仍然控制了包括品牌熟悉度等在内的一些变量。此实验共发放 480 份问卷,其中积极怀旧 240 份,消极怀旧 240 份,剔除回答不完整以及回答结果异常的问卷,最终获得有效问卷 437 份。其中积极怀旧 209 份,男性 107 人(占 51.2%),女性 102 人(占 48.8%),96%的被试年龄处于18-30 岁之间;消极怀旧 215 份,男性 103 人(占 47.9%),女性 112 人(占 52.1%),94%的被试年龄处于 18-30 岁之间。

2.研究过程

首先研究积极怀旧下拟人化的调节效应。被试者被随机分配到四个组别。在观看指导语后,两组被试者看到画像报告图片,两组被试者看到无行为数据的图片。画像组中,拟人组看到的是采用拟人化设计的画像报告,非拟人化组看到的是无拟人化设计的画像报告。无画像组中,拟人组看到的也是采用拟人化设计的图片,而非拟人化组则是无拟人化设计的图片。随后被试者将被要求填写拟人化设计操纵检验的题项,包括"文字描述使我感觉到网易云音乐有意识"等 3 个题项(a=0.84)(Hart 等,2013)[40]。之后,被试者将会看到积极怀旧的文字描述,接下来被试者将填写积极怀旧的题项,包括"它们使我想起那些美好的记忆"等4个题项(a=0.73)(Pascal等,2002)[39]。最后,被试者需要完成品牌依恋量表,题项包括"我对该App更有依赖感"等5个题项(a=0.71)(Park等,2010)[18]。将测量拟人化感知的3个题项求均值并进行方差分析,可知变量操纵成功($M_{拟人组}$=5.01,$M_{控制组}$=3.35,$F(1,207)$=124.99,$P<0.001$)。所有问项都采用7分量表进行测量。

接着验证消极怀旧下拟人化的调节效应,过程如上,其中拟人化设计操纵的题项包括"文字描述使我感觉到网易云音乐有意识"等3个题项(a=0.88)(Hart等,2013)[40],消极怀旧的题项包括"它们使我想起那些伤感的记忆"等4个题项(a=0.83)(Pascal等,2002)[39],品牌依恋量表,题项包括"我对该App更有依赖感"等5个题项(a=0.84)(Park等,2010)[18]。将测量拟人化感知的3个题项求均值并进行方差分析,可知变量操纵成功($M_{拟人组}$=4.94,$M_{控制组}$=2.83,$F(1,213)$=207.49,$P<0.001$)。所有问项都采用7分量表进行测量。

3.数据分析

在积极怀旧情境下,方差分析结果与假设推导一致,画像中拟人化的语言风格对用户积极怀旧与品牌依恋的关系产生了调节作用,支持H5a。在低积极怀旧的情境下,拟人化设计组的品牌依恋高于控制组($M_{拟人组}$=4.68,$M_{控制组}$=4.61,$F(1,207)$=3.89,$P=0.05$);在高积极怀旧的情境下,拟人化设计组的品牌依恋仍然高于控组($M_{拟人组}$=5.23,$M_{控制组}$=4.71,$F(1,207)$=3.89,$P=0.05$)。

在消极怀旧情境下,方差分析结果与假设推导不一致。在低消极怀旧的情境下,拟人化的调节效应不显著($M_{拟人组}$=3.51,$M_{控制组}$=3.43,$F(1,213)$=0.83,$P=0.36$);在高消极怀旧的情境下,拟人化设计的调节效应也不显著,拟人化组的得分甚至低于非拟人化组($M_{拟人组}$=3.17,$M_{控制组}$=3.35,$F(1,213)$=0.83,$P=0.36$),H5b不成立。接下来使用Bootstrap进行有调节的中介效应检验。样本量选择为5 000,采用模型4,在95%置信区间下,有调节的中介效应检验显示,在积极怀旧的情境下,无拟人化下的结果中包含0(LLCI=−0.05,ULCI=0.13),拟人化下的结果中没有包含0(LLCI=0.03,ULCI=0.20),表明拟人化的调节效应显著,进一步验证了H5a。

同时也检验了消极怀旧情境下的结果,其中无拟人化的结果中包含0(LLCI=−0.08,ULCI=0.02),拟人化下的结果中也包含0(LLCI=−0.07,ULCI=0.02),说明拟人化在消极怀旧与品牌依恋的关系中没有调节作用,H5b不成立。

4.结果讨论

实验分析二进一步研究了将画像报告推送给用户以拉近平台与用户之间关系的影响因素。结果表明,在画像报告引起用户积极怀旧的情境下,用户对平台产生依恋感的过程受到了报告本身语言风格的影响,采用拟人化的语言风格更能增强用户对于平台的依恋感。而拟人化的调节作用在用户画像引发了用户消极怀旧情境下时则不会对品牌依恋起到作用。

四、研究启示及局限

(一)研究结果讨论

本文探讨了用户画像的推送对用户品牌依恋的影响,分析了这种影响受到积极怀旧和消极怀旧两种中介机制的作用,并且研究了拟人化的语言风格在这一影响过程中所起的调节作用。

结果显示,用户画像对消费者品牌依恋具有正向影响,这种影响是通过积极怀旧与消极怀旧进行介导的,并且积极怀旧的中介作用大于消极怀旧的中介作用,这与张义和孙明贵(2011)[32]的研究结论一致,即人们对于消极的记忆与情感总是会倾向性地忽视或者遗忘。最后,拟人化在积极怀旧与品牌依恋关系中起正向调节作用,但在消极怀旧与品牌依恋的关系中调节作用不显著。这说明在拟人化的情境下,积极怀旧更能激发消费者的品牌依恋感,而消极怀旧并没有这种作用。这可能是由于部分用户将拟人化看作是对于自身消极情绪的一种负面行为,认为平台方必须为自己的错误推送行为引发的自身消极情绪负责,从而破坏了用户与平台双方的关系(Puzakova等,2013)[41]。因此,有关拟人化在消极怀旧与品牌依恋的关系中的影响,还需根据其他变量进一步讨论。

(二)理论贡献与营销启示

大数据时代的到来让用户画像成为学者们研究的热点问题。以往对于用户画像的研究着重于从模型构建方面探究用户画像的精准性与有效性(刘海鸥等,2018)[5],也有学者探讨了基于用户画像推送的广告对于消费者行为的影响(Summers等,2016)[4]。本研究发现,在线平台推送用户画像报告能够增加用户对于平台的品牌依恋感,丰富了用户画像与关系营销领域的理论发展。其次,从怀旧视角出发,具体探究了用户画像对于品牌依恋的影响机制,发现积极怀旧与消极怀旧在用户画像与品牌依恋关系中起中介作用,并且积极怀旧的中介作用大于消极怀旧的中介作用。最后,研究结果还显示,拟人化的语言风格对积极怀旧与品牌依恋之间的关系起正向调节作用,但这种作用在消极怀旧的情境中不显著。

以上研究结论对在线平台在大数据背景下开展关系营销具有如下重要意义：首先，在线平台可以定期给消费者推出个性化的画像报告，这是平台品牌积极与用户进行互动，维持用户与品牌关系的重要举措；其次，企业在进行用户画像报告的信息采集时可以对数据进行多属性的用户信息融合，如在构建用户画像报告时，将用户的朋友圈、微博等社交数据融入模型中，并筛选一些消费者正面情绪经历的数据加入报告中，以此带给用户更多积极经历和更有价值的信息；最后，企业在进行用户画像报告的文案设计时，需要慎重采用拟人化的语言风格。在引发了用户积极怀旧的情境下，拟人化的语言风格会让用户感觉到与平台在进行互动，从而对平台产生亲切感。但是，如果用户被引发了消极怀旧，产生负面情绪，采用拟人化的风格也许会让用户更加反感。

（三）研究局限性与未来方向

首先，真实数据分析中的二手数据样本过少。本文仅对国内的平台推送用户画像的数据进行了收集，并没有采集到国外平台的数据，未来可以将国内外的数据结合起来分析。

其次，以往的研究显示，拟人化的设计并不完全会带来正面效应，也有可能带来负面效应(Hur 等，2015)[42]。在用户被引发了负面情绪时，拟人化的语言风格有可能会让用户对平台产生逃避行为并且产生反感，从而带来反效果(Lazarus 和 Folkman，1984)[31]。未来的研究可以探究在消极怀旧情绪下，何种变量可以调节拟人化的调节作用。

参考文献

[1] VIKTOR MAYER-SCHÖNBERGER, KENNETH CUKIER. Big data: a revolution that will transform how we live, work, and think[M]. New York: Houghton Mifflin Harcourt, 2013.

[2] 郭倩. 数字经济时代下的数字劳动与受众商品化——以支付宝年度账单及2017年账单"被同意"事件为例[J]. 海南大学学报：人文社会科学版，2018(4)：39-43.

[3] LAMBRECHT ANJA, CATHERINE TUCKER. "When Does Retargeting Work?" Information specificity in online advertising[J]. Journal of marketing research, 2013, 50 (10):561-576.

[4] SUMMERS C A, SMITH R W, WALKER RECZEK R. An audience of one: behaviorally targeted ads as implied social labels[J]. Journal of consumer research, 2016, 43(1):156-178.

[5] 刘海鸥，孙晶晶，苏妍嫄，等. 国内外用户画像研究综述[J]. 情报理论与实践，2018(11)：155-160.

[6] 郭光明. 基于社交大数据的用户信用画像方法研究[D]. 合肥：中国科学技术大学，2017.

[7] 李斌，马红宇，李爱梅，等. 怀旧的触发、研究范式及测量[J]. 心理科学进展，2015(7)：1289-1298.

[8] FOURNIER S, YAO J. Reviving brand loyalty: a reconceptualization within the framework of consumer-brand relationships[J]. International journal of research in marketing, 1997, 14(5):451-472.

[9] WILDSCHUT T, SEDIKIDES C, ARNDT J, et al. Nostalgia: content, triggers, functions[J]. Journal of personality & social psychology, 2006, 91(5):975-993.

[10] HUDSON S, HUANG L, ROTH M S, et al. The influence of social media interactions on consumer brand relationships: a three-country study of brand perceptions and marketing behaviors[J]. International journal of research in marketing, 2016, 33(1):27-41.

[11] 王凌霄,沈卓,李艳.社会化问答社区用户画像构建[J].情报理论与实践,2018(1):129-134.

[12] IGLESIAS J A, ANGELOV P, LEDEZMA A, et al. Creating evolving user behavior profiles automatically[J]. IEEE transactions on knowledge and data engineering, 2012, 24(5):854-867.

[13] PAZZANIMJ, BILLSUSD. Content-based recommendation system[M]. Berlin: Springer, 2007:325-341.

[14] ABEL F, GAO Q, HOUBEN G J, et al. Analyzing user modeling on twitter for personalized news recommendations[C]. International Conference on User Modeling, Adaptation, and Personalization, 2011:1-12.

[15] SCHIAFFMO S, AMANDI A. Intelligent user profiling[M]. Berlin: Springer, 2009:193-216.

[16] 林燕霞,谢湘生.基于社会认同理论的微博群体用户画像[J].情报理论与实践,2018(3):142-148.

[17] PARK C W, MACINNIS D J, PRIESTER J. Beyond attitudes: attachment and consumer behavior[J]. Seoul journal of business, 2006, 12(2):3-35.

[18] PARK C W, MACINNIS D J, PRIESTER J, et al. Brand attachment and brand attitude strength: conceptual and empirical differentiation of two critical brand equity drivers[J]. Journal of marketing, 2010, 74(6):1-17.

[19] COLLINS ALLAN M, ELIZABETH F. LOFTUS. A spreading activation theory of semantic processing[J]. Psychological review, 1975, 82(11):407-428.

[20] 王财玉.消费者自我—品牌联结的内涵、形成机制及影响效应[J].心理科学进展,2013(5):922-933.

[21] ROBERTS-LOMBARD M, PETZER D J. Customer satisfaction/delight and behavioural intentions of cell phone network customers-an emerging market perspective[J]. European business review, 2018, 30(4):427-445.

[22] KAPLAN H A. The psychopathology of nostalgia[J]. Psychoanalytic review, 1987, 74:465-486.

[23] BAKER S M, KENNEDY P F. Death by nostalgia: a diagnosis of context-specific cases[J]. Advances in consumer research, 1994, 21(1):169-174.

[24] SEDIKIDES C, WILDSCHUT T, ARNDT J, et al. Nostalgia: past, present, and future[J]. Current directions in psychological science, 2008, 17:304-307.

[25] BARRETT F S, GRIMM K J, ROBINS R W, et al. Music-evoked nostalgia: affect, memory, and personality[J]. Emotion, 2010, 10(3):390-403.

[26] RYYNÄNEN T, HEINONEN V. From nostalgia for the recent past and beyond: the temporal frames of recalled consumption experiences[J]. International journal of consumer studies, 2018, 42(1): 186-194.

[27] 杨强, 张康, 孟陆. 孤独感对怀旧消费偏好的影响研究[J]. 珞珈管理评论, 2018(2): 132-146.

[28] SIEGEL D J. Memory: an overview, with emphasis on developmental, interpersonal, and neurobiological aspects [J]. Journal of the American academy of child adolescent & psychiatry, 2001, 40:997-1011.

[29] SCHULTZ S E, KLEINE R E, KERNAN J B. These are a few of my favorite things: toward an explication of attachment as a consumer behavior construct[J]. Advances in consumer research, 1989, 16(1):359-366.

[30] THOMSON M, MACINNIS D J, PARK C W. The ties that bind: measuring the strength of consumers' emotional attachments to brands[J]. Journal of consumer psychology, 2005, 15(1):77-91.

[31] LAZARUS R S, FOLKMAN S. Stress, appraisal and coping[M]. Berlin: Springer, 1984.

[32] 张义, 孙明贵. 消费者怀旧情感研究评述[J]. 中国流通经济, 2011(9):94-99.

[33] EPLEY N, WAYTZ A, CACIOPPO J T. On seeing human: a three-factor theory of anthropomorphism[J]. Psychological review, 2007, 114(4):864-886.

[34] 汪涛, 谢志鹏. 拟人化营销研究综述[J]. 外国经济与管理, 2014(1):38-45.

[35] GUPTA S, MELEWAR T C, BOURLAKIS M. A relational insight of brand personification in business-to-business markets[J]. Journal of general management, 2010, 35(4): 65-76.

[36] AGGARWAL P, MCGILL A L. When brands seem human, do humans act like brands? automatic behavioral priming effects of brand anthropomorphism[J]. Journal of consumer research, 2012, 39(2):307-323.

[37] ZHOU X, WILDSCHUT T, SEDIKIDES C, et al. Nostalgia: the gift that keeps on giving[J]. Journal of consumer research, 2012, 39(1):39-50.

[38] KENT R J, ALLEN C T. Competitive interference effects in consumer memory for advertising: the role of brand familiarity[J]. Journal of marketing, 1994, 58(3): 97.

[39] PASCAL V J, SPROTT D E, MUEHLING D D. The influence of evoked nostalgia on consumers' responses to advertising: an exploratory study[J]. Journal of current issues & re-

search in advertising, 2002, 24(1):39-47.

[40] HART P M, JONES S R, ROYNE M B. The human lens: how anthropomorphic reasoning varies by product complexity and enhances personal value [J]. Journal of marketing management, 2013, 29(1-2): 105-121.

[41] PUZAKOVA M, KWAK H, ROCERETO J F. When humanizing brands goes wrong: the detrimental effect of brand anthropomorphization amid product wrongdoings[J]. Journal of marketing, 2013, 77(3):81-100.

[42] HUR J D, KOO M, HOFMANN W. When temptations come alive: how anthropomorphism undermines self-control[J]. Journal of consumer research, 2015, 42(2):340-358.

03

企业管理与创新

生产性服务业与制造业协同集聚对企业创新的影响[1]

一、引言

产业空间邻近及高度集聚有利于扩充"知识池"存量、降低创新要素流动成本和强化知识扩散溢出效应等，进而对区域创新竞争力产生重要影响。随着产业分工深化和融合进程加快，生产性服务业集聚对制造业企业创新活动的作用越来越明显，但与此同时，产业集聚形态也发生了很大的改变，逐渐从过去单一产业在地理空间上的规模扩张汇聚形态，向强调生产性服务业与制造业协同集聚和空间耦合的方向转变，通过不同产业间在邻近地理单元的协同互动与深度渗透，形成融合创新的新动力。事实上，综观发达经济体产业集聚发展进程，大多经历了生产性服务业与制造业产业协同集聚的"双轮驱动"进程，而近年来中国各城市也纷纷提出了推进生产性服务业集聚与制造业升级"双轮驱动"的战略。那么，中国城市生产性服务业与制造业协同集聚这一发展趋势是否具有创新促进效应？未来应如何基于产业协同集聚角度进一步联动优化产业及城市规划政策？这些问题的解决对利用有限的空间资源来实现生产性服务业与制造业高效互动、推进创新驱动战略有着重要的理论和现实意义。

根据产业集聚理论，生产性服务业集聚有利于降低企业创新活动的成本，增进研发人员"面对面"的知识交流渠道，强化产业间的知识溢出效应，进而对企业

---

[1] 原载于《广东财经大学学报》2019年第3期第43-53页。
作者：刘胜，广东外语外贸大学粤港澳大湾区研究院讲师，博士；李文秀，广东金融学院中国服务经济与贸易研究院研究员，博士；陈秀英，广东金融学院经济贸易学院讲师，博士。

创新活动产生重要影响。例如,Muller(2012)[1]认为知识密集型商业服务与制造业企业的空间协同对企业的创新互动和创新绩效具有重要作用。Jacobs等(2013)[2]指出,由于集聚外部性的缘故,知识密集型商业服务与跨国企业之间在地理空间上呈现出协同集聚的关系,这有利于促进企业创新动态。此外,原毅军和郭然(2017)[3]也认为,生产性服务业集聚有利于促进制造业技术创新,并且这种作用存在地域差异和行业异质性。随着新一代信息技术推动制造业由单一生产型逐步向"生产+服务"型转变,生产性服务业与制造业之间以往简单的分工关系发生了变化,共生共融、协同发展趋势更趋明显。传统的生产性服务业与制造业集聚规模并不能很好地阐释新情境下的产业发展态势,由此,关于两者的协同集聚(coagglomeration)关系及其经济效应开始得到更广泛的关注。例如,Ke等(2014)[4]构建了制造业和生产性服务业协同集聚的联立方程模型,发现这两个部门在同一城市或邻近城市之间呈现出协同集聚和溢出效应。Yuan等(2017)[5]从城市内部的角度分析了制造业和生产性服务业的协同集聚及其影响因素,认为制造业和生产性服务业具有空间可分离性和空间共同定位特征,其空间分布要受到集聚经济和城市地价的共同影响。

已有文献产出了丰富的相关研究成果,但在以下方面仍有待拓展:一是在研究视角上,现有研究强调了产业集聚规模对技术创新的影响,但集聚规模并不能很好地反映产业协同集聚关系,并且,多数研究着眼于对生产性服务业与制造业协同关系及其特征描述的研究,而较少涉及生产性服务业与制造业协同集聚对企业微观创新活动的影响机理。鉴于此,本文结合集聚经济理论,利用中国工业企业微观数据与城市面板匹配数据,就生产性服务业与制造业协同集聚对企业创新绩效的影响效应及其作用机制进行分析。二是在研究方法上,已有文献大多利用区位熵、行业集中度、M-S指数、空间基尼系数、地理集中指数、赫芬达尔-赫希曼指数等指标来测算产业集聚规模水平,但其主要反映了集聚规模程度,而无法很好地体现出生产性服务业与制造业之间的协同集聚布局的合理与否,也难以探究生产性服务业与制造业协同集聚的经济效应。为此,本文借鉴Ellison等(2010)[6]提出的产业间协同集聚方法,构建指标体系考察生产性服务业与制造业协同集聚对企业创新活动的影响效应及其机制,为推进创新驱动战略、促进制造业与现代服务业融合发展提供有针对性的政策建议。

二、机理分析与研究假设

(一)生产性服务业与制造业协同集聚对企业创新的影响

生产性服务业是指贯穿于制造业上中下游产业链功能环节,并为其附加值实现过程配套提供研发设计、营销品牌和供应链管理等保障服务的行业,其作用正逐渐由管理功能(润滑剂作用)向促进功能(生产力作用)及战略功能(助推器作用)递进演变。从成本节约和知识溢出的角度出发,生产性服务业集聚对制造业企业研发创新过程至关重要。Venable(1996)[7]、Ellison等(2010)[6]较早关注产业协同集聚现象,并基于垂直关联等模型对生产性服务业与制造业协同集聚的微观机制进行了研究,认为产业集聚早期阶段主要体现在生产性服务业或制造业单一产业在空间纬度上的持续集中,而随着产业融合进程的加深,其逐渐从单一的产业集聚向两者间的协同集聚转变。生产性服务业和制造业协同集聚源于Marshall(1982)[8]提出的中间投入品与最终产品供应商的关联、劳动力市场的共享、信息交换和创新机会的增加等关键因素。生产性服务业与制造业的空间接近性和协同定位关系可促进交互式学习和知识传播过程,增进资源或隐性知识交换所需的频繁"面对面"交流机会。与此同时,专业技术服务与制造业空间协同布局所带来的可达性条件改善有利于促进创新型企业的产品开发工作(MacPherson,1997)[9]。因此,城市生产性服务业与制造业之间的集聚模式会对制造业企业的创新要素整合、创新成本、创新模式及其创新绩效产生重要影响。

根据创新经济理论,技术创新具有投资大、回报周期长、不可逆性、技术与经济不确定性较大等风险特点,这就决定了企业创新对产权和法制等制度环境极为敏感,需要更为完善的知识产权保护、法律等生产性服务配套体系协同嵌入,才能更好地帮助企业家和投资者形成相对稳定的预期,激发其从事技术创新活动的积极性(Shearmur 和 Doloreux,2013)[10]。当生产性服务业与制造业空间错配时,企业需要为搜索和匹配与生产、管理及营销环节相关的生产性服务花费更多的时间和金钱成本,这会抑制企业在创新环节的资金、人力资本和企业家才能等方面的配置。而当生产性服务业与制造业协同集聚时,有利于通过增强投入产出关联、劳动力可获得性与知识溢出效应来驱动企业技术创新活动(Howard等,2015;Shearmur 和 Doloreux,2008;Shearmur 等,2015)[11-13]。据此,提出如下假设:

H1:生产性服务业与制造业协同集聚显著促进了制造业企业的技术创新。

(二)生产性服务业与制造业协同集聚对企业创新的影响机制

1.交易成本结构机制

企业研发创新的交易成本结构主要体现在企业生产及创造知识时所付出的时间和资金成本。当生产性服务业与制造业处于非协同集聚状态时,制造企业难以通过生产性服务中间投入实现生产过程中的"润滑剂""助推器"功能,企业被迫为传统滞后的生产制造和管理交易模式付出更高的成本。而当两个部门间协同集聚时,企业不仅能通过增强上下游可达性来直接降低需频繁互动的生产性服务,特别是非标准化服务中间品的获取成本(Illeris,1994)[14],将生产性服务业作为专业化生产环节的"黏合剂"和"助推器"投入到制造业生产活动中,还能间接降低企业生产及管理运营成本(Macpherson,2008)[15],从而基于投入产出关联和规模经济效应有效降低企业生产及交易成本,促使企业将更多的资金和精力投入到研发创新活动中(Koch和Strotmann,2006)[16]。据此,提出如下假设:

H2:生产性服务业与制造业协同集聚通过交易成本结构机制影响企业创新。

2.研发创新激励机制

企业研发创新激励主要体现在企业对创新资源获取和创新资源配置的难度,以及企业对知识创造过程所付成本及所获利得之间的权衡。当生产性服务业与制造业处于非协同集聚状态时,不仅获取生产性服务等创新资源的难度较大,且由于缺乏有效的知识传播与扩散渠道,缄默知识外溢也难以获得,企业更易面临"玻璃门"瓶颈,从而带来较高的创新成本和风险,抑制企业的创新激励。而当两个部门间实现协同集聚时,不仅能通过正式外包契约关系促进知识技术从服务提供商向服务使用者转移,降低创新要素的获取难度,且服务提供本身也是一种交流互动的过程,在产业协同集聚时,有利于增进企业与客户间的了解信任、促进技术人员流动及在"面对面"交流时产生"隐性或缄默"知识溢出(Van Oort,2017)[17]。因而,生产性服务业与制造业协同集聚有利于疏通正式或非正式的知识溢出或外部性渠道,进而强化企业研发创新激励(Weterings和Boschma,2008)[18]。据此,提出如下假设:

H3:生产性服务业与制造业协同集聚通过研发创新激励机制影响企业创新。

3.进入与退出决策机制

企业创新活动的开展不仅要受到自身对创新要素获取配置、成本收益函数权衡的影响,还要受到创新生态系统的影响,而企业能否自由进入和退出是衡量创新生态系统健康与否的关键。当生产性服务业与制造业处于非协同集聚状态时,高效率企业无法通过快速整合生产服务解决方案,选择最优成本收益结构的技术创新路径进入,而低效率企业也难以便捷获得专业服务商的辅助、进行专用性资产转让转移等活动,从而及时止损退出。当两个部门间协同集聚时,创新生态系统中的生产性服务供给有助于促进创新要素优化配置,缓解产业供需侧割裂导致的要素市场扭曲,并促进创新要素自由流动和优化配置(Sutaria和Hicks,2004;Grek等,2011)[19-20],高生产率企业将兼并或挤出生产率低的企业,通过这一市场竞争机制促进创新资源要素的重组,为企业研发创新活动提供更有效率的创新生

态体系。据此,提出如下假设:

H4:生产性服务业与制造业协同集聚通过进入与退出决策机制影响企业创新。

三、实证设计

(一)实证模型

为检验生产性服务业与制造业协同集聚对企业创新的影响,设定计量模型如下:

$$innov_{it}=\alpha+\beta_1 \cdot coagg_{it}+\beta_2 \cdot X_{it}+\varepsilon_{it} \tag{1}$$

其中,$innov_{it}$代表被解释变量,即企业技术创新;$coagg_{it}$代表核心解释变量,即生产性服务业与制造业协同集聚;X_{it}代表控制变量;α代表常数项;ε_{it}代表随机扰动项。

(二)变量说明

1.企业技术创新($innov_{it}$)

既有文献通常采用研发费用或研发人员数量等创新投入指标来测度企业创新活动,但考虑到投入转化为产出的不确定性与研发投入数据的可得性,本文沿用王永进等(2018)[21]的方法,以企业申请专利数量来描述企业的创新行为。

2.生产性服务业与制造业协同集聚($coagg_{it}$)

参照Ellison等(2010)[6]、张虎等(2017)[22]的衡量方法,构建衡量制造业与生产性服务业空间协同集聚($coagg$)特征的变量,如公式(2)(3)所示。

$$magg_{ij}=\frac{L_{mj}}{L_j}\Big/\frac{L_m}{L} \quad psagg_{ij}=\frac{L_{psj}}{L_j}\Big/\frac{L_{ps}}{L} \tag{2}$$

式(2)中,$magg_{ij}$、$psagg_{ij}$为j城市$i(i=m, ps)$产业在全国的区位熵指数,L_{mj}为j城市制造业的就业人数,L_{psj}为j城市生产性服务业的就业人数,L_j为j城市的就业人数,L_m为全国制造业的就业人数,L_{ps}为全国生产性服务业的就业人数,L为全国的就业人数。

$$coagg=(1-\frac{|magg-psagg|}{magg+psagg})+|magg+psagg| \tag{3}$$

式(3)中,$magg$为制造业集聚指数,$psagg$为生产性服务业集聚指数,$coagg$为生产性服务业与制造业的空间协同分布指数。一般而言,如果$coagg$指数越高,则说明在特定的地理空间范围内,生产性服务业与制造业之间的空间协同集聚特征越突出。

3.其他变量

机制变量方面,借鉴王永进等(2018)[21]文献,交易成本结构变量采用管理费用、财务费用与销售费用之和与总资产之比来衡量,研发创新激励变量采用新产品产值占总产值之比来度量。进入与退出变量的设定,如果企业在 t 年进入(退出)市场则取1,否则取0。

此外,为避免遗漏变量造成的估计偏差,本文参照王永进等(2018)[21]的数据方法,在实证方程中纳入以下控制变量:(1)企业年龄(lnage)及年龄平方($lnage^2$)。在初创阶段,企业缺乏创新经验和资源积累,此时年龄对企业创新具有负向影响。而随着企业年龄增长,可通过"干中学"效应和更强的吸收转化能力促进企业创新活动,从而企业年龄及其平方项与企业创新之间呈现 U 形特征(Huergo,2006)[23]。(2)出口状态(export)。企业进入出口领域不仅有利于拓展潜在市场空间、提升创新租金,还有利于通过知识溢出提升企业创新能力(Acemoglu,2009)[24]。(3)企业规模(lnemp)。企业规模对创新具有重要影响,相较而言规模较大的企业在创新资金、人才与技术方面具有优势,有利于促进企业创新活动(Gayle,2003)[25]。(4)人均资本(lnavek)。人均资本存量作为技术创新的必要物质条件,对促进企业创新活动具有积极作用。(5)外资比重(fshare)。外资所占比例越高,越容易挤占本土企业生存创新空间,甚至有可能产生"技术窃取"风险,弱化企业技术创新动力(Barrios 和 Strobl,2006)[26]。(6)国有资本比重(sshare)。国有资本比重越高,越容易诱发行政壁垒风险并挤占中小企业的创新市场份额,引致负向技术溢出效应,进而抑制企业技术创新积极性。

(三)数据来源

文中的企业技术创新指标是利用中国国家知识产权局的专利数据库,按照申请单位(企业名称)与中国工业企业数据库进行匹配。在使用中国工业企业数据库之前,首先对存在明显统计错误或不符合会计准则的观测值予以删除。同时,还利用国泰安数据库中国 A 股制造业上市公司专利数据进行稳健性检验。各城市生产性服务业与制造业协同集聚水平的原始数据来自于历年《中国城市统计年鉴》,对生产性服务业的界定借鉴顾乃华(2010)[27]等文献,其涵盖了交通运输、仓储和邮政业,信息传输、软件和信息技术服务业,金融业,租赁和商务服务业及科学研究和技术服务业。

四、计量结果分析

(一)描述性统计结果

表1列出了主要变量的名称及描述性统计特征。从中可以看出,在样本期间

内,城市企业平均专利申请及产业协同集聚度等变量在数值上存在一定程度的差异,因此有必要在总体样本分析的基础上进行分样本异质性分析。限于篇幅,在此不再一一赘述。

表1 主要变量统计性描述

符号	平均值	标准差	最小值	最大值
innov	2.595 1	20.955 5	0.000 0	588.053 3
coagg	2.785 4	0.451 2	0.829 9	4.247 0
lnage	2.086 9	0.985 2	0.000 0	4.795 8
exp	0.255 0	0.435 8	0.000 0	1.000 0
lnemp	4.857 9	1.142 0	2.079 4	11.579 0
lnavek	4.744 7	1.060 4	0.004 6	11.663 1
sshare	0.157 2	0.348 8	0.000 0	1.000 0
fshare	0.074 7	0.245 9	0.000 0	1.000 0

(二)实证结果与分析

1.生产性服务业与制造业协同集聚影响企业创新的基准结果

表2报告了生产性服务业与制造业协同集聚影响企业创新的基准结果。列(1)中仅考虑生产性服务业与制造业协同集聚对企业创新带来的影响,列(2)-(8)中逐一加入了控制变量。可以发现,生产性服务业与制造业协同集聚估计系数依然显著为正,并在1%的水平下显著,说明生产性服务业与制造业协同集聚有利于更好地集聚创新要素,降低创新投入成本,强化知识溢出效应,进而促进企业技术创新活动。由此,研究假设1得以验证。

2.异质性条件下生产性服务业与制造业协同集聚影响企业创新的分样本结果

由于企业空间异质性的存在,生产性服务业与制造业协同集聚对制造业企业创新的影响也有所不同,这一作用过程还要受到企业所有制类型、要素密集度、专利密集度、技术距离、融资约束度、沟通密集度及城市规模等因素的影响,本部分将进一步验证。

(1)不同产业协同集聚类型下生产性服务业与制造业协同集聚对企业创新的影响。表3报告了生产性服务业细分行业与制造业协同集聚对企业技术创新的影响。结果显示,第(1)列中知识密集型服务业与制造业协同集聚对企业技术创新的影响要比表2第(8)列的系数更为明显,说明知识密集型服务业与制造业协同集聚对企业技术创新的作用更加突出。进一步地,本文还将生产性服务业与制造业协同集聚分为交通服务与制造业协同集聚($coagg_{jt}$)、电信服务与制造业协同集聚($coagg_{tel}$)、金融服务与制造业协同集聚($coagg_{fin}$)、租赁和商务服务与制造业协同集聚($coagg_{len}$)及研发服务与制造业协同集聚($coagg_{rd}$)五种类型,分别报告在表3第(2)-(6)列中。结果发现,研发服务与制造业协同集聚对企业技术创新的作用最为突出,而金融服务与制造业协同集聚对企业技术创新的作用相对较弱。

(2)不同城市规模及集聚类型下生产性服务业与制造业协同集聚对企业创新的影响。表4报告了区分不同城市规模①以及产业协同集聚类型的回归结果。综合来看,无论是一般性生产服务业($coagg$)与制造业协同集聚,还是知识密集型服务($coagg_{ks}$)及研发服务($coagg_{rd}$)与制造业协同集聚变量,其估计系数大多在1%水平下显著为正,产业协同集聚有利于促进企业技术创新的结论没有发生根本改变。进一步地,比较表4第(1)(4)(7)列结果可知,生产性服务业与制造业协同集聚对企业创新的促进效应在小城市中较为明显,中等城市次之,大城市一般。可能的解释是,大城市的城市边界过快扩张,出现了土地城镇化快于人口与产业城镇化的现象,生产性服务业与制造业协同集聚水平对企业创新的效果可能并不理想。相对而言,小城市的城市边界扩张步伐相对缓慢,产业空间分离现象也相对不那么突出,从而生产性服务业与制造业协同集聚所带来的创新边际增量效应更为明显。比较表4第(2)(5)(8)列结果可知,知识密集型服务业与制造业协同集聚对企业创新的促进效应在中等城市较为突出,在小城市与大城市相近。比较表4第(3)(6)(9)列结果可知,研发服务业与制造业协同集聚对企业创新的促进效应在中等城市较为突出,小城市次之,大城市不显著。上述结果从侧面揭示了不应局限于单中心或单体城市的发展,应发挥不同规模城市的比较优势,构建大中小城市和小城镇协调发展的城镇化新格局。

(3)不同技术及沟通密集度下生产性服务业与制造业协同集聚对企业创新的影响。表5报告了区分行业技术密集度及沟通密集度②的估计结果,发现生产性服务业与制造业协同集聚对企业技术创新的促进作用这一结论具有稳健性。比较表5结果可知,生产性服务业与制造业协同集聚对处于不同要素密集度和沟通密集度行业企业的技术创新活动的影响存在异质性。可以看到,产业协同集聚对处于资本及技术密集型行业企业的创新活动影响较为明显,而对处于劳动密集型

---

① 参照《国务院关于调整城市规模划分标准的通知》国发〔2014〕51号划分的城市规模。为便于研究,本文将大城市、特大城市与超大城市归并为大城市类型。
② 沟通密集度的测算和划分方法参照王永进和张国峰(2015)[28]文献。

表 2 基准回归结果

变量	(1)	(2)	(3)	(4)	(5)	(6)	(7)	(8)
coagg	1.833 2***	1.690 0***	1.791 4***	1.341 9***	1.607 2***	1.014 1***	1.005 3***	1.290 7***
	(0.000 0)	(0.000 0)	(0.000 0)	(0.000 0)	(0.000 0)	(0.000 0)	(0.000 0)	(0.000 0)
lnage	1.501 7***	−0.077 8	−0.552 6	−0.310 8*	−0.602 7*	−0.705 0***	−0.629 2***	
	(0.000 0)	(0.000 0)	(0.672 1)	(0.003 0)	(0.090 2)	(0.001 0)	(0.000 2)	(0.000 7)
lnage²			0.408 5***	0.508 4***	0.260 5***	0.286 2***	0.321 4***	0.282 0***
			(0.000 0)	(0.000 0)	(0.000 0)	(0.000 0)	(0.000 0)	(0.000 0)
exp				3.489 5***	1.421 2***	1.540 0***	1.527 0***	2.095 1***
				(0.000)	(0.000 0)	(0.000 0)	(0.000 0)	(0.000 0)
lnemp					2.833 2***	3.186 2***	3.208 4***	3.271 9***
					(0.000 0)	(0.000 0)	(0.000 0)	(0.000 0)
lnavek						2.311 5***	2.318 7***	2.407 1***
						(0.000 0)	(0.000 0)	(0.000 0)
sshare							−0.370 7	−0.478 2*
							(0.155 0)	(0.066 0)
fshare								−2.903 6***
								(0.000 0)
Cons	−2.176 9***	−4.571 4***	−3.668 1***	−2.842 3***	−15.793 0***	−26.810 8***	−26.857 9***	−28.244 2***
	(0.000 0)	(0.000 0)	(0.000 0)	(0.000 0)	(0.000 0)	(0.000 0)	(0.000 0)	(0.000 0)
Obs	220 686	220 686	220 686	220 686	220 665	220 487	218 476	218 476
R²	0.001 4	0.004 7	0.005	0.009 2	0.024 7	0.035 4	0.035 6	0.036 6

注:括号中为稳健 p 值,*、**、*** 分别表示 10%、5%、1% 的显著性水平。下表同。

表 3　区分产业集聚类型的回归结果

变量	(1)	(2)	(3)	(4)	(5)	(6)
$coagg$	1.328 9*** (0.000 0)					
$coagg_{jt}$		0.983 7*** (0.000 0)				
$coagg_{tel}$			0.772 5*** (0.000 0)			
$coagg_{fin}$				0.527 3*** (0.000 0)		
$coagg_{len}$					0.814 2*** (0.000 0)	
$coagg_{rd}$						1.250 6*** (0.000 0)
控制变量	Y	Y	Y	Y	Y	Y
Obs	218 476	218 476	218 476	218 476	218 476	218 476
R^2	0.036 6	0.036 6	0.036 3	0.036 1	0.036 4	0.037 0

注：控制变量同表 2，篇幅所限未能予以详细列示。下表同。

表4 区分城市规模及产业集聚类型的回归结果

变量	(1)	(2)	(3)	(4)	(5)	(6)	(7)	(8)	(9)
	大城市	大城市	大城市	中等城市	中等城市	中等城市	小城市	小城市	小城市
$coagg$	0.706 3***			1.091 8***			1.253 4***		
	(0.000 0)			(0.000 0)			(0.000 0)		
$coagg_{ls}$		0.758 5***			0.981 4***			0.787 8***	
		(0.000 0)			(0.000 0)			(0.004 0)	
$coagg_{rd}$			0.973 7***			1.253 4***			0.345 2
			(0.000 0)			(0.000 0)			(0.192 1)
控制变量	Y	Y	Y	Y	Y	Y	Y	Y	Y
Obs	152 353	152 353	152 353	44 745	44 745	44 745	21 378	21 378	21 378
R^2	0.037 7	0.037 6	0.038 0	0.035 1	0.035 0	0.035 6	0.035 6	0.029 0	0.028 7

行业企业的作用相对较弱。同时,生产性服务业与制造业协同集聚对处于沟通密集度高行业企业的技术创新作用更为明显,而对处于沟通密集度低行业企业的作用相对较弱。上述结果也与不同要素密集度行业所具有的属性特征相符合。

(4)其他异质性特征下生产性服务业与制造业协同集聚对企业创新的影响。表6报告了区分专利类型、内外资企业、融资约束度、技术距离与专利密集度①的回归结果,可知生产性服务业与制造业协同集聚对企业技术创新的作用呈现出差异化特征。比较表6结果可知,相对发明专利而言,生产性服务业与制造业协同集聚对企业实用新型和外观设计等其他专利的促进作用更为明显。同时,相比专利密集型行业,生产性服务业与制造业协同集聚对非专利密集型行业企业的创新行为影响更为显著,说明产业协同集聚在促进企业创新高质量发展上还有改进空间。此外,相对外资企业,生产性服务业与制造业协同集聚对内资企业技术创新的促进效应更为突出。相比融资约束强的企业,生产性服务业与制造业协同集聚对融资约束较弱的企业技术创新的促进效应更为显著。最后,相比技术距离大的企业,生产性服务业与制造业协同集聚对技术距离较小的企业技术创新活动的促进效应更为显著。

表5 区分行业技术密集度及沟通密集度的回归结果

	劳动密集型	资本密集型	技术密集型	非沟通密集型	沟通密集型
$coagg$	0.628 1***	2.026 1***	1.418 8***	1.146 3***	2.424 0***
	(0.000 0)	(0.000 0)	(0.000 0)	(0.000 0)	(0.000 0)
控制变量	Y	Y	Y	Y	Y
Obs	97 386	68 238	52 932	80 228	63 684
R^2	0.017 6	0.041 8	0.052 1	0.020 9	0.060 1

3.生产性服务业与制造业协同集聚影响企业创新的稳健性检验结果

考虑到中国工业企业数据库2007年后的专利数据缺失较多,本文还利用2003—2015年CSMAR数据库中国制造业上市公司发明专利授权量对数进行稳健性检验(见表7)。从中可知,无论采用产业协同集聚的哪一种细分维度指标,生产性服务业与制造业协同集聚对企业技术创新的影响系数均显著为正,说明城市生产性服务业与制造业协同集聚有利于促进企业技术创新这一结论并不会因更

---

① 专利类型分为发明专利与其他(外观设计与实用新型专利),融资约束度、技术距离与专利密集度的衡量测算参照王永进和张国峰(2018)[28]的方法。

换替代指标而发生根本改变,该结果具有稳健性。

4.生产性服务业与制造业协同集聚影响企业创新的机制检验结果

表8报告了生产性服务业与制造业协同集聚影响企业创新的机制检验结果,分析如下:

(1)研发创新激励机制(M_1)。表8第(2)列报告了生产性服务业协同集聚对企业进入和退出行为的影响结果。从中可知,生产性服务业与制造业协同集聚对研发创新激励的影响系数显著为正,说明生产性服务业与制造业协同集聚有助于减少企业的非创新性活动,鼓励企业家将更多的时间精力和更多的资金盈余投入到创新活动中,从而推动了企业技术创新活动。

(2)进入与退出决策机制(M_{2en},M_{2ex})。表8第(3)列和第(4)列分别汇报了生产性服务业协同集聚对企业进入和退出行为的影响。从结果可以看出,生产性服务业与制造业协同集聚对企业进入的影响系数显著为正,说明生产性服务业协同集聚有利于提升创新资源的配置效率,吸引更多高效率的企业进入,减少进入壁垒造成的效率损失,从而优化产业创新环境、形成良好的创新氛围,促进企业技术创新活动。与之相较,产业协同集聚对企业退出的影响效应虽然存在,但其系数和显著性有所下降,未来应进一步采取措施消除不合理的退出壁垒,构建有序进出的产业组织结构,使低效率企业能加速退出市场,优化创新资源配置效率。

(3)交易成本结构机制(M_3)。表8第(5)列汇报了生产性服务业协同集聚对企业交易成本结构的影响。结果显示,生产性服务业与制造业协同集聚对交易成本结构的影响系数为负,说明生产性服务业与制造业协同集聚有利于通过投入产出关联效应和规模经济效应,帮助企业以更低的成本、更高的效率提高总资产报酬率、获得质量更优的生产性服务中间投入来促进企业创新发展。但由于企业仍面临较高的其他制度性交易成本,生产性服务业与制造业协同集聚对企业创新绩效的作用还不明显,亟须进一步通过减税降费等改革措施予以配合。

本文还结合 CSMAR 中国制造业上市公司的数据,分别利用 $(1-\frac{magg-psagg}{magg+psagg})$ ($coagg_1$)及研发服务协同集聚($coagg_2$)等替代核心解释变量后进行稳健性分析(见表9)。其中,表9第(1)列结果表明,生产性服务业与制造业协同集聚有利于优化企业总资产报酬率,引导企业有效率地进入与退出市场,从而促进企业创新活动;第(2)-(4)列结果显示,生产性服务业与制造业协同集聚有利于分别降低企业的营业费用、管理费用和财务费用,进而促进企业创新活动;第(5)列结果说明,生产性服务业与制造业协同集聚可以强化企业的研发支出,促进企业的创新活动。上述结果进一步验证了结论的稳健性。

表 6 区分其他异质性特征的回归结果

发明 coagg	其他	内资	外资	约束强	约束弱	距离大	距离小	密集型	非密集型
	0.32***	1.11***	1.39***	1.04***	0.45***	1.98***	0.72***	1.78***	1.08***
	(0.00)	(0.00)	(0.00)	(0.00)	(0.00)	(0.00)	(0.00)	(0.00)	(0.00)
控制变量	Y	Y	Y	Y	Y	Y	Y	Y	Y
Obs	218 556	218 556	166 915	42 372	105 045	113 511	101 684	116 872	37 601
R^2	0.020 5	0.028 9	0.043	0.021 2	0.002 8	0.037 1	0.034 4	0.037 4	0.055 9

不是

表 7 生产性服务业与制造业协同集聚影响企业创新的稳健性回归结果

变量	(1)	(2)	(3)	(4)	(5)	(6)
coagg	0.253 0***	0.207 8**	0.192 9***	0.189 2***	0.061 2*	0.176 2***
	(0.000 0)	(0.010 0)	(0.000 0)	(0.000 0)	(0.070 0)	(0.000 0)
控制变量	Y	Y	Y	Y	Y	Y
Obs	3 923	3 923	3 923	3 923	3 923	3 923
R^2	0.136 3	0.134 1	0.129 7	0.138 4	0.118 5	0.144 7

注:列(1)—(6)是采用 $coagg$、$coagg_{ls}$、$coagg_{ft}$、$coagg_{tel}$、$coagg_{fin}$、$coagg_{len}$ 为核心解释变量的结果。

表 8 生产性服务业与制造业协同集聚对企业创新的作用机制回归结果

变量	研发创新激励 M_1	进入决策 M_{2en}	退出决策 M_{2ex}	交易成本结构 M_3
coagg	0.052 3***(0.000 0)	0.180 2***(0.000 0)	0.028 4***(0.010 2)	−0.633 7(0.603 9)
lnage	−0.160 6***(0.000 0)	−1.102 3***(0.000 0)	0.034 6**(0.039 6)	−1.306 5(0.5640)
lnage2	0.054 9***(0.000 0)	0.149 4***(0.000 0)	0.014 6***(0.000 6)	1.065 2(0.175 7)
exp	0.142 3***(0.000 0)	−0.136 5***(0.000 0)	−0.096 2***(0.000 0)	−1.844 1*(0.092 7)
lnemp	0.530 2***(0.000 0)	−0.212 2***(0.000 0)	−0.234 7***(0.000 0)	3.807 4***(0.000 0)
lnavek	0.434 6***(0.000 0)	−0.104 3***(0.000 0)	−0.114 1***(0.000 0)	1.622 1*(0.091 1)
sshare	0.200 6***(0.000 0)	0.004 8(0.799 1)	0.583 7***(0.000 0)	13.908 4***(0.001 1)
fshare	−0.446 2***(0.000 0)	0.075 9***(0.000 0)	0.005 6(0.781 6)	−4.196 9(0.221 2)
Obs	126 828	143 912	143 912	140 539
R^2	0.150 6	0.151 1	0.048 2	0.001 3

表 9 影响机制的稳健性检验结果

变量	(1)	(2)	(3)	(4)	(5)
$coagg$	0.032 6*(0.083 0)				
$coagg_1$		−0.440 1***(0.000 0)	−0.390 2***(0.000 0)	−0.045 5(0.291 0)	
$coagg_2$					0.201 3***(0.000 0)
控制变量	Y	Y	Y	Y	Y
N	28 861	28 006	29 317	21 793	8 089
R^2	0.068 6	0.406 1	0.660 4	0.534 2	0.089 1

表 10 生产性服务业与制造业协同集聚影响企业创新的中介效应检验结果

检验对象	中介变量	第一步	第二步	第三步	中介效应占总效应比例
研发创新激励	产业协同集聚	1.975 9***(0.159 3)	0.052 3***(0.011 5)	1.839 1***(0.156 5)	0.069 2
进入决策	产业协同集聚	1.878 2***(0.142 7)	0.055 4***(0.002 5)	1.837 2***(0.143 0)	2.615 7***(0.038 4)
				0.738 6***(0.147 9)	0.021 8
退出决策	产业协同集聚	1.878 2***(0.142 7)	0.004 2**(0.001 8)	1.880 6***(0.142 7)	−0.001 3
				−0.581 3***(0.205 2)	
交易成本结构	产业协同集聚	1.889 7***(0.145 6)	−0.633 7(1.277 4)	1.889 6***(0.145 6)	0.000 1
				−0.000 2(0.000 3)	

注：括号内数字为标准差。

进一步地,表10报告了采用中介效应模型的检验结果。从中可知,整体上生产性服务业与制造业协同集聚对企业创新的影响为正,且在1%的水平上显著,说明生产性服务业与制造业协同集聚有利于促进企业创新。从各中介变量的作用来看,研发创新激励和进入决策变量的中介效应显著,而退出决策和交易成本结构变量的中介效应则不太理想。从这一检验结果来看,相关变量的中介效应存在结构性差异。其原因是复杂的,需要综合各类中介效应检验结果进行阐释,可能与样本期间我国市场机制尚不完善、企业还未能很好地实现市场自由退出及税负偏高有关。未来应通过供给侧结构性改革、减税降费等配套改革措施疏通相关渠道机制,减少因各种壁垒带来的创新效率损失。

五、结论与政策含义

本文利用中国工业企业与城市面板匹配数据,考察生产性服务业与制造业协同集聚对制造业企业创新的影响。主要结论如下:第一,生产性服务业与制造业协同集聚显著促进了制造业企业的技术创新,并且这一作用还要受到企业所有制类型、要素密集度、专利密集度、技术距离、融资约束度、沟通密集度及城市规模等多种因素的影响。第二,生产性服务业与制造业协同集聚主要通过作用于企业的交易成本结构、进入与退出行为及研发创新激励来影响制造业企业的技术创新倾向。

以上研究结论的启示在于:一是推动产业空间布局优化,形成产业功能区统筹发展新模式。在进行城市空间规划和地方产业政策制定时要加强顶层设计,做好前期规划,立足本地区产业核心优势,重点突破生产性服务业与制造业协同集聚领域,推动产业深度融合、优势互补,实施有差异的错位发展策略。二是做到因地制宜,因企施策。根据不同规模城市产业协同集聚的特点,立足不同特征企业创新活动对生产性服务业的差异化需求,推动产业空间集约,深化产业间协同创新和集群发展。通过差异化竞争,适时进行产业转移,形成大中小城市错层、非均衡发展的格局。三是坚持集约发展,完善交通等基础设施网络,严控新增产业准入门槛,健全低端产业退出机制,不断完善创新服务体系与平台建设,激发企业创新潜能。

参考文献

[1] MULLER E. Innovation interactions between knowledge-intensive business services and small and medium-sized enterprises: an analysis in terms of evolution, knowledge and territories [M]. Heidelberg: Physica-Verlag Heidelberg, 2012.

［2］JACOBS W, KOSTER H R A, VAN OORT F. Co-agglomeration of knowledge-intensive business services and multinational enterprises［J］. Journal of Economic Geography, 2013, 14(2): 443-475.

［3］原毅军, 郭然. 生产性服务业集聚、制造业集聚与技术创新——基于省级面板数据的实证研究［J］. 经济学家, 2018(5): 23-31.

［4］KE S, HE M, YUAN C. Synergy and co-agglomeration of producer services and manufacturing: a panel data analysis of Chinese cities［J］. Regional Studies, 2014, 48(11): 1829-1841.

［5］YUAN F, GAO J, WANG L, et al. Co-location of manufacturing and producer services in Nanjing, China［J］. Cities, 2017, 63: 81-91.

［6］ELLISON G, GLAESER E L, KERR W R. What causes industry agglomeration? evidence from coagglomeration patterns［J］. American Economic Review, 2010, 100(3): 1195-1213.

［7］VENABLES A J. Equilibrium locations of vertically linked industries［J］. International Economic Review, 1996, 37: 341-359.

［8］MARSHALL A. Principles of economics［M］. London: Macmillan and Co., Ltd., 1920.

［9］MACPHERSON A. The role of producer service outsourcing in the innovation performance of New York State manufacturing firms［J］. Annals of the association of American Geographers, 1997, 87(1): 52-71.

［10］SHEARMUR R, DOLOREUX D. Innovation and knowledge-intensive business service: the contribution of knowledge-intensive business service to innovation in manufacturing establishments［J］. Economics of Innovation and New Technology, 2013, 22(8): 751-774.

［11］HOWARD E, NEWMAN C, TARP F. Measuring industry coagglomeration and identifying the driving forces［J］. Journal of Economic Geography, 2015, 16(5): 1055-1078.

［12］SHEARMUR R, DOLOREUX D. Urban hierarchy or local buzz? high-order producer service and (or) knowledge-intensive business service location in Canada, 1991-2001［J］. The Professional Geographer, 2008, 60(3): 333-355.

［13］SHEARMUR R, DOLOREUX D. Knowledge-intensive business services use and user innovation: high-order services, geographic hierarchies and internet use in Quebec's manufacturing sector［J］. Regional Studies, 2015, 49(10): 1654-1671.

［14］ILLERIS S. Proximity between service producers and service users［J］. Tijdschrift voor Economische en sociale geografie, 1994, 85(4): 294-302.

［15］MACPHERSON A. Producer service linkages and industrial innovation: results of a twelve-year tracking study of New York state manufacturers［J］. Growth and Change, 2008, 39(1): 1-23.

［16］KOCH A, STROTMANN H. Impact of functional integration and spatial proximity on the post-entry performance of knowledge intensive business service firms［J］. International Small Business Journal, 2006, 24(6): 610-634.

[17] VANOORT.Urban growth and innovation: spatially bounded externalities in the Netherlands[M]. London: Routledge, 2017.

[18] WETERINGS A, BOSCHMA R. Does spatial proximity to customers matter for innovative performance? evidence from the Dutch software sector[J]. Research Policy, 2009, 38(5): 746-755.

[19] SUTARIA V, HICKS D A. New firm formation: dynamics and determinants[J]. The Annals of Regional Science, 2004, 38(2): 241-262.

[20] GREK J, KARLSSON C, KLAESSON J. Determinants of entry and exit: the significance of demand and supply conditions at the regional level[M] // KOURTIT K, NIJKAMP P, STOUGH R R. Drivers of innovation, entrepreneurship and regional dynamics. Berlin & Heidelberg: Springer, 2011: 121-141.

[21] 王永进, 冯笑. 行政审批制度改革与企业创新[J]. 中国工业经济, 2018(2):24-42.

[22] 张虎, 韩爱华, 杨青龙. 中国制造业与生产性服务业协同集聚的空间效应分析[J]. 数量经济技术经济研究, 2017(2):3-20.

[23] HUERGO E. The role of technological management as a source of innovation: evidence from Spanish manufacturing firms[J]. Research Policy, 2006, 35(9):1377-1388.

[24] ACEMOGLU D. Introduction to modern economic growth[M]. Princeton: Princeton University Press, 2009.

[25] GAYLE P G. Market concentration and innovation: new empirical evidence on the Schumpeterian hypothesis[R]. University of Colorado at Boulder, 2003.

[26] BARRIOS S, STROBL E. Foreign direct investment and productivity spillovers: evidence from the Spanish experience[J]. Review of World Economics, 2002, 138(3): 459-481.

[27] 顾乃华. 生产性服务业对工业获利能力的影响和渠道——基于城市面板数据和SFA模型的实证研究[J]. 中国工业经济, 2010(5):48-58.

[28] 王永进, 张国峰.人口集聚、沟通外部性与企业自主创新[J].财贸经济, 2015(5): 132-146.

家族管理如何影响企业技术创新[①]
——来自珠三角的证据

一、引言

党的十九大明确提出创新是引领发展的第一推动力,是建设现代化经济体系的战略支撑,创新行为对于经济的推动作用不言而喻。伴随着"大众创业,万众创新"浪潮的兴起,企业创新日益成为人们关注的焦点。

家族经营是许多国家常见的经营方式,家族经济贡献了全球将近70%的GDP(Huang等,2009)[1]。在中国,众多的私营企业特别是中小型企业同样是由家族成员管理。在家族企业转型升级和国家创新驱动发展战略的双重背景下,家族企业的创新实践尤其值得关注。但时至今日,有关家族企业创新行为的研究才刚刚起步(陈建林等,2018)[2]。代理理论、管家理论认为,家族涉入能减少代理成本,家族管理者也更具管家精神和冒险精神,因而会促进企业的技术创新。社会情感财富理论则认为,家族对于控制企业的情感不利于创新,而希望企业持续发展的情感则有利于企业技术创新。多数实证研究认为家族涉入有利于企业技术创新,但对于其中机制的解释却并不一致。

本文将基于资源基础观视角,从家族企业的特性出发,寻找企业创新实践中起关键作用且在家族企业中占有优势的有形资源与无形资源,再将主流理论的各种解释放在同一分析框架下,以比较不同机制的解释力大小。已有文献中,相关实证分析大多以西方家族企业为研究样本,以中国为样本的研究很少。我国私营

[①] 原载于《广东财经大学学报》2019年第6期第76-86页。
　　作者:谢昕琰,广东财经大学人文与传播学院讲师,博士,广东财经大学粤港澳大湾区创新竞争力研究院研究员。

经济自 20 世纪 90 年代以来发展迅猛,珠三角等改革开放的先行地,其创新实践在许多方面已赶上甚至超越了西方企业水平,而家族企业正是珠三角地区的主要企业类型。基于此,本文将利用珠三角企业的相关抽样调查数据,使用不同的统计模型,对家族影响企业技术创新的机制进行分析。

二、文献回顾与研究假设

虽然家族企业是全球最重要的企业组织类型,但其创新实践直到近十年才慢慢得到学术界的关注。有关家族涉入是否有利于企业技术创新至今仍未有定论,多数学者支持企业家族管理有利于技术创新,大部分的实证研究也支持这一分析。来自文献计量学的一项统计显示,针对非家族企业与家族企业的对比性研究中,33%的文献认为非家族企业更具创新优势,67%的文献认为家族企业更具创新优势(Calabro 等,2018)[3]。

代理理论(agency theory)认为,研发活动因具有不透明性而较难监管,因而代理成本较高的企业不愿进行研发创新。陈建林等(2018)[2]将代理理论的论点归纳为:家族管理减少了经营者和所有者之间的信息不对称,缓和了代理冲突,有利于企业创新的实施。同时,家族企业所有者能更直接地涉及创新中的各个技术环节,能评估每一项技术创新的具体成本收益。

由代理理论发展而来的管家理论(stewardship theory)认为,家族企业可能更具备管家精神,而管家精神能使家族利益与企业利益趋于一致,让企业选择更多的长期性战略(Huang 等,2009)[1]。一般来说,创新研发是一项具有高风险而回报不确定的企业行为,职业经理人为了个人利益,在无法估量创新的实际收益或需要冒较大风险时,往往会选择不进行研发创新。而家族管理者具备"视企业为己出"的管家精神,在面对高风险的技术创新时,往往为了企业的长期利益而更愿意承担风险。但管家精神对创新的影响也会受到家族实际控制权、社会关系等因素的影响(Ashwin 等,2015)[4],掌握控制权的家族管理者可能愿意将更多的内部资源和外部资源投入到创新实践中。

还有学者从社会情感财富理论(socioemotional wealth,简称 SEW)出发,解释家族与创新之间的关系。所谓社会情感财富,是指家族企业的非财务性精神需求,家族企业经营的首要目标是维持家族的社会情感财富(Gomez-Meja 等,2007)[5]。社会情感财富理论提出,创新行为是企业以短期成本换取长期利益的一种战略行为,它在某种程度上会否定企业现有的产品、技术、工艺等,同时也会在某种程度上影响家族管理者的控制权(Perez-Gonzalez,2006)[6]。即研发创新行为可能会带给家族情感财富损失。因而基于对情感财富的保护,家族企业往往会更少进行创新投入(Block 等,2013)[7]。可以看出,社会情感财富理论一开始是站在了代理理论与管家理论的对立面。但随着理论的发展,学者们认识到社会情感财富是一个多维度的概念,它可以分为约束型社会情感财富与延伸型社会情感财富两个维度,且并非所有维度都不利于家族企业的创新(Miller 和 Breton-Miller,2014)[8]。如约束型社会情感财富强调家族的控制,会导致家族战略偏于保守,创新乏力,但延伸型社会情感财富则强调家族的传承,强调家族的长远利益,重视家族的长盛不衰,因而有利于创新实践。换言之,对社会情感财富的保护未必一定会降低企业的创新意愿和创新能力,如果延伸型社会情感财富占据主导位置,家族涉入就会引致更多的创新。社会情感财富对企业创新的这一作用得到了一些实证研究的支持,如朱沆等(2016)[9]对中国私营制造业家族企业的研究发现,家族传承意愿与企业的研发强度正向相关。

可见,无论代理理论、管家理论还是社会情感财富理论,均认为家族涉入可能会让企业有更多的创新行为。基于中国企业的实证研究也验证了这个观点,如蔡地等(2016)[10]、黄海杰等(2018)[11]利用国内家族企业的样本,证明了家族成员的管理会正向影响企业的创新投入与创新产出。由此,本研究提出:

假设1:家族成员参与管理,企业技术创新投入力度更大。

上述主要理论关于家族管理与企业技术创新行为的正相关关系达成了共识,但对于其中的具体作用机制却存在不同看法。如这种正向影响究竟是因为家族管理者更愿意承担风险,还是家族管理者能带来更多外部资源?抑或是家族管理者更愿站在企业传承的角度选择更多长期战略?若多个机制同时存在,哪个因素占据主导地位?对于这些问题,现有研究都不能很好地解答。对此,有不少学者从资源基础观(resource-based view,简称RBV)出发,认为家族企业在某些特殊的竞争性资源方面更有优势(Zahra 和 Filatotchew,2004)[12]。资源基础观常用于检验组织间资源差异造成的行为和绩效差异。这里的所谓"资源",是指在组织竞争中能展现核心竞争力的任何事物和能力(Wernerfelt,1984)[13],是其控制的可以增加其效能和效率的所有资产、信息、技术等(Barney,1991)[14]。资源基础观常常以"家族性(familiness)"来概括家族企业的竞争优势或劣势(陈殷华和朱峰,2010)[15]。对于企业创新而言,最重要的资源是技术资源,没有技术资源就没有创新(Bush,1945)[16]。技术资源可能来自企业内部,也可能来自外部。内部技术主要依靠企业的研发部门,而外部技术主要来自产学研合作。家族涉入不但能给企业带来技术资源(De Massis 等,2018)[17],还能带来诸如冒险精神、人力资本、社会资本、品牌效应等非技术资源,这些无形资源在企业的创新实践中同样重要(Carnes 和 Ireland,2013)[18]。总体上,家族企业在创新中的优势很可能来自其在某些具体资源上的优势(Matzler 等,2015)[19]。但现有文献并没有尝试打开"家族性"这一黑箱,解答究竟哪项资源的作用更大。

基于此,本文将借鉴资源基础观的分析视角,讨论家族管理带来的研发部门、外部技术、品牌等有形资源与无形资源的差异,以及这些资源对企业的技术创新投入会产生何种影响。

企业技术创新中最重要的资源是技术资源。熊彼特曾认为,企业家的个人特质是影响创新最重要的因素,而当代的创新实践早已不再是企业家个人的单打独斗,而是需要大量的技术人员特别是研发团队(程博和熊婷,2018)[20]。技术创新所涉及的技术和知识储存在每一位技术人员的大脑中,这些知识除了显性知识如成体系的技术、操作流程之外,还包括大量的经验、灵感等不能体系化学习的隐性知识(tacit knowledge)。企业最重要的技术资源就是企业自身的技术人员,企业若有独立的研发部门,其技术人员就可以进行常态化的创新研发。此外,注意力基础理论(attention-based theory)认为,组织是一种竞争注意力的系统,组织的行为差异很多时候来自其注意力分配的差异(Ocasio,1997)[21]。企业如果设立了研发部门,就会吸引管理者的注意力(Garg 等,2003)[22],进而增加研发创新投入。

研发部门的运作是一种不断"试错"的过程。代理理论认为,家族管理能降低代理成本,能减少研发中的信息不对称和不透明,而监管难度的降低可能会让企业决策者更愿意成立常态化的研发部门。管家理论认为,家族管理者比职业经理人更具管家精神,而这种管家精神包括了创新所不可缺少的冒险精神(Huang 等,2009)[1]。由此,本研究提出:

假设 2a:家族管理的企业更倾向于设立研发部门,因此更有利于企业增加技术创新投入。

研发部门能给企业带来自主研发的技术资源,而外部技术资源的引进在创新实践中也必不可少,因为外部技术资源往往能够提供企业欠缺的知识和信息(Berneds 等,2007)[23],弥补企业自身的技术缺陷。创新的三螺旋理论认为,政府、企业、大学之间的关系从以前的相对独立变为现在的协同作用,在创新的不同阶段相互交织(Etzkowitz 和 Leydesdorff,1995)[24]。创新体系理论则认为,互动学习在技术创新中很重要,如果企业能从与大学等机构的合作中获取知识和技术,将会促进企业自身的技术创新实践(伦德瓦尔等,2013)[25]。

企业的社会网络与社会资本是影响企业技术创新投入的重要因素(丘海雄和谢昕琰,2016)[26],同时,企业网络关系常常嵌入在企业家或管理者的个人关系中。当前,通过管理者个人关系建立政企关系、连锁董事网,已成为企业间的普遍行为。由于家族管理者更有可能是企业的主要决策者,因而也更倾向于通过个人关系从外部获得包括知识、技术在内的各种资源。同时,家族企业在人员结构上往往比较封闭,因此在知识和经验上更容易存在短板。外部技术资源可以在一定程度上弥补家族企业的封闭性。所以,家族管理者会更倾向于通过产学研合作的渠道从外部获取技术资源。由此,本研究提出:

假设2b:家族管理的企业更倾向于通过与高校之间的合作获取技术,从而提升企业的技术创新投入力度。

资源基础观认为竞争性的资源有三个特点:稀缺、不可替代和难以模仿。一个企业要想变得不可替代、难以模仿,成立独立品牌或注册独立商标是常见的做法。相比之下,设立品牌的风险性低于成立研发部门等技术手段。社会情感财富理论认为,家族经营的一大目标是维系家族的情感(Gomez-Meja等,2007)[5],设立独立品牌或商标将有利于情感的实体化,即将家族成员对家族的情感、记忆凝结在对于品牌的情感中。同时,品牌的设立也有利于企业的传承,例如松下、索尼、任天堂等日本家族企业,都是在设立独立品牌后完成了家族成员间的传承,并始终保持着市场的竞争力。因此,基于传承意愿,家族管理者可能更倾向于建立独立品牌。

对于企业技术创新而言,品牌是一种重要的无形资源。首先,建立品牌能提高企业的认知度,从而影响消费者行为,提升企业的产品销量(Lev等,2010)[27]。随着销量的提升,企业将有更多的有形资源可以投入到技术创新中。其次,品牌意味着市场地位,具有独立品牌的企业会更看重自身的声誉与地位(波多尼,2011)[28],而增加更多创新投入以求得长期发展。再者,社会情感财富理论认为,延伸型情感会促进企业的技术创新,而打造自己的品牌就是这种传承意愿与延伸型情感的体现。由此,本研究提出:

假设2c:家族管理的企业更倾向于建立品牌或注册商标,因而会提升企业的技术创新投入力度。

三、研究方法

(一)数据选取

本研究使用的数据源自广东省珠三角改革发展研究院主持的"2012年珠三角制造业企业转型升级调查"。该调查根据产业类型和各产业企业数量占比给出分层随机抽样方案,选取珠三角中的东莞、惠州、中山和顺德4个地级市(或地区)的制造业企业,问卷采用自填式方式获取,填答者为副经理以上的企业管理者。问卷的发放和回收主要委托国家统计局城市调查队进行。珠三角地区是改革开放的先行区域,也是自2008年金融危机之后家族企业转型升级和技术创新的重点区域。同时,此区域制造业企业最多,且珠三角还拥有众多家族管理模式的私营企业,因而分析传统制造业家族企业的升级与创新更有现实意义。剔除国有企业以及相关变量信息不全的家族企业样本,得到1431个有效样本观测值。其中,家族管理企业为1093家,非家族管理企业(不包括国有企业)为338家。

(二)变量选择

1. 因变量。依据本文的研究主题,这里只研究产品创新、工艺创新等企业技术创新类型,而不考虑服务创新、营销创新、商业模式创新等非技术创新类型。变量的选择将同时涵盖企业多方面的技术创新投入,采用综合量表的方式进行测量。具体包括2008—2011年间与企业技术创新相关的4个维度的措施:(1)新机器、技术、设备投资力度;(2)产学研合作研发措施力度;(3)新产品研发措施力度;(4)提升自主研发能力措施力度。在原始问卷中,企业针对以上4项措施在0-9之间给出具体打分。研究采用主成分分析法,对4个指标抽取主成分,得出企业创新投入力度得分,结果见表1。

2. 自变量及中介变量。本研究主要考察家族管理对企业技术创新的影响,原始问卷对总经理的身份进行了测量,选项(单选)分别为创始人、第一代接班人、第二代接班人和外聘人员。将变量进行重新编码,前三者编码为1,代表家族管理企业;外聘人员编码为0,代表非家族管理企业,为本研究的核心自变量。

表1 建构变量的测量和信度效度检验

变量	观测变量	因子负荷	Cronbach's Alpha	KMO
创新投入	新机器、设备、技术投资	0.46	0.83	0.75
	合作研发措施力度	0.46		
	新产品研发措施力度	0.54		
	提升自主研发能力措施力度	0.54		
经营绩效	总产值	0.51	0.93	0.73
	营业收入	0.51		
	利润总额	0.50		
	留存收益	0.48		

本研究的重点在于机制分析,因而采用三个代理变量来衡量家族管理企业的三种作用机制。(1)针对企业研发部门,问卷以"自2008年以来企业内部新设立的有预算并实际投入运作的职能部门有哪些(多选)"为题,选择有"研发部门"的

编码为1,未选此项的编码为0,形成变量:设立研发部门。(2)针对企业外部技术引进,问卷以"公司主要技术来源(多选)",选择有"与大专院校合作"的编码为1,未选的编码为0,形成变量:引进外部技术。(3)针对企业品牌情况,问卷设立"公司的品牌建设及商标注册情况",已有注册商标的编码为1,无商标或正在筹备注册商标的编码为0,形成变量:建立独立品牌。

3. 控制变量。控制变量涵盖了管理者和企业两个层面。其中管理者层面包括管理者年龄和管理者教育程度(1=本科及以上);企业层面包括企业规模(1=规模以上)、企业经营历史(企业经营年限)和企业经营绩效,企业经营绩效以总产值、营业收入、利润总额和留存收益4个指标来衡量。被调查对象根据2008—2011年间企业的实际情况以1-5为刻度进行打分,再采用主成分分析法对4个指标抽取主成分得出企业经营绩效得分,结果见表1。

表1反映了建构变量的主成分分析结果。采用Alpha信度系数对变量所涉及的量表进行分析,发现问卷指标的Cronbach's Alpha值均大于0.8,较为理想,同时每个建构变量对应的操作变量均能通过显著性水平为0.001的巴特利球型检验,KMO值均大于0.7,说明操作变量之间的相关性较强,适合进行主成分分析。从主成分分析的因子负荷看,每个具体操作变量的因子负荷至少都在0.45以上,表示问卷量表能有效反映名义变量的含义,结构效度合适。

(三)统计模型与分析方法

下文的模型估计部分,将区分直接效应和中介效应采用不同的方法验证研究假设。验证家族管理和三类资源变量对企业技术创新的直接影响时,采用普通最小二乘法进行估计(OLS)。针对"家族管理—研发部门/引进技术/品牌—企业技术创新"这三条因果链,本文首先借鉴经典的三步回归法(Baron和Kenny,1986)[29]。该方法是以自变量对因变量具有统计上的显著关系为前提,检验中介变量的变化在受自变量影响的同时,是否也会对因变量的变化产生影响。具体检验过程分为三个步骤:第一步,以家族管理和企业技术创新分别为自变量和因变量做回归分析;第二步,以家族管理为自变量、以三类资源变量分别作为因变量进行回归分析,若系数在统计上显著,说明三类资源确实受到家族涉入的影响;第三步,将三类资源变量分别和家族管理一起作为自变量对因变量进行回归分析。若这一步得到的家族管理变量系数与第一步相比,绝对值下降或者不显著,则说明中介效应存在。由于三个中介变量均为二分类别变量,因而在第二步的回归分析中将使用Logit模型进行估计。

三步回归法因其简单而直观成为通用的中介效用检定方法。但其缺点也很明显,即每一次只能检验一个中介变量的作用,而无法同时考虑多个中介变量,更无法比较多个中介变量作用的大小。鉴此,本研究将在三步回归法的基础上,使用 KHB 方法将多个中介变量同时放进模型,以弥补三步回归法之不足。来自丹麦和美国的三位学者于 2011 年提出了此方法,KHB 即三位学者姓名的首字母(Kohler 等,2011)[30]。该方法有两大优势:一是能纳入所有中介变量,可以从总体上判断中介变量是否具有显著效应;二是可以探索不同中介变量在多大程度上影响了因变量和自变量的关系,即可以对不同中介变量的作用大小进行比较。

四、模型结果与分析

(一)描述性统计分析

通过描述性统计分析发现:由 4 个操作变量合成的因变量"企业技术创新"的取值在 −3～2.8 之间。对其进行正态性检验的结果表明基本符合回归分析的要求。被调查企业的管理者以本科以下学历居多,而企业类型多为规模以上企业。在总计 1431 个观测值中,约有 76%的企业实行了家族管理,39.3%的企业设立了研发部门,10.8%的企业通过与高校的合作引进了技术,54.8%的企业建立了独立品牌。其余变量的情况如表 2 所示。

表 2 主要变量描述性统计(N = 1431)

变量	均值	标准差	最小值	最大值
企业技术创新	0.043	1.625	−3.001	2.800
管理者年龄(岁)	45.704	8.319	23	80
管理者学历(1=本科及以上)	0.421	0.494	0	1
企业规模(1=规模以上)	0.727	0.446	0	1
企业经营历史(年)	10.514	6.590	0	77
经营绩效	0.013	1.796	−4.064	2.736
家族管理(1=是)	0.764	0.425	0	1
设立研发部门(1=是)	0.393	0.489	0	1
引进外部技术(1=是)	0.108	0.311	0	1
建立独立品牌(1=是)	0.548	0.498	0	1

(二)企业技术创新的影响因素及中介效应分析

表 3 反映了企业技术创新的影响因素及中介效应分析结果。其中,模型 1 为

只包含控制变量的基准模型,模型2在模型1的基础上纳入了研究的主要自变量家族管理,模型3-模型8为中介效应检验的三步回归模型。对成立研发部门、引进技术、建立品牌进行三步回归的模型分别为模型2-3-4、模型2-5-6和模型2-7-8。三类中介变量均为二分变量,因此模型3、模型5、模型7为Logit模型。在报告模型之前检验共线性问题,发现各模型的最高平均VIF值为1.12,因而可以认为回归模型不存在严重的多重共线性问题。下面再做进一步分析。

  模型1为基准模型,仅包含了研究的控制变量。管理者的特征变量方面,年龄与企业创新呈显著的负相关关系,教育程度与企业创新呈显著的正相关关系。说明对企业而言,年龄越小、受教育程度越高的管理者,越倾向于增加技术创新投入,这一结果与现有理论相符。企业特征变量方面,企业规模与企业技术创新投入的关系不显著,这与创新理论中强调企业规模作用的观点不符,说明大规模企业的优势可能体现在其他组织属性上,如经营历史、经营绩效等。实际的数据结果也表明,企业经营历史、企业经营绩效均在$p<0.001$的水平上正向显著,说明经营时间越长、经营绩效越好的企业,其技术创新的投入水平越高。

  模型2在基准模型的基础上加入了家族管理变量。在此模型中,家族管理与企业技术创新呈显著的正相关关系($p<0.05$),这与多数实证研究的预测相一致,说明家族管理有助于提高企业的技术创新投入水平,假设1得到验证。模型2还是三步回归法中的第一步模型,可用于与第二步模型和第三步模型的比较。

  模型3、4为企业设立研发部门中介效应的三步回归分析。模型2表明,家族管理与企业设立研发部门有显著的正相关关系($p<0.01$),即家族管理者确实更愿意承担研发的风险和成本,从而成立独立的研发部门。模型4表明,研发部门与企业技术创新之间有显著的正相关关系($p<0.001$),家族管理的系数相比模型2变小且变得不显著,说明研发部门在家族管理对企业技术创新的影响中起到了完全中介作用,假设2a得到验证。关于引进技术的中介作用,模型5中的家族管理系数显著($p<0.05$),而在模型6中,这一系数从模型2的0.240降至0.178,但仍然保持一定程度的显著性($p<0.1$)。这一结果说明家族管理者确实更有能力从与外界的合作中获取技术资源,而引进的技术资源对企业的技术创新投入有显著的正向影响($p<0.001$),即引进技术起到了部分中介作用,假设2b也得到验证。

  以上两个中介变量的检验说明,代理理论、管家理论、社会资本理论均具有一定的解释力,即家族管理者确实更愿意承担风险,也更容易通过其社会资本从外界获取资源,用于企业自身的创新投入。

表 3　企业技术创新的影响因素及中介效应的回归模型（N=1431）

变量	模型 1 OLS	模型 2 OLS	模型 3 logit	模型 4 OLS	模型 5 logit	模型 6 OLS	模型 7 logit	模型 8 OLS
管理者年龄	-0.018***	-0.018***	-0.001	-0.018***	0.002	-0.018***	-0.017*	-0.013**
	(-3.542)	(-3.572)	(-0.098)	(-3.815)	(0.191)	(-3.740)	(-2.410)	(-2.875)
管理者教育程度（1=本科及以上）	0.435***	0.475***	0.285*	0.395***	0.432*	0.413***	0.120	0.432***
	(5.193)	(5.577)	(2.473)	(4.998)	(2.400)	(5.063)	(1.027)	(5.780)
企业规模（1=规模以上）	0.089	0.115	0.175	0.067	0.545*	0.054	0.135	0.062
	(0.911)	(1.177)	(1.306)	(0.737)	(2.223)	(0.580)	(1.019)	(0.719)
企业历史	0.034***	0.034***	0.013	0.030***	0.031*	0.029***	0.072***	0.011+
	(5.180)	(5.210)	(1.471)	(5.012)	(2.409)	(4.644)	(7.044)	(1.950)
经营绩效	0.232***	0.234***	0.156***	0.190***	0.289***	0.196***	0.217***	0.158***
	(10.201)	(10.264)	(4.955)	(8.950)	(5.375)	(8.894)	(6.834)	(7.771)
家族涉入（1=家族管理）		0.240*	0.393**	0.132	0.458*	0.178+	0.533***	0.054
		(2.441)	(2.885)	(1.449)	(2.092)	(1.890)	(3.944)	(0.621)
设立研发部门（1=是）				1.197***				
				(15.364)				
引进外部技术（1=是）						1.467***		
						(11.543)		
建立独立品牌（1=是）								1.537***
								(20.719)
常数项	0.261	0.046	-1.103**	-0.244	-3.634***	0.058	-0.316	-0.601**
	(1.143)	(0.187)	(-3.290)	(-1.072)	(-6.550)	(0.248)	(-0.943)	(-2.774)
R^2	0.113	0.117		0.243		0.193		0.322
对数似然值			-937.131		-460.906		-926.288	

注：***、**、*、+分别表示 $p<0.001$、$p<0.01$、$p<0.05$、$p<0.1$；括号内为 t 检验值；表 5、表 6 同。

模型7、8检验了建立品牌对于家族管理影响技术创新的中介作用。其中模型7中的家族管理系数和模型8中建立品牌的系数均是显著的($p<0.001$),模型8中家族管理的系数对比模型2明显变小且不显著,说明家族管理者确实会为了企业的传承而更倾向于建立独立品牌,而品牌的建立会显著促进企业的技术创新水平。即品牌因素起到了完全中介作用,假设2c也得到了验证。对比三个中介因素检验过程中家族管理系数的变化及模型整体R^2的变化,可认为品牌因素的单独中介作用最大。

三步回归法检验了成立研发部门、引进外部技术、建立独立品牌三个因素单独作为中介变量时的情况。接下来在此基础上使用KHB方法,在一个模型中同时考虑三个中介因素,观察整体的中介效果并比较不同中介变量的作用大小,结果见表4。在模型中同时纳入三个中介变量后,总体间接效应(中介效应)对总效应的贡献率大约为17%,并且系数是正向且显著的($p<0.001$)。同时,在一次性纳入三个中介变量后,模型的R^2达到了0.41,意味着三类中介机制在家族管理促进企业技术创新的因果关系中发挥了重要作用,此时自变量(家族管理)的直接效应变得不显著。由此我们可以认为,这三类中介变量几乎解释了家族管理对技术创新影响的大部分机制。

表4 基于KHB方法的中介机制检验(N=1431)

指标	总效应	直接效应	中介效应	研发部门	引进技术	品牌
系数	0.240***	-0.014	0.254***	0.068	0.039	0.147
贡献率(%)			17.31	26.86	15.41	57.73

注:中介效应贡献率为中介效应在总效应中的占比,变量贡献率为具体中介变量在总中介效应中的占比;KHB方法只对效应系数进行显著性检验。

下面对中介效应进行分解。同时考虑三类中介变量后发现,品牌的效应系数最高,且在总中介效应中有57.73%的贡献率。设立独立研发部门和技术引进的贡献率分别为26.86%和15.41%。对比三步法中的单独中介变量检验结果,品牌效应依然最大。由此可以认为,虽然管家理论和社会资本理论等具有一定解释力,但解释力最高的是社会情感财富理论。家族管理的企业在技术创新中最大的优势来自其延伸型社会情感财富(Miller和Breton-Miller,2014)[8],这是家族企业最大的无形资源。为了保证企业的长盛不衰,家族管理的企业倾向于成立独立品牌,品牌的光环不仅可以为企业技术创新带来内驱动力,同时也能为企业争取更多的外部资源。相形之下,设立研发部门和引进外部技术的中介效应较小,二者相加的贡献率仍不及品牌的贡献率,说明研发部门和外部技术并非家族管理影响企业技术创新的首要机制。整体来看,家族管理能给企业技术创新带来三类资源性优势:抗风险优势、社会关系关系优势和情感优势。这三个优势均在家族管理型企业的创新实践中发挥了一定作用,但唯有情感优势发挥的作用最大。本研究认为原因可能来自以下两个方面:

第一,从国际角度看,中国是一个"差序格局"的社会(费孝通,2015)[31],相对于西方的"团体格局",其社会关系的构建是以个体为中心向外扩散。中国的家族企业通过社会关系引进外部技术仰仗的是企业主个人的关系。企业主如果过分依赖家族内部关系,其外部关系的建立、维持及信任度便都会受到影响,关系优势也容易失效。有研究表明,华人家族企业容易形成泛家族信任,但缺乏制度化信任,这一特质会限制企业对外部资源的吸纳与整合(储小平和李怀祖,2003)[32]。反观日本,其家族企业早已演化到了"财阀"这一最高阶段(Nakamura,2015)[33]。中国家族企业的规模、企业影响力等均远不及日韩国家的家族企业水平,在技术创新中的抗风险优势与社会关系优势亦不及这些国家。相形之下,作为家族企业的内生属性,对企业长存的情感追求则不易受企业实力和发展阶段的影响。

第二,从家族企业的地域特性来看,我国南北家族企业存在一些特征差异。北方地区的家族企业多为若干家族势力对企业进行共同控制与运营,南方地区的家族企业则多为单个家族对企业的控制和运营(张忠民,2002)[34]。因而北方家族企业往往可通过整合家族社会资本形成更加庞大的社会网络,且成员对家族的情感容易转变为对家族联合体(企业)的情感,对单个家族延续性的情感则会被稀释。而南方家族企业主要是单个家族的衍生体,对家族延续性的情感容易直接投射到对企业的情感中。本研究使用的是珠三角的企业样本,而珠三角是国内宗族观念较强的区域。历史学家科大卫(2018)[35]通过研究指出,珠三角的宗族社会已有三百多年的历史,其宗族与商业活动一直保持着密切联系。宗族有两个主要目标,一是追溯共同祖先,二是繁衍宗族子嗣。保持家族的管理权是保持血统、追溯祖先的体现,而建立品牌、通过创新谋求永续发展,则是宗族追求"世泽绵延"的体现。

(三)稳健性检验

要让回归模型中的因果关系成立,必须对模型中可能出现的内生性问题进行讨论。中国的私营企业是采用家族管理方式还是职业经理人管理方式,一般在企业成立之初就已确定,在企业运营过程中改变委托代理关系的情况并不多见。因此本研究认为,成立研发部门、引进外部技术、建立品牌等的发生时间在后,采用家族管理形式的发生时间在前,不容易出现由反向因果带来的联立性偏误(simultaneity bias),但容易出现选择性偏误(selection bias)带来的内生性问题。具体而言,家族管理的企业与非家族管理企业可能在企业规模、企业绩效等方面存在本质差异,且这些差异导致了企业在研发部门、技术引进、品牌等方面的差异,而不是家族管理导致了企业资源方面的差异。解决选择性偏误的常用方法是倾向值匹配法(propensity score matching,简称PSM)。该方法模拟自然实验进行分组,假设实验组和对照组的差异能被一组共变项解释。接着利用这些共变项对样本进行分层匹配,使得每层内部的实验组和控制组在共变项上的性质接近,唯一的区别是核心自变量的取值不同。通过这样的步骤可得到更为精确的处理效应结果。本研究将管理者年龄、管理者教育程度、企业规模、企业经营历史、企业经营绩效作为匹配变量,采用半径匹配法(radius matching)①,以默认设定值0.1作为最大半径,对家族管理企业与非家族管理企业进行匹配。

匹配过程中,共同支撑假设(common support assumption)和平行假设(balancing assumption)都得到了较好的满足(匹配过程从略),处理效应结果见表5。针对研发部门、引进技术、建立品牌三个结果变量,无论是处理组处理效应(ATT)还是平均处理效应(ATE),家族管理的效应系数均维持了一定程度的显著性,与三步回归法中的模型估计结果相比,总体变化不大。这一结果表明,在考虑选择性偏误后,家族管理对三类资源变量的影响依然是显著的,自变量对中介变量的影响是稳健的。

表5 家族管理对三类资源变量影响的 PSM 模型(N=1431)

变量	ATT	ATU	ATE
设立研发部门	0.070*	0.077*	0.071*
引进外部技术	0.041*	0.040*	0.041*
建立独立品牌	0.130***	0.071*	0.116***

注:ATT 为处理组处理效应;ATU 为对照组处理效应;ATE 为平均处理效应。

五、结论与讨论

本研究聚焦于家族管理与企业技术创新的关系。多数已有研究认为,两者的关系是正向的,但对具体的影响机制却因不同的理论研究视角而有不同观点。本研究基于资源基础观视角,通过对珠三角企业转型升级调查数据进行分析,细致

---

① 研究同时采用了最近邻匹配法、核函数匹配法,结果与半径匹配法类似,为了节约篇幅不再报告。

梳理了这些家族企业影响技术创新的主要机制,并对各种机制的作用进行了比较,主要得出了如下结论:

首先,家族管理总体上能提高企业技术创新投入水平,相关实证研究结论在珠三角地区大多适用。其次,家族企业会通过设立研发部门、引进外部技术、建立品牌等路径来促进企业技术创新,代理理论、管家理论、社会资本理论对于家族涉入与创新均具有一定的解释力。这一研究结果在某种程度上打开了资源基础观关于"家族性"论述的黑箱。最后,本文通过研究发现,相比独立研发、引进技术等手段,家族管理的企业会更多地通过建立独立品牌以促进技术创新水平,为了企业的传承与长盛不衰,许多家族企业会愿意加大技术创新投入。从地域角度,以儒家信仰和道家信仰为代表的东方文化,会在某种程度上限制经济的发展(韦伯,2019;任剑涛,2019)[36-37]。但本文的分析表明,中国的"宗族信仰"等区域性文化特质不但不会成为企业发展的桎梏,相反还可能会促进企业的转型创新,保证企业的长期发展。从时间角度,中华人民共和国成立初期对于官僚资本主义的改造揭露了民国时期官僚家族的腐败和黑暗,容易让改革开放后的民营家族企业也被贴上"落后""保守""投机"等标签。研究结果有助于政府和社会大众更好地认识当代的家族企业与传统官僚家族的不同:它们在某种程度上是进步与革新的象征。

家族企业是珠三角地区的主要企业类型。本研究结论对于创新驱动发展战略的持续推进具有一定参考意义:首先,政府应完善商标注册等相应法规政策,让企业能够有更加便捷的品牌建立渠道,同时,应持续优化营商环境,强化家族企业的抗风险优势和社会关系优势,助力家族企业的技术创新。其次,家族企业应充分重视家族愿景在长期化战略布局中的作用,同时应有清楚的自我认知,在创新实践中扬长避短,发挥自身的禀赋优势。

本研究为后续研究提供了新的空间:其一,理论上家族涉入包括家族所有权涉入和家族管理权涉入,本文受限于数据只考虑了家族管理权,使用家族所有权是否有同样的结论仍需后续研究检验;其二,研究推测延续性社会情感财富发挥主要作用的原因可能来自国家和区域两个方面,但要寻找其中的主因,需要后续研究对国内其他地区甚至不同国家的样本进行比较;其三,建立品牌是企业保持传承和发展的体现,但家族是否会通过其他渠道来实现延伸型情感,同样需要更多的研究去探讨。

(本文获评2019年"一带一路"倡议及湾区经济发展国际学术研讨会优秀论文)

参考文献

[1] HUANG Y C, DING H B, KAO M R. Salient stakeholder voices: family business and green innovation adoption[J]. Journal of management and organization, 2009, 15(3): 309-326.

[2] 陈建林,冯昕珺,李瑞琴. 家族企业究竟是促进创新还是阻碍创新?——争论与整合[J]. 外国经济与管理, 2018(4): 140-152.

[3] CALABRÒ A, VECCHIARINI M, GAST J, et al. Innovation in family firms: a systematic literature review and guidance for future research[J]. International journal of management reviews, 2018,21(3):317-355.

[4] ASHWIN A S, KRISHNAN R T, GEORGE R. Family firms in India: family involvement, innovation and agency and stewardship behaviors[J]. Asia Pacific journal of management, 2015, 32(4): 869-900.

[5] GOMEZ-MEJIA L R, HAYNES K T, NUNEZ-NICKEL M, et al. Socioemotional wealth and business risks in family-controlled firms: evidence from Spanish olive oil mills[J]. Administrative science quarterly, 2007, 52(1): 106-137.

[6] PÉREZ-GONZÁLEZ F. Inherited control and firm performance[J]. American economic review, 2006, 96(5): 1559-1588.

[7] BLOCK J H, MILLER D, JASKIEWICZ P, et al. Economic and technological importance of innovations in large family and founder firms: an analysis of patent data[J]. Family business review, 2013, 26(2): 180-199.

[8] MILLER D, BRETON-MILLER I L. Deconstructing socioemotional wealth[J]. Entrepreneurship theory and practice, 2014, 38(4): 713-720.

[9] 朱沆,KUSHINS E,周影辉. 社会情感财富抑制了中国家族企业的创新投入吗?[J]. 管理世界, 2016(3): 99-114.

[10] 蔡地,罗进辉,唐贵瑶. 家族成员参与管理、制度环境与技术创新[J]. 科研管理, 2016(4): 85-93.

[11] 黄海杰,吕长江,朱晓文. 二代介入与企业创新——来自中国家族上市公司的证据[J]. 南开管理评论, 2018(1): 6-16.

[12] ZAHRA S A, FILATOTCHEV I. Governance of the entrepreneurial threshold firm: a knowledge-based perspective[J]. Journal of management studies, 2004, 41(5): 885-897.

[13] WERNERFELT B. A resource-based view of the firm[J]. Strategic management journal, 1984, 5(2): 171-180.

[14] BARNEY J. Firm resources and sustained competitive advantage[J]. Journal of management, 1991, 17(1): 99-120.

[15] 陈殷华,朱峰. 家族企业家族性资源的内涵及其特性分析[J]. 兰州学刊, 2010(10): 66-69.

[16] BUSH V. Science, the endless frontier: a report to the president[M]. Washington: U.S. Government Printing Office, 1945.

[17] DE MASSIS A, DING S, KOTLAR J, et al. Family involvement and R&D expenses in the context of weak property rights protection: an examination of non-state-owned listed companies in China[J]. The European journal of finance, 2018, 24(16): 1506-1527.

[18] CARNES C M, IRELAND R D. Familiness and innovation: resource bundling as the missing link[J]. Entrepreneurship theory and practice, 2013, 37(6): 1399-1419.

[19] MATZLER K, VEIDER V, HAUTZ J, et al. The impact of family ownership, management, and governance on innovation[J]. Journal of product innovation management, 2015, 32(3): 319-333.

[20] 程博,熊婷.在职培训、儒家文化影响与企业创新[J].广东财经大学学报,2018(1): 72-85.

[21] OCASIO W. Towards an attention-based view of the firm[J]. Strategic management journal, 1997, 18(S1): 187-206.

[22] GARG V K, WALTERS B A, PRIEM R L. Chief executive scanning emphases, environmental dynamism, and manufacturing firm performance[J]. Strategic management journal, 2003, 24(8): 725-744.

[23] BERENDS H, VANHAVERBEKE W, KIRSCHBAUM R. Knowledge management challenges in new business development: case study observations[J]. Journal of engineering and technology management, 2007, 24(4): 314-328.

[24] ETZKOWITZ H, LEYDESDORFF L. The triple helix—university-industry-government relations: a laboratory for knowledge based economic development[J]. Easst review, 1995, 14(1): 14-19.

[25] B-A.伦德瓦尔,P.茵塔拉库纳德,J.万格.转型中的亚洲创新系统[M].王海燕,梁洪力,译.北京:科学出版社,2013.

[26] 丘海雄,谢昕琰.企业技术创新的线性范式与网络范式:基于经济社会学视角[J].广东财经大学学报,2016(6): 16-26.

[27] LEV B, PETROVITS C, RADHAKRISHNAN S. Is doing good good for you? how corporate charitable contributions enhance revenue growth[J]. Social science electronic publishing, 2010, 31(2): 182-200.

[28] 波多尼.地位的信号:对市场竞争的社会学研究[M].张翔,艾云,张惠强,译.上海:格致出版社,2011.

[29] BARON R M, KENNY D A. The moderator-mediator variable distinction in social psychological research: conceptual, strategic, and statistical considerations[J]. Journal of personality and social psychology, 1986, 51(6): 1173-1182.

[30] KOHLER U, KARLSON K B, HOLM A. Comparing coefficients of nested nonlinear probabil-

ity models[J]. The state journal, 2011, 11(3): 420-439.
[31]费孝通. 乡土中国[M]. 北京：人民出版社, 2015.
[32]储小平,李怀祖. 信任与家族企业的成长[J]. 管理世界, 2003(6): 98-104.
[33]NAKAMURA M. Economic development and business groups in Asia: Japan's experience and implications[J]. International advances in economic research, 2015, 21(1): 1-23.
[34]张忠民. 艰难的变迁[M]. 上海：上海社会科学院出版社, 2002.
[35]科大卫. 皇帝和祖宗：华南的国家与宗族[M]. 卜永坚,译. 南京：江苏人民出版社, 2018.
[36]马克斯·韦伯. 儒教与道教[M]. 洪天富,译. 南京：江苏人民出版社, 2019.
[37]任剑涛."儒家人文主义"的知识验证[J]. 江淮论坛, 2019(2):5-10.

政治基因、市场化进程与企业创新的可持续性[①]

一、引言

2016年"两会"期间,李克强总理强调创新是引领发展的第一动力,必须摆在国家发展全局的核心位置,深入实施创新驱动发展战略。企业作为创新活动的主体,在推行创新型国家战略中肩负重大使命。但创新活动具有成本高、周期较长、风险高等特点,创新的任何中断和再延续都将给企业带来无法弥补的损失(Hall,2002)[1]。因而保持企业创新活动的可持续性、保证企业能持续投资于创新具有重大意义。

所谓创新的可持续性,是指创新活动的投资具有连续性(鞠晓生等,2013)[2]。目前,国内外学者对创新可持续性的研究主要集中于以下两个方面:一是对创新可持续性影响因素的研究。其中,内部因素主要包括核心技术、资金支持、高管薪酬激励、股权集中度弱化、创新投入延续性、创新人才保有性、创新模式选择的适宜性等(Hall,2002;刘从九和张敏,2003;李健等,2015;李健等,2016;程国平和宁磊,2007)[1,3-6];外部因素主要包括社会规则(主要是体制和法律环境)、社会协作性等(程国平和宁磊,2007)[6]。二是从平滑机制视角研究如何缓解创新投资波动。Brown和Petersen(2011)[7]、鞠晓生等(2013)[2]、丘海雄和谢昕琰(2016)[8]、李健等(2016)[9]学者的研究表明,对企业创新可持续性投资具有平滑作用的因素有企业储蓄、营运资本、现金持有和组织冗余等。

[①] 原载于《广东财经大学学报》2017年第4期24-31,57页。
作者:潘镇,南京师范大学商学院院长、教授、博士生导师;戴星星,南京师范大学商学院研究生;李健,南京师范大学商学院副教授、硕士生导师。

所谓政治基因,是指计划经济体制和政企合一运营体系的特定历史环境带给企业的结构模式和思维模式,它是基于路径依赖理论和企业基因理论而提出的概念(王砚羽等,2014)[10]。中华人民共和国成立后在长达三十多年的时间里实行的是计划经济体制,那么这样一种政治经济背景是否至今仍对中国企业的创新投资决策产生影响?基于特定的中国情境,本文选择"政治基因"这一变量,来探讨中国企业累积的政治因素对企业创新活动的影响。尽管政治基因具有一定的主观性,但它可以通过客观形式表现出来。根据王砚羽等(2014)[10]的研究,我们将政治基因分为国有股比与政治关联两个维度,并将其纳入影响企业创新可持续性的研究体系,尝试探讨政治基因对企业创新持续投资活动的影响。

相比以往文献,本研究以中国三十多年的计划经济体制为研究背景和视角,同时加入市场化进程情境,探讨政治基因的两维度即国有股比和政治关联对企业创新持续投资行为的影响。市场化水平较高时,意味着政府对于企业行政干预越少(戴魁早和刘友金,2013)[11];市场化水平较低时,此时作为一种非正式制度的社会关系成为关键的治理机制(Peng,2003)[12],将对企业创新投资决策行为产生影响,本文将探讨市场化进程对企业政治基因和创新可持续性之间关系的情境效应。

本文结构安排如下:第二部分梳理相关理论,进而提出研究假设;第三部分设定回归模型,并对相关变量做出说明;第四部分进行实证分析,得出相关研究结果;第五部分对研究结果进行分析和讨论。

二、相关理论回顾与研究假设

(一)关于国有股权对创新可持续性的影响

股权结构作为公司内部治理机制的基础,对包括企业创新决策在内的各项决策活动具有重要影响。与其他国家不同,中国很多上市公司的控股股东均具有国有性质。国有股占比高,意味着政府控制了很多重要的创新资源,有利于增加企业持续创新的动力与强度,促使其进行持续性的创新投资。

1.从企业来角度看,国有股权比例增大,有利于提高企业持续创新投资的动力

企业持续性创新活动是一个长期的过程,既需要从企业内部也需要从企业外部获得资源支持。根据资源依赖理论,可以将企业看作是一个依赖于外部环境的开放系统,它需要从外部获取各种资源,以减少环境的不确定性。提高企业中的国家持股比例,意味着政府可以获取更多的控制权(刘磊等,2004)[13],企业可以获得更多政策支持、银行贷款、利润返还、亏损补贴等,从而掌控大量资源(刘和旺

等,2015)[14]。外部资源的利用是企业提高创新能力的重要途径(Zaheer 和 Bellg,2005)[15],充足的外部资源能为企业创新活动提供良好的外部保障,弥补企业自身资源的不足,进而使企业持续创新的动力得到加强。

2.从管理者角度看,国有股权比例增大,会激励企业高管增加持续性创新投资

创新活动具有风险高、回报周期长、不确定性大等特点,管理者往往不愿意进行创新活动。国有股权比例较高的企业,一方面要承担冗员、职工福利等政策性负担(林毅夫和李志赟,2004)[16],但另一方面在信用贷款、税收优惠、法律保护(袁淳等,2010)[17]等方面也拥有回报与特权,企业高管可因此在晋升等方面获益,因而往往自愿承担政策性负担(廖冠民和沈红波,2014)[18]。随着国有股权占比的增加,企业所需承担的政策性负担随之上升(李婧和贺小刚,2012)[19],企业高管对企业的创新活动也更加重视。尤其是在定期考核和晋升锦标赛模式下(周黎安,2007)[20],企业高管所具有的内在企业家精神与考核带来的外在压力相结合,会令这些国有股占比较高的企业形成企业家的创新意志(李政和陆寅宏,2014)[21]。企业创新活动需要企业家主动寻求创新机会,而具有创新意志的企业家善于发现创新机遇、敢于承担风险,会积极支持企业增加创新投入(潘健平等,2015)[22],因而能推动创新的可持续发展。由此本文提出:

假设 1a:国有股权能正向影响企业创新的可持续性。

(二)关于政治关联对创新可持续性的影响

根据资源基础观,企业政治关联能够给企业的创新活动带来某种稀缺且有意义的资源,有利于增强企业既有的创新活力。政治关联对企业创新活动的影响主要体现在以下两方面:

1.有利于企业获取创新所需要的各种制度性资源

这些制度性资源主要有政府补贴、缓解融资约束、税收规避、突破行业壁垒等。政府补贴方面,具有政治关联的上市公司更易获得政府补贴收入,为企业创新活动提供外部资金保障(张洪刚和赵全厚,2014)[23],更有利于减少创新风险(夏力和李舒妤,2013)[24]。缓解融资约束方面,政治关联可通过信息效应和资源效应缓解企业融资约束(于蔚等,2012)[25],减少对企业的财务冲击,保证企业创新投资的连续性(鞠晓生等,2013)[2]。税收规避方面,企业政治身份能产生避税效应,拥有政治身份的企业能实施更多的税收规避行为(李维安和徐业坤,2013)[26],从而可有效降低企业的创新成本,激励企业增加创新投入。行业壁垒方面,高的进入壁垒会导致进入封锁,不利于企业的创新活动(叶林和曾国安,2013)[27],而企业家政治关联对突破行业进入壁垒可起到积极的促进作用。企业与政府的政治关

系越好,其进入高壁垒行业的可能性越大(罗党论和刘晓龙,2009)[28],越有可能消除企业创新活动的行业限制,有利于企业开展持续性的创新活动。

2.能有效保护企业创新的阶段性成果,提高企业持续性创新活动的积极性

根据Teece(1986)[29]的创新收益观点,企业技术创新的效益受企业产权保护水平的影响。而企业政治关联能提高企业的产权保护水平和保护能力,因为政治关联度高的企业常常能获得更多的政府支持,能给企业创新成果带来良好的司法保障。即企业政治关联能提高企业持续性创新活动的积极性。由此本文提出:

假设1b:政治关联能正向影响企业创新的可持续性。

(三)关于市场化进程的情境效应

市场环境是企业创新活动必须面对的重要外部环境,因而本文引入市场化进程,以探讨政治基因与创新可持续性之间关系的情境效应。

市场化进程是衡量从计划经济向市场经济转轨程度的指标,它能反映市场作为调节资源分配手段的能力。不同地区的上市公司,其所处地区的市场化进程不同,一个重要表现是当地政府干预经济的程度存在差异(樊纲等,2003)[30]。当企业所在地区的市场化进程较快时,意味着该地区的市场化改革相对较为彻底,政府对资源分配的干预程度较低,市场政策法规更加完善,信息也更加透明,进而政府对企业的干预程度也较低,企业利用国有股权获得各种资源的可能性也较低。由于企业无法凭借国有股权获得政策支持和亏损补贴,不能满足其创新持续活动对资金等资源的需求,因而此时企业国有股比的增加并不能有效促进企业创新的可持续性。

相反,当企业所在地区市场化进程较慢时,根据制度经济学理论,此时社会关系作为一种非正式制度成为一种关键的治理机制(Peng,2003)[12]。此时企业会更加主动地利用国有股权带来的政治关系获得相应资源,以促进其持续性创新。而管理者个人由于创新活动风险高、周期长、不确定性大而不愿进行创新决策。市场化进程较慢时,政府干预企业经营的动机也更强(张天舒等,2014)[31],国有股比高的企业将承担更多的政策性负担(陈信元和黄俊,2007)[32],并可相应获得更多的政府补助等,进而也可对高管形成激励,激发其支持企业开展持续创新的积极性。由此本文提出:

假设2a:市场化进程能负向调节国有股权与创新可持续性的关系。

政治关联主要从两个方面影响企业创新活动:一是帮助企业获取创新所需要的制度资源(李健等,2012)[33];二是有效保障企业的创新成果(蔡地等,2014)[34]。较高的市场化水平意味着市场主导资源配置和较低的政府干预(王保

林和张铭慎,2015)[35]。具体来说,一方面,在市场化浪潮冲击下,政府官员分配资源的能力受到影响,企业政治关联的作用降低,从而拥有政治关联的企业获得政府提供的各种资源也随之减少,企业进行持续性创新的动力下降,此时企业政治关联的作用下降,对企业创新持续性的影响很弱。另一方面,当市场化进程较快时,意味着政府对企业的行政干预减少,企业不能轻易凭借政治身份获得政府对产权的保护,其创新成果无法获得来自政府的保障,企业创新积极性降低,此时,企业政治关联将不能有效促进企业创新的可持续性。

反之,在市场化进程较慢的地区,企业可以通过谋求政治关联来获取创新资源。根据寻租理论(Buchanan 等,1982)[36],当市场制度不完善时,政府就会出面干预经济,由于政府所掌握的资源配置权力能让企业受益,因而企业宁愿付出一定代价也乐于与政府建立联系。此时,政治关联可以极大地促进企业创新的可持续性。因此,政治关联对企业的影响在市场化进程较慢的地区要显著大于市场化进程较快的地区。由此本文提出:

假设 2b:市场化进程能负向调节政治关联与创新可持续性的关系。

三、回归模型与变量说明

由于企业管理的惯性特质很强(Hart 和 Ahuja,1996)[37],因而本研究选择动态面板模型来分析企业政治基因对创新可持续性的影响。

设定回归方程(1),以验证假设 1a 提出的国有股权与创新可持续性的正向关系是否成立。

$$Innov_{i,t} = \alpha + \beta_{11} \times State\_ratio_{i,t} + \gamma \times Control_{i,t} + \mu_i + \eta_t + \varepsilon_{i,t} \quad (1)$$

其中:i 表示企业;t 表示时间;η_t 表示时间效应,它不随个体而变化;μ_i 表示个体特质效应,它也不随时间而变化;$\varepsilon_{i,t}$ 为随机扰动项;Innov 代表被解释变量,表示创新可持续性。根据鞠晓生等(2013)[2]的观点,企业的无形资产与其创新活动密切相关,它能反映企业在研发投入、新技术引进、人力资本开发、消化与吸收等方面的水平与能力,能在整体上体现企业的创新活动情况。因而本文以企业无形资产增量来衡量企业创新方面的可持续性。State_ratio 为解释变量,代表国有股比,即股权结构中国有股股数占总股数之比。β_{11} 为回归系数,根据理论假设 1a,β_{11} 应当显著为正。

本文主要设置以下控制变量:企业规模、企业负债、企业现金流和投资滞后项。1.企业规模(Size)。已有研究表明,企业创新投入受企业规模大小影响,因而将其作为控制变量引入方程,并以企业总资产的对数值来表示。2.企业负债(Debt)。企业负债是创新投入的来源之一,对企业创新的可持续性具有重要影响,本研究以短期借款和长期借款之和来表示这一指标。3.现金流(CF)。现金是企业中灵活性较高的资产,现金持有的状况会影响企业后续投资的能力,进而会影响创新的可持续性。本研究参照鞠晓生等(2013)[2]提供的方法,以净利润加本年的折旧来表示现金流。4.投资滞后项($Innov_{i,t-k}$,其中,$k=1,2,3$)。本文参考Eberly等(2012)[38]、Gala等(2012)[39]的做法,在原方程中加入投资滞后项作为控制变量。

设定回归方程(2),以验证假设1b提出的政治关联与创新可持续性的正向关系是否成立。

$$Innov_{i,t}=\alpha+\beta_{21}\times Govern_{i,t}+\gamma\times Control_{i,t}+\mu_i+\eta_t+\varepsilon_{i,t} \quad (2)$$

其中,$Govern$为解释变量,代表政治关联,其他变量说明与方程(1)同。政治关联是政治基因的作用途径,是政治基因传递的载体(王砚羽等,2014)[10]。已有文献通常以高管政治背景作为企业政治关联的代理变量,本研究参考李健和陈传明(2013)[40]的方法,若企业董事长为(或曾为)人大代表或政协委员,或曾在政府任职,则赋值为1,否则赋值为0。根据理论假设1b,回归系数β_{21}应显著为正。

设置回归方程(3),以检验假设2a提出的市场化进程对国有股权与创新可持续性关系的情境效应是否存在。

$$Innov_{i,t}=\alpha+\beta_{11}\times State\_ratio_{i,t}+\beta_{12}\times Mkt_{i,t}+\beta_{13}\times State\_ratio_{i,t}\times Mkt_{i,t}+\gamma\times Control_{i,t}+\mu_i+\eta_t+\varepsilon_{i,t} \quad (3)$$

其中Mkt为调节变量,代表市场化进程,其值越高,表示市场化进程越强。进一步根据樊纲等(2011)[41]编制的市场化指数,以市场化进程总得分来衡量这一指标。因樊纲等的研究数据截止到2009年,本文参考杨兴全等(2014)[42]的做法,将2009年的指数加上2007年、2008年、2009年这三年相对于前一年指数增加值的平均数来表示2010年的指数。市场化进程对国有股权与企业创新可持续性之间关系的情境效应使用标准化后的$State\_ratio$与Mkt的乘积项来表示。公式(3)中的$Innov$、$State\_ratio$、$Control$、μ_i、η_t及$\varepsilon_{i,t}$的含义与公式(1)相同。根据假设2a,若此情境效应存在,则预期β_{13}的系数应显著为负。

设置回归方程(4),以检验假设2b提出的市场化进程对政治关联与创新可持续性关系的情境效应是否存在。

$$Innov_{i,t}=\alpha+\beta_{21}\times Govern_{i,t}+\beta_{22}\times Mkt_{i,t}+\beta_{23}\times Govern_{i,t}\times Mkt_{i,t}+\gamma\times Control_{i,t}+\mu_i+\eta_t+\varepsilon_{i,t} \quad (4)$$

其中$Govern$与标准化后Mkt的乘积项代表市场化进程对政治关联与企业创新可持续性之间关系的情境效应;Mkt的含义与式(3)相同,即为调节变量,代表市场化进程；$Innov$、$Govern$、$Control$、μ_i、η_t 及 $\varepsilon_{i,t}$ 的含义与式(2)相同。根据假设2b，若情境效应存在，则预期的 β_{23} 系数应显著为负。

最后，为消除量纲带来的影响，更科学地考察变量之间的关系，尤其是为了更直观地比较政治基因与时变变量对企业创新可持续性的影响程度，本文在进行回归之前，将参照易靖韬等(2015)[43]、周开国和徐亿卉(2012)[44]的方法，对除虚拟变量以外的所有变量进行标准化处理。

四、研究设计与实证结果

(一)研究样本与描述统计

本文的研究样本为2003—2014年A股上市企业中的制造企业，样本总量为12 788个。一方面，由于B股和H股上市公司面临境内境外的双重监管，选择A股制造业上市公司，可以减少因国家政策变化导致的数据结构性差异带来的估计结果偏差；另一方面，制造业是上市公司最集中的行业，且上市时间最久，公司年报数据更加可信。此外，本研究剔除了样本期间曾被ST和PT的样本量503个，最终得到由1 583家截面企业构成的、观测值为12 285个非平衡面板数据集作为研究样本。文中使用的数据全部来自CSMAR数据库。表1报告了各变量之间的Pearson相关系数矩阵。自变量国有股比($State\_ratio$)与因变量创新可持续性($Innov$)在1%的水平上显著正相关，即国有股权正向影响创新可持续性。自变量政治关联($Govern$)与因变量在10%的水平上显著正相关，从而初步验证了假设1b，即政治关联正向影响创新可持续性。但Pearson相关性分析只考虑了两个变量之间的关系，没有考虑其他变量对企业创新可持续性的影响，因而并不能真正反映二者之间的关系。下面将通过更为严格的回归分析来进一步检验研究假设。

(二)实证结果分析

表2为政治基因对企业创新可持续性正向影响的结果。实证研究结果包括两部分：一是国有股权对创新可持续性的影响及市场化进程对这一影响关系的情境效应分析，见模型(2)和模型(3)；二是政治关联对创新可持续性的影响及市场化进程对这一影响关系的情境效应分析，见模型(4)和模型(5)。

模型(1)报告了仅包含控制变量的回归结果；模型(2)报告了回归方程(1)的实证结果，检验了国有股权对创新可持续性的影响。实证结果显示，国有股权的回归系数为正，在5%的水平上显著。这表明国有股权正向影响了企业创新的可持续性，假设1a得以验证。

表 1 变量相关系数矩阵

变量	Innov	State_ratio	Govern	$Innov_{t-1}$	$Innov_{t-2}$	$Innov_{t-3}$	Size	Debt	CF	Mkt
Innov	1									
State_ratio	0.071***	1								
Govern	0.035*	0.087***	1							
$Innov_{t-1}$	0.195***	0.053***	0.035*	1						
$Innov_{t-2}$	0.244***	0.045**	0.026	0.102***	1					
$Innov_{t-3}$	0.055***	-0.024	0.012	0.248***	0.118***	1				
Size	0.325***	0.095***	-0.013	0.318***	0.291***	0.273***	1			
Debt	0.242***	0.099***	-0.032	0.329***	0.397***	0.377***	0.647***	1		
CF	0.333***	0.077***	0.014	0.315***	0.398***	0.332***	0.473***	0.532***	1	
Mkt	0.008	-0.203***	0.008	0.006	0.014	0.043**	0.022	-0.028	0.049**	1

注：***、**和*分别表示1%、5%和10%的显著性水平。

表 2 政治基因对企业创新可持续性正向作用的实证结果

解释变量	模型（1）	模型（2）	模型（3）	模型（4）	模型（5）
$Innov_{t-1}$	−0.04***(−3.41)	−0.03***(−3.14)	−0.02*(−1.89)	0.08***(5.50)	0.08***(6.31)
$Innov_{t-2}$	0.08***(7.81)	0.08***(8.62)	0.09***(10.15)	0.20***(16.28)	0.21***(20.39)
$Innov_{t-3}$	−0.06***(−7.36)	−0.05***(−7.38)	−0.05***(−7.10)	−0.002(−0.21)	0.005(0.61)
Size	0.45***(8.67)	0.38***(9.02)	0.35***(8.83)	0.51***(6.17)	0.50***(6.81)
Debt	0.26***(7.77)	0.26***(8.42)	0.30***(12.07)	−0.17***(−4.95)	−0.18***(−6.21)
CF	0.05**(2.02)	0.07***(3.52)	0.09***(5.39)	0.002(0.13)	−0.01(−0.59)
State_ratio		0.05**(2.16)	0.01(0.69)		
State_ratio×Mkt			−0.05***(−2.91)		
Govern				0.23**(2.50)	0.20***(3.24)
Goven×Mkt					−0.28**(−2.45)
Year Dummy F 检验	131.56***	84.27***	83.49***	48.52***	47.89***
共线性检验 VIF 值	1.15–1.83	1.02–1.83	1.07–1.83	1.01–2.17	1.01–2.18
AR（1）检验	0.001	0.000 4	0.001	0.001	0.001
AR（2）检验	0.586	0.628	0.629	0.964	0.971
Sargan test	0.159	0.067	0.123	0.435	0.218

注：（1）***、**和*分别表示1%、5%和10%的显著性水平；（2）括号内表示z值；（3）Sargan test报告了工具变量过度识别检验的p值；（4）多重共线性检验报告了每个回归方程中变量的VIF联合取值范围；（5）一阶和二阶序列相关检验的p值分别由AR（1）和AR（2）报告；（6）联合显著性检验chi2值由Year Dummy F检验一栏报告。表3同。

表 3　政治基因对企业创新可持续性正向作用的实证结果

解释变量	模型(6)	模型(7)	模型(8)	模型(9)	模型(10)
$Innov_{t-1}$	−0.04***(−3.62)	−0.04***(−3.43)	−0.02**(−1.99)	0.08***(5.50)	0.08***(6.31)
$Innov_{t-2}$	0.08***(7.71)	0.08***(8.61)	0.09***(10.33)	0.20***(16.28)	0.21***(20.39)
$Innov_{t-3}$	−0.06***(−7.39)	−0.05***(−7.47)	−0.05***(−7.07)	−0.002(−0.21)	0.005(0.61)
$Size$	0.46***(8.80)	0.39***(9.23)	0.36***(9.21)	0.51***(6.17)	0.50***(6.81)
$Debt$	0.25***(7.59)	0.25***(8.33)	0.29***(12.43)	−0.17***(−4.95)	−0.18***(−6.21)
CF	0.04*(1.90)	0.06***(3.32)	0.09***(5.20)	0.002(0.13)	−0.01(−0.59)
$State\_ratio$		0.04**(2.10)	0.01(0.58)		
$State\_ratio * Mkt$			−0.05***(−3.09)		
$Goven$				0.23**(2.50)	0.20***(3.24)
$Goven * Mkt$					−0.28**(−2.45)
Year Dummy F 检验	135.23***	89.61***	88.48***	48.52***	47.89***
共线性检验 VIF 值	1.15−1.83	1.02−1.83	1.07−1.83	1.01−2.17	1.01−2.18
$AR(1)$ 检验	0.001	0.000 4	0.001	0.001	0.001
$AR(2)$ 检验	0.578	0.613	0.617	0.964	0.971
$Sargan\ test$	0.171	0.091	0.131	0.435	0.218

模型(3)报告了回归方程(3)的实证结果,市场化进程作为国有股权与创新可持续性的调节变量,检验了市场化进程的情境效应。$State\_ratio \times Mkt$ 回归系数显著为负,表明市场化进程削弱了国有股权对创新可持续性的正向作用,假设2a得以验证。

模型(4)报告了回归方程(2)的实证结果,检验了政治关联对创新可持续性的影响。实证结果显示,政治关联的回归系数为正,在5%的水平上显著。这表明政治关联正向影响了企业创新的可持续性,假设1b得以验证。

模型(5)报告了回归方程(4)的实证结果,作为政治关联与创新可持续性的调节变量,其情境效应得到检验。$Govern \times Mkt$ 回归系数显著为负,表明市场化进程令政治关联对创新可持续性的正向作用受到削弱,假设2b得以验证。

(三)稳健性检验

本文的被解释变量为创新可持续性,然而2003—2014年全部A股制造业企业的研究样本包含了众多新上市公司,因而在纵向时间序列上可能缺乏代表性。因而稳健性检验将只保留具有连续6年以上观测值的样本,并重新运行上文的实证模型。表3的检验结果显示,新样本下模型(6)-(10)的主要变量系数和显著性与上文基本一致,表明研究结论并没有受样本对象观测年份数据连续性的影响。

五、分析与讨论

经济新常态背景下,创新是企业转型升级并获得利润点的重要方法,但创新活动较高的调整成本要求企业要保持创新活动的持续进行,否则会给企业带来巨大损失。本文基于中国企业经历过多年计划经济体制的情境,研究政治基因对企业创新可持续性的内在作用机制,并以A股制造业上市公司为研究对象,进一步实证分析市场化进程的情境效应,得到以下主要结论:

第一,政治基因与企业创新可持续性具有正向关系。具体表现在:一是国有股权对创新可持续性具有正向影响。国有股权占比较大说明政府控制了很多重要的创新资源。从企业角度看,国有股权比例增大,会增强企业持续创新的动力,保证企业持续创新所需的投资;从管理者角度看,国有股权比例增大,会激励企业高管持续地进行创新投资,进而促进企业创新行为。二是政治关联对创新可持续性具有正向影响。一方面,具有政治关联的上市公司更易获得资源支持,从而有利于企业获取创新所需要的各种制度性资源;另一方面,具有政治关联的上市公司能更有效地保障企业创新的阶段性成果,更有效地提高企业持续性创新活动的积极性,使创新研发投入得到保障。

第二,市场化进程会弱化政治基因与创新可持续性之间的正向关系。市场化进程较快时,政府对经济资源分配的干预程度较低,此时企业利用政治基因获得各种资源的可能性降低,从而使得政治基因的增加不能有效促进创新的可持续性。当市场化进程越慢时,此时社会关系成为一种关键治理机制,政治基因能够发挥作用,进而能促进企业创新的可持续性。

本研究对中国企业管理和政府制定相关政策具有如下启示:

第一,应建立良好、健康的政企关系。中国正处于经济转型升级阶段,企业与政府间的联系与协作具有潜在的积极意义,政治关系对于企业获取资源从而进行创新活动具有重要的促进作用。因而企业与政府之间应建立和形成一种良性的、健康的关系。如习近平总书记所言,政商之间的关系应当"清"和"亲",即企业与政府既要保持一种亲密的联系,同时也要把握原则,有底线、有距离,是一种"亲密"而不失"分寸"的关系。

第二,目前,中国市场化水平相对较低,企业得以利用自身政治基因获得一定的资源,但市场化水平的进一步提高会弱化企业这种因"特殊身份"而获得的优势。因而长远来看,企业家要思考如何实现政治战略和市场战略有机结合,以全面提升企业的创新能力。

本研究的不足之处主要体现在:一是对政治关联的测量没有进一步区分政治关联的类型(是地方政治关联还是中央政治关联);二是本文的研究样本是 A 股制造业上市公司,依据的是公开的财务数据,因此存在遗漏变量中隐形因素的可能性。这些不足期待能在进一步的研究中加以完善。

参考文献

[1] HALL B H. The financing of research and development[J]. Oxford Review of Economic Policy,2002,18(1):35-51.

[2] 鞠晓生,卢荻,虞义华.融资约束、营运资本管理与企业创新可持续性[J].经济研究,2013(1):4-16.

[3] 刘从九,张敏.寻求技术创新的可持续性——以江苏索普为例[J].市场周刊,2003(10):40-42.

[4] 李健,李慧慧,潘镇.高管薪酬、政治关联与创新可持续性[J].南大商学评论,2015(3):88-106.

[5] 李健,杨蓓蓓,潘镇.中小企业股权集中度、产品市场竞争与企业创新可持续性[J].中国

科技论坛,2016(5):59-64.

[6] 程国平,宁磊.企业自主创新的可持续性研究[J].科技进步与对策,2007(10):86-88.

[7] BROWN J, PETERSEN B. Cash holdings and R&D smoothing[J]. Journal of Corporate Finance,2011, 17(3):694-709.

[8] 丘海雄,谢昕琰.企业技术创新的线性范式与网络范式:基于经济社会学视角[J].广东财经大学学报,2016(6):16-26.

[9] 李健,李婷婷,潘镇.组织冗余、产品市场竞争与创新可持续性[J].中国科技论坛,2016(1):88-92.

[10] 王砚羽,谢伟,乔元波,等.隐形的手:政治基因对企业并购控制倾向的影响——基于中国上市公司数据的实证分析[J].管理世界,2014(8):102-114.

[11] 戴魁早,刘友金.市场化进程对创新效率的影响及行业差异——基于中国高技术产业的实证检验[J].财经研究,2013(5):4-16.

[12] PENG M W. Institutional transitions and strategic choices[J]. Academy of Management Review, 2003,28(2):275-296.

[13] 刘磊,刘益,黄燕.国有股比例、经营者选择及冗员间关系的经验证据与国有企业的治理失效[J].管理世界,2004(6):97-105.

[14] 刘和旺,郑世林,王宇锋.所有制类型、技术创新与企业绩效[J].中国软科学,2015(3):28-40.

[15] ZAHEER A, BELLG G. Benefiting from network position: firm capabilities, structural holes, and performance[J]. Strategic Management Journal,2005,26(9):809-825.

[16] 林毅夫,李志赟.政策性负担、道德风险与预算软约束[J].经济研究,2004(2):17-27.

[17] 袁淳,荆新,廖冠民.国有公司的信贷优惠:信贷干预还是隐性担保?——基于信用贷款的实证检验[J].会计研究,2010(8):49-54.

[18] 廖冠民,沈红波.国有企业的政策性负担:动因、后果及治理[J].中国工业经济,2014(6):96-108.

[19] 李婧,贺小刚.股权集中度与创新绩效:国有企业与家族企业的比较研究[J].商业经济与管理,2012(10):40-51.

[20] 周黎安.中国地方官员的晋升锦标赛模式研究[J].经济研究,2007(7):36-50.

[21] 李政,陆寅宏.国有企业真的缺乏创新能力吗——基于上市公司所有权性质与创新绩效的实证分析与比较[J].经济理论与经济管理,2014(2):27-38.

[22] 潘健平,王铭榕,吴沛雯.企业家精神、知识产权保护与企业创新[J].财经问题研究,2015(12):104-110.

[23] 张洪刚,赵全厚.政治关联、政治关联成本与财政补贴关系的实证研究——来自深、沪证券市场的经验数据[J].当代财经,2014(4):108-118.

[24] 夏力,李舒好.政治关联视角下的政府补贴与民营企业技术创新[J].科技进步与对策,2013(3):108-111.

[25] 于蔚,汪淼军,金祥荣.政治关联和融资约束:信息效应与资源效应[J].经济研究,2012(9):125-139.

[26] 李维安,徐业坤.政治身份的避税效应[J].金融研究,2013(3):114-129.

[27] 叶林,曾国安.进入壁垒、策略性阻止与企业创新[J].经济评论,2013(5):61-67.

[28] 罗党论,刘晓龙.政治关系、进入壁垒与企业绩效——来自中国民营上市公司的经验证据[J].管理世界,2009(5):97-106.

[29] TEECE D J. Profiting from technological innovation: implications for integration, collaboration, licensing and public policy[J]. Research Policy,1986,15(6):285-305.

[30] 樊纲,王小鲁,张立文,等.中国各地区市场化相对进程报告[J].经济研究,2003(3):9-18.

[31] 张天舒,黄俊,崔鹜.股权性质、市场化进程与政府补助——基于ST公司的经验证据[J].投资研究,2014(1):35-45.

[32] 陈信元,黄俊.政府干预、多元化经营与公司业绩[J].管理世界,2007(1):92-97.

[33] 李健,陈传明,孙俊华.企业家政治关联、竞争战略选择与企业价值——基于上市公司动态面板数据的实证研究[J].南开管理评论,2012(6):147-157.

[34] 蔡地,黄建山,李春米,等.民营企业的政治关联与技术创新[J].经济评论,2014(2):65-76.

[35] 王保林,张铭慎.地区市场化、产学研合作与企业创新绩效[J].科学学研究,2015(5):748-757.

[36] BUCHANAN J M, TOLLISON R D, TULLOCK G. Toward a theory of the rent-seeking society[J]. Journal of Political Economy,1982,90(6):20.

[37] HART S L,G AHUJA.Does it pay to be green? an empirical examination of the relationship between emission reduction and firm performance[J].Business Strategy and the Environment,1996,5: 30-37.

[38] EBERLY J, REBELO S, VINCENT N. What explains the lagged-investment effect? [J]. Journal of Monetary Economics,2012,59(4):370-380.

[39] GALA V, GOMES J, BEYOND Q.Estimating investment without asset prices[R].Working Paper to be Presented at Frontiers of Finance,2012.

[40] 李健,陈传明.企业家政治关联、所有制与企业债务期限结构——基于转型经济制度背景的实证研究[J].金融研究,2013(3):157-169.

[41] 樊纲,王小鲁,朱恒鹏.中国市场化指数——各地区市场化相对进程2011年报告[M].北京:经济科学出版社,2011.

[42] 杨兴全,张丽平,吴昊旻.市场化进程、管理层权力与公司现金持有[J].南开管理评论,2014(2):34-45.
[43] 易靖韬,张修平,王化成.企业异质性、高管过度自信与企业创新绩效[J].南开管理评论,2015(6):101-112.
[44] 周开国,徐亿卉.中国上市公司的资本结构是否稳定[J].世界经济,2012(5):106-120.

企业家战略执行能力的提升：
大五人格与环境复杂性的作用[①]

一、引言

企业家能力是企业获取与保持竞争优势的关键因素之一，而战略执行能力又是企业家能力的重要构成要素[1]，故企业家战略执行能力的提升机制受到理论界和实践界的关注。企业家战略执行能力是指企业家通过建立战略共识、推动战略协同和实施战略控制等活动，把组织战略规划的结果转化为优越的组织绩效所需要的能力[2]。企业战略执行能力的提升机制可从职业选择理论和个体—情境互动理论两个方面进行分析。

根据职业选择理论[3]，人们在择业时重视自身的人格特质与职业的职责要求相匹配，这是职业成功的重要前提条件之一。而企业家的主要职责之一是领导企业战略的有效实施[1]，只有具备与这种职责要求相匹配的人格特质的个体，才会选择成为企业家并有望取得职业成功。有针对企业家战略执行能力的研究指出，在与企业家职能相匹配的人格特质中，自信、成就动机、创新精神等人格特质对于企业家战略管理行为（如探索新的商业模式等）及其相应能力（如战略决策能力等）的形成有着各自独特的作用[4]，由此可以推断，特定的人格特质可能是预测企业家战略执行能力形成的重要前因变量。而在人格心理学中，大五人格模型是目前公认的最有影响力的人格结构理论，该模型的五个人格特质维度即外向性、经验开放性、尽责性、神经质与宜人性，它们分别反映了个体的情绪稳定性、社交性与雄心壮志、想象力与兴趣广泛度、受他人喜爱度、可依靠性等方面的特质倾向，

[①] 原载于《广东财经大学学报》2015年第3期第41-52页。
    作者：黄亮，广东财经大学工商管理学院副教授，博士；黄文锋，中山大学国际商学院讲师，博士；徐辉，广东财经大学工商管理学院教授，博士。

对个体的领导行为、工作绩效、创业绩效等均具有重要影响,且不同的人格维度有不同的影响机制[5]。但截至目前,有关企业家的大五人格对战略执行能力的影响仍缺乏深入探讨,而这正是本文感兴趣的问题。

根据个体—情境互动理论,个体的行为能力是人格特质与活动情境共同作用的结果,个体的人格特质对行为能力的作用关系因会受到活动情境的促进或抑制作用而有不同的表现[6]。由此可以推断,人格特质对企业家能力的影响与其所处的活动情境特征(如企业环境特征)可能存在密切的联系[7]。有调查指出,经济转型初期,我国企业面对的是市场需求单一、产品供不应求的卖方市场,它们实施低成本战略、提供同质化产品即可实现企业成长,在这种环境下,企业家战略管理能力培育所重视修炼的人格特质有务实进取、勤奋节俭、敏锐果断、沉着冷静等。而随着市场化改革的深入,企业面对的外部环境发生了明显变化,具体表现为市场竞争者数量较多、消费需求多样性较高、产品或品牌的异质性较强等,此时,创新与冒险精神、竞争观念、毅力与魄力、责任感、包容性、追求卓越、富有远见等人格特质对于企业家战略管理能力变得至关重要[8]①。因此,有必要将企业外部环境特征(如环境复杂性等)的调节作用纳入企业家的人格特质与战略执行能力关系的研究范围。环境复杂性是刻画企业外部环境特征的一个重要概念,它是指企业外部环境组成要素(如竞争者、供应商和企业的其他利益相关者等)的数量和异质性程度[11]。由于企业外部环境组成要素的数量和异质性程度决定着企业家实施企业战略所必须拥有的信息和资源,这些信息和资源是影响其人格特质向战略执行能力转化的关键因素,故企业环境复杂性对于企业家的人格特质与战略执行能力关系可能存在调节影响,而且不同维度的人格特质与战略执行能力的关系受到环境复杂性的调节影响也可能有所不同,但现有理论对其中的作用机理还不明确,本研究也将对此进行探讨。

总之,本研究将基于职业选择理论和个体—情境互动理论相结合的视角,以

---

① 如20世纪90年代初中期,在我国摩托车市场竞争较为激烈、需求日益多样化的环境中,浙江吉利董事长李书福凭借其坚韧顽强、热爱探索、喜欢挑战、特立独行等人格特质,采取学习模仿与自主创新相结合的战略,带领吉利研制出国内第一款豪华型踏板摩托车,强势进入由外资品牌主导的高档摩托车市场,并很快将进口踏板摩托车挤出国内市场[9]。又如20世纪90年代中后期,在国内服装行业品牌稀缺、消费者细分程度不足的市场环境中,具有雄心壮志、细心沉稳、敢于创新、善于合作等特质倾向的福建柒牌董事长洪肇设,坚持技术创新、质量为重、创造品牌、内联外引等发展战略,率领柒牌主攻中式男装市场,从而在国内同行中较早形成了自身特色和完成了品牌化,并获得中国第一男装品牌的美誉[10]。这两个案例说明,不同的企业外部环境(如复杂性不同的环境等)会促使企业家有针对性地修炼与环境相适应的人格特质,从而推动他们战略管理能力的提升。

广东省中小民营企业为例,就企业家大五人格与企业环境复杂性对企业家战略执行能力的影响进行理论分析和实证研究,以期能为提升企业家的战略执行能力提供借鉴和参考。

二、理论假设

人格特质的维度结构一直是人格心理学的重要研究范畴之一,它是揭示人格特质的基本特征及其对个体能力、行为、态度和绩效等影响机制的重要基础。自20世纪60年代以来,西方学者提出并发展了大五人格模型,下文将根据研究目的分别提出大五人格与企业家战略执行能力之间关系的理论假设。

(一)大五人格对企业家战略执行能力的影响

1.神经质对企业家战略执行能力的影响

神经质是指个体经历消极情绪状态的倾向,神经质高的个体容易表现出焦虑、烦恼和抑郁等负面情绪,神经质低的个体则冷静、从容和乐观[12]。在实施战略的过程中,企业的利益相关者对企业家抱有不同的角色期望和利益诉求,而且所有权和控制权的高度集中意味着这些企业家需要承担企业发展的直接责任,故他们往往承受着多方面的工作压力[13]。面对这些期望和压力,神经质低的企业家懂得自我调节情绪,表现镇定自若,能够找到有效的减压途径,具有良好的情绪适应力,这对于他们在战略实施中始终保持良好的心态,由此能够维持其战略实施行动的高效率,从而有助于推动其战略执行能力的改善。由此提出以下假设:

H1:企业家的神经质与战略执行能力负相关。

2.外向性对企业家战略执行能力的影响

外向性反映的是个体喜欢人际互动的倾向、对刺激的需要以及获得愉悦的能力。外向性低的个体不喜欢与外界接触和寻求刺激,外向性高的个体乐群、强势、自信和有活力[14]。在实施企业战略时,企业家需要对实施前景做出预期,并需要与企业的利益相关者进行持续的互动。外向性高的企业家对战略实施的前景满怀信心并且表现得充满活力,他们能积极主动地与企业利益相关者进行问题解决式的沟通、协商和联合行动[15],从而可有效获取利益相关者对企业战略实施投入的高承诺度,这将有助于改善其战略实施行动的效率,进而促进其战略执行能力的形成。由此提出以下假设:

H2:企业家的外向性与战略执行能力正相关。

3.经验开放性对企业家战略执行能力的影响

经验开放性反映了个体对经验的积极寻求和审美欣赏,以及他们喜欢探索新知和接受陌生经验的倾向。经验开放性高的个体表现为富有想象力、求知欲强烈和喜欢打破常规,而经验开放性低的个体表现为传统、保守和缺乏求知欲[16]。在实施企业战略时,提炼和界定战略问题、评估和配置组织资源以及构筑和实施行动方案对于企业家的想象力和创造力都有较高的要求。经验开放性高的企业家具有接受新事物的好奇心,他们时刻关注和积极获取市场动态、技术变革的信息,常常运用丰富的想象力和创造性思维探索和培育新的商业机会、商业模式和竞争战略,并且愿意投入更多的精力于新知识的获取和新技能的培养[17],这将有助于推动其战略执行能力的提升。由此提出以下假设:

H3:企业家的经验开放性与战略执行能力正相关。

4.宜人性对企业家战略执行能力的影响

宜人性考察的是个体的人际导向性,宜人性高的个体信任、顺从和迎合他人,宜人性低的个体多疑、自私和独行独断[12]。在实施战略时,企业家经常要与企业的利益相关者进行信息沟通和资源协调,宜人性高的企业家由于重视合作的价值和愿意为合作做出妥协或让步,因而更易与企业的利益相关者建立合作互惠的关系并获得他们的支持[18],这将有助于促进其战略执行能力的改善。然而也有研究认为,企业家在实施战略时,对企业利益相关者的妥协或让步可能会损害企业利益。此时,宜人性低的企业家在与企业利益相关者的讨价还价中保持自利性和不退让妥协,因而更有动机改善战略执行能力以降低对外部环境的资源依赖度[19]。总之,宜人性对战略执行能力存在两种方向相反的影响,故它们之间将不存在显著的相关关系。由此提出以下假设:

H4:企业家的宜人性与战略执行能力没有显著的相关关系。

5.尽责性对企业家战略执行能力的影响

尽责性评估的是个体在目标导向行为上的组织性、持久性和动机,尽责性低的个体做事不负责任、没有计划性、缺乏抱负,尽责性高的个体做事责任感强、深思熟虑、追求卓越[16]。由于企业家是企业战略实施的主要风险承担者,他们的尽责性影响着企业战略实施的效果[14]。研究表明,潜在的合作伙伴、创投资本家等企业的利益相关者更愿意选择尽责性高的企业家,因为这些企业家已拥有详细的战略计划和实施方案,并显示出对履行承诺的决心、坚持、动机和行动[20]。实施战略时,尽责性高的企业家更有远见,他们具有冒险精神、行动计划性强、面对困难能够主动承担责任并且总是努力提升自己解决问题的能力[13],从而有助于促进其战略执行能力的改善。由此提出以下假设:

H5:企业家的尽责性与战略执行能力正相关。

(二)企业环境复杂性对大五人格与企业家战略执行能力间关系的调节作用

企业环境复杂性反映的是企业外部环境组成要素的数量和异质性程度[11],组成要素的数量越多且异质性程度越高,企业外部环境的复杂性程度就越高,反之则反是。在复杂性低的环境中,企业家实施企业战略面临的环境不确定性、搜寻环境信息的压力和处理这些信息的难度将相对较小,对他们搜寻和处理信息以及获取和配置资源的能力要求也相对较低;随着环境复杂性的提高,企业家实施企业战略所面临的环境不确定性、环境信息的搜寻和处理难度将增加,他们必须提高相应的能力以适应环境的变化[21]。研究表明,企业环境复杂性是影响企业家战略管理行为[22]和企业家能力形成过程[1,23]的关键因素之一,它对企业家在实施企业战略时激活自身的人格特质向行为能力的转化具有不容忽视的影响[13,23]。

1.企业环境复杂性对神经质与企业家战略执行能力间关系的调节作用

在复杂性高的企业环境,企业家由于获取和处理更多环境信息的压力增大,从而加剧了其情绪的不稳定性,但这也会促使他们增加对获取和处理更多环境信息的努力投入,以改善其对环境的适应能力[24],而且后者的积极作用将随着环境复杂性的提高而显著增强,从而最终会抵消前者的负面影响,故神经质与战略执行能力将没有显著的相关关系。相反,在复杂性低的企业环境,企业家获取和处理额外环境信息的压力减少,他们增加努力投入以改善其环境适应力的动机较弱,神经质的提高只会加剧其情绪不稳定性,故神经质与战略执行能力有较强的负相关关系。由此提出如下假设:

H6:企业环境复杂性对神经质与企业家战略执行能力的关系起负向调节作用。即当环境复杂性高时,神经质与战略执行能力没有显著的相关关系;当环境复杂性低时,神经质与战略执行能力有较强的负相关关系。

2.企业环境复杂性对外向性与企业家战略执行能力间关系的调节作用

复杂性高的企业环境存在较大的不确定性,这将促使企业家产生通过加强和改善与外部环境的互动以提高其信息搜寻和处理质量的需求。与外向性低的企业家相比,外向性高的企业家更善于通过与企业利益相关者的高质量互动来提高其信息获取和处理的效率[25],这将有助于加速其战略执行能力的提升进程,因而外向性与战略执行能力将有较强的正相关关系。而在复杂性低的企业环境,企业家面临的环境不确定性较低,他们对提高信息搜寻和处理质量的需求较低,从而由外向性提高所产生的企业家与外部环境的互动质量改善对其战略执行能力的

积极作用将较为微弱,故外向性与战略执行能力将没有显著的相关关系。由此提出如下假设:

H7:企业环境复杂性对外向性与企业家战略执行能力的关系起正向调节作用。即当环境复杂性高时,外向性与战略执行能力有较强的正相关关系;当环境复杂性低时,外向性与战略执行能力没有显著的正相关关系。

3.企业环境复杂性对经验开放性与企业家战略执行能力间关系的调节作用

面对复杂性高的企业环境时,企业家需要主动寻求创造性的战略实施方案以驾驭环境不确定性的影响,相对而言,经验开放性高的企业家更善于打破常规,他们积极寻求解决问题的新方案,并往往在行为表现上显示出创造性[13],这将有助于推动其战略执行能力的改善,即经验开放性与战略执行能力将有较强的正相关关系。而面对复杂性低的企业环境时,企业家往往只需采取常规的方式和程序就能解决战略实施的关键问题,他们寻求创造性地解决问题的需要将减少,从而经验开放性的提高对战略执行能力的改善作用将不再明显,故经验开放性与战略执行能力将没有显著的相关关系。由此提出如下假设:

H8:企业环境复杂性对经验开放性与企业家战略执行能力的关系起正向调节作用。即当环境复杂性高时,经验开放性与战略执行能力有较强的正相关关系;当环境复杂性低时,经验开放性与战略执行能力没有显著的相关关系。

4.企业环境复杂性对宜人性与企业家战略执行能力间关系的调节作用

在复杂性高的企业环境,战略实施的关键资源变得稀缺,企业家往往需要通过与外界竞争以实现对这些资源的获取和保有[15]。与宜人性高的企业家相比,宜人性低的企业家由于自利和竞争意识强而更有可能在这些资源的获取和保有方面占据主动,这将有助于缓解其战略实施行动的资源稀缺障碍,从而促进其战略执行能力的改善,故宜人性对战略执行能力将有较强的负向影响。相反,在复杂性低的企业环境,战略实施的关键资源相对充裕,获取企业利益相关者对战略实施的行动支持对于企业家来说更为重要。与宜人性低的企业家相比,宜人性高的企业家在与企业利益相关者形成合作互惠关系方面更有优势,这将更有效地促进其战略实施行动的效率改善,从而推动其战略执行能力的提升,故宜人性与战略执行能力有较强的正相关关系。由此提出如下假设:

H9:企业环境复杂性对宜人性与企业家战略执行能力的关系起负向调节作用。即当环境复杂性高时,宜人性与战略执行能力有较强的负相关关系;当环境复杂性低时,宜人性与战略执行能力有较强的正相关关系。

5.企业环境复杂性对尽责性与企业家战略执行能力间关系的调节作用

在复杂性高的企业环境,企业家面临的环境风险较高,这对其责任意识提出了更高的要求。与尽责性低的企业家相比,尽责性高的企业家在战略实施时追求卓越、计划部署周详,面对困难和障碍能够尽心尽责并持之以恒,从而将积极提升战略执行能力以适应环境的要求,即尽责性与战略执行能力有较强的正相关关系。相反,在复杂性低的企业环境,企业家实施战略时面临的环境风险较低,这对其责任意识的要求也将降低,尽责性的提高对于他们驾驭战略实施风险的积极作用将不再明显,故尽责性与战略执行能力没有显著的相关关系。由此提出如下假设:

H10:企业环境复杂性对尽责性与企业家战略执行能力的关系起正向调节作用。即当环境复杂性高时,尽责性与战略执行能力有较强的正相关关系;当环境复杂性低时,尽责性与战略执行能力没有显著的相关关系。

三、样本及测量量表说明

由于企业家的战略执行职能在中小民营企业更为凸显,下面以广东省中小民营企业为例,实证研究企业家大五人格和企业环境复杂性对企业家战略执行能力的影响。本研究分析的企业家是指拥有企业所有权且掌握企业最终经营决策权的企业主,抽样研究的中小民营企业符合我国《中小企业划型标准规定》的界定标准,样本企业涉及农业、家电及信息等多个行业。通过广东省内某高校的总裁培训班、EMBA班以及企业家商会等渠道,本研究向广东省中小民营企业家发放调查问卷250份,收回有效问卷202份,样本有效率为80.8%。其中,男、女企业家分别为131、71人,年龄在20-29岁、30-39岁、40-49岁、50-59岁的企业家分别为12、118、65和7人;受教育程度在初中及以下、高中、大专、本科、研究生的企业家分别为20、54、58、64、6人;参加过管理培训与没有参加过管理培训的企业家分别为114、88人;参加过技术培训与没有参加过技术培训的企业家分别为79、123人。

本研究采用的量表均源于成熟问卷①,量表计分除有特别说明外均采取利克特式7点评价刻度,1表示完全不符合,7表示完全符合。其中,企业环境复杂性测项来自Kabadayi等(2007)[26]的6条目量表,举例条目为"您企业所在的市场的产品或品牌数量很多"。该问卷的克朗巴哈α信度系数为0.77,组合信度系数为0.80。

企业家战略执行能力的测项来自黄亮和张建琦(2009)[2],该量表包括3个维度共计13个条目,分别为建立战略共识能力(5个条目)、推动战略协同能力(4个条目)和实施战略控制能力(4个条目)。建立战略共识能力的举例条目为"您善

---

① 问卷限于篇幅未予列出,备索。

于使高管理解和认同企业的发展理念",推动战略协同能力的举例条目为"您善于调整组织结构与部门设置",实施战略控制能力的举例条目为"您善于在企业内培育执行文化"。该问卷的克朗巴哈 α 信度系数为 0.86,组合信度系数为 0.83。

企业家大五人格的测项来自 McCrae 和 Costa(1987)[5]的简化版问卷①。该量表包括神经质、外向性、经验开放性、宜人性和尽责性 5 个维度,每个维度 6 个条目,总计 30 个条目,每个条目均由两个词义相反的词组成,其举例条目分别为"轻松"与"紧张""冷漠"与"温情""简单"与"复杂""严肃"与"开朗""迟到"与"准时",其计分采取语义差异式 7 点评价刻度。上述大五人格特质的克朗巴哈 α 信度系数分别为 0.72、0.72、0.64、0.78 和 0.65,组合信度系数分别为 0.72、0.72、0.67、0.81 和 0.67。总之,本研究主要构念的信度系数均高于 0.6,符合信度检验的基本要求。

四、实证分析

下面先进行构念的建构效度检验,再运用相关分析和层次多元回归分析检验理论假设。层次多元回归分析模型的控制变量为受教育程度、管理培训、技术培训和性别,自变量为大五人格,调节变量为环境复杂性,因变量为战略执行能力。在层次多元回归分析之前,对上述控制变量、自变量和调节变量进行了中心化处理。

(一)建构效度检验

由于样本量相对于测量指标而言并不充裕,为避免潜变量的观察指标过多导致测量模型估计不稳的问题,本研究对大五人格特质和环境复杂性等潜变量的观察指标进行打包处理,使得这些潜变量最终均可分别用 3 个平均负荷量相约的测量指标表示。对战略执行能力则运用其 3 个因子作为潜变量的测量指标,以观察指标的平均值作为各因子的得分。然后,对上述 7 个经过测量指标缩减的潜变量进行检验建构效度的验证性因子分析。

---

① 该问卷参见:黄炽森.组织行为和人力资源研究方法入门[M].北京:中国财政经济出版社,2006:40-41.

表1 主要研究变量的描述性统计分析及相关分析结果

变量	均值	标准差	1	2	3	4	5	6	7	8	9	10	11
战略执行能力	4.889	0.878	1										
受教育程度	2.911	1.047	0.197***	1									
管理培训	0.564	0.497	0.137*	0.269***	1								
技术培训	0.391	0.490	0.059	0.214***	0.274***	1							
性别	0.649	0.479	0.014	−0.023	−0.145**	0.080	1						
神经质	3.314	1.142	−0.194**	−0.035	0.007	0.024	−0.024	1					
外向性	5.093	0.976	0.206***	−0.125*	−0.030	0.090	−0.027	−0.063	1				
经验开放性	4.405	0.999	0.149***	0.115	0.073	0.059	−0.016	0.278***	0.147**	1			
宜人性	5.487	0.947	0.218***	−0.064	−0.056	0.054	0.056	−0.343***	0.385***	−0.149**	1		
尽责性	5.674	0.733	0.284***	0.060	0.034	0.020	0.156**	−0.251***	0.252***	0.038	0.429***	1	
环境复杂性	4.821	1.172	0.153**	−0.224***	−0.055	−0.009	0.084	−0.017	0.057	−0.022	0.067	−0.002	1

注：* 表示 $p<0.10$，** 表示 $p<0.05$，*** 表示 $p<0.01$（双尾）。

表2的验证性因子分析结果显示,各指标项的标准化载荷系数均在0.01的水平上显著,战略执行能力的测量指标标准化载荷系数分别为0.774、0.761、0.833,环境复杂性的测量指标标准化载荷系数分别为0.709、0.877、0.687,神经质的测量指标标准化载荷系数分别为0.658、0.621和0.755,外向性的测量指标标准化载荷系数分别为0.622、0.650和0.754,经验开放性的测量指标标准化载荷系数分别为0.748、0.623和0.531,宜人性的测量指标标准化载荷系数分别为0.681、0.780和0.819,尽责性的测量指标标准化载荷系数分别为0.514、0.728和0.655。有11个标准化载荷系数值高于0.707,符合该值的严格标准[27],其余的10个标准化载荷系数值稍低但均高于0.5,符合该值的最低要求[28]。战略执行能力、环境复杂性、神经质、外向性、经验开放性、宜人性和尽责性的AVE值分别为0.624、0.581、0.463、0.459、0.410、0.581和0.408。其中的3个AVE值高于0.5,达到该值的严格标准[27],其余的4个AVE值略低但均高于0.4,达到该值的最低要求[29]。因此,这些结果说明上述7个潜变量具有可以接受的收敛效度。由于7个潜变量的AVE值介于0.408-0.624之间,最小为0.408;由表1可知,7个潜变量间的相关系数介于-0.343-0.429之间,最大为0.429,故这些潜变量间相关系数的最大平方值为0.184(=0.429×0.429),它小于最小的AVE值0.408,即所有潜变量的AVE值均大于潜变量间相关系数的平方值[28]。表2显示,7因子模型在统计学意义上明显优于其他备选模型(例如它与任何一个备选模型比较的$\Delta\chi^2$均在0.001的水平上显著),而且该模型的主要拟合指数RMSEA、NNFI、CFI、GFI和χ^2/df分别为0.058、0.89、0.92、0.90和1.676,基本符合公认可以接受的水平。因此,这些结果表明上述7个潜变量具有可以接受的区别效度,亦即本研究主要构念的测量具有可接受的建构效度。

(二)假设检验

根据表1,战略执行能力与大五人格特质及环境复杂性在0.05或更低的显著性水平上均存在显著的相关性。而层次多元线性回归分析的结果(表3)显示,在模型2中,战略执行能力对神经质、外向性、经验开放性、宜人性和尽责性的回归系数估计值(及其对应的p值)分别为-0.116($p<0.05$)、0.111($p<0.10$)、0.136($p<0.05$)、0.075($p>0.10$)和0.193($p<0.05$),这说明神经质对战略执行能力有显著的负向影响,外向性、经验开放性和尽责性均对战略执行能力有显著的正向影响,宜人性对战略执行能力没有显著的影响。在模型3中,战略执行能力对神经质、外向性、经验开放性、宜人性、尽责性与环境复杂性交互项的回归系数估计值(及其对应的p值)分别为0.113(p<0.05)、0.049(p>0.10)、-0.038(p>0.10)、

表 2 验证性因子分析结果的主要拟合指标一览表

拟合指数	χ^2	df	χ^2/df	CFI	RMSEA	NNFI	GFI	$\Delta\chi^2$
假设的 7 因子模型 (ZX,FZ,SJ,WX,KF,YR,JZ)	258.124	154	1.676	0.92	0.058	0.89	0.90	
备选的 6 因子模型 1 (YR+JZ,ZX,FZ,SJ,WX,KF)	312.818	160	1.955	0.88	0.069	0.85	0.87	54.694***
备选的 6 因子模型 2 (SJ+YR,ZX,FZ,WX,KF,JZ)	329.496	160	2.059	0.87	0.073	0.83	0.87	71.372***
备选的 6 因子模型 3 (WX+YR,ZX,FZ,SJ,KF,JZ)	331.385	160	2.071	0.87	0.073	0.83	0.86	73.261***
备选的 6 因子模型 4 (ZX+JZ,FZ,SJ,WX,KF,YR)	359.449	160	2.247	0.85	0.079	0.80	0.85	101.325***
备选的 3 因子模型 (ZX,FZ,SJ+WX+KF+YR+JZ)	513.803	172	2.987	0.74	0.099	0.68	0.79	255.679***
备选的 1 因子模型 (ZX+FZ+SJ+WX+KF+YR+JZ)	929.872	175	5.314	0.43	0.146	0.31	0.68	671.748***

注：ZX 表示战略执行能力，FZ 表示环境复杂性，SJ 表示神经质，WX 表示外向性，KF 表示经验开放性，YR 表示宜人性，JZ 表示尽责性。$\Delta\chi^2$ 均是与假设的 7 因子模型比较的结果，*** 表示 $p<0.001$。+表示两个小因子合并为一个因子。

−0.167(p<0.05)和0.151(p<0.10),结合模型2的检验结果,可说明环境复杂性对神经质与战略执行能力的关系、宜人性与战略执行能力的关系以及尽责性与战略执行能力的关系分别起显著的负向、负向和正向调节作用,但环境复杂性对经验开放性与战略执行能力的关系及外向性与战略执行能力的关系均没有起显著的调节影响。另外,模型2和模型3中各变量的多重共线性统计量VIF值分别介于1.065-1.542之间和1.102-1.679之间,说明两个回归模型均不存在严重的多重共线性问题。

表3　层次多元回归分析模型的分析结果

		因变量:企业家战略执行能力		
		模型1 系数估计值	模型2 系数估计值	模型3 系数估计值
第一步（控制变量）	常数	4.889***	4.889***	4.900***
	受教育程度	0.145**	0.176***	0.165***
	管理培训	0.173	0.162	0.135
	技术培训	−0.013	−0.059	−0.031
	性别	0.060	−0.016	−0.036
第二步（主效应）	神经质		−0.116**	−0.097*
	外向性		0.111*	0.121*
	经验开放性		0.136**	0.121*
	宜人性		0.075	0.062
	尽责性		0.193**	0.197**
	环境复杂性		0.146***	0.141***
第三步（调节效应）	神经质×环境复杂性			0.113**
	外向性×环境复杂性			0.049
	经验开放性×环境复杂性			−0.038
	宜人性×环境复杂性			−0.167**
	尽责性×环境复杂性			0.151*
	Adjusted R^2	0.028	0.182	0.220
	$\triangle R^2$	0.047	0.175	0.056
	Sig.$\triangle R^2$	0.047	0.000	0.016
	F value	2.454**	5.466***	4.786***

注:*表示$p<0.1$,**表示$p<0.05$,***表示$p<0.01$(双尾)。

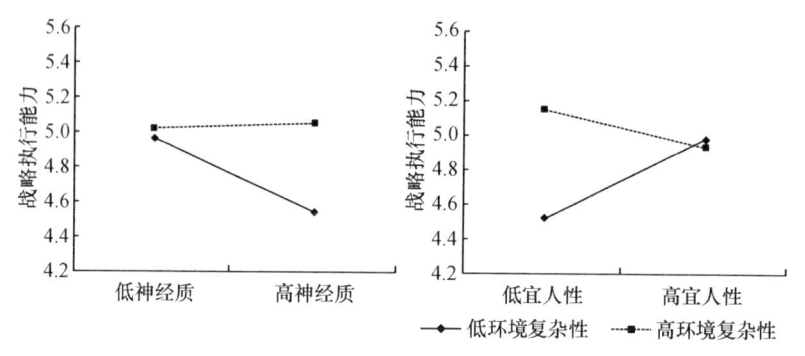

图1　环境复杂性对神经质与战略执行能力关系的调节影响

图2　环境复杂性对宜人性与战略执行能力关系的调节影响

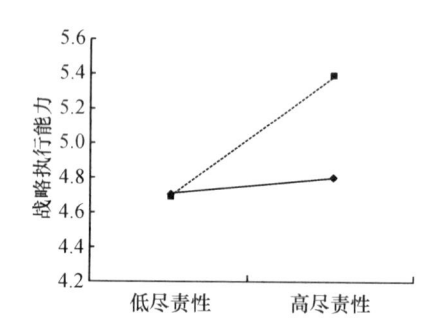

图3　环境复杂性对尽责性与战略执行能力关系的调节影响

为直观反映环境复杂性的调节效应,下面以图1-图3表示环境复杂性高(均值加上一个标准差)和低(均值减去一个标准差)时三种人格特质对战略执行能力的影响。图1显示,当环境复杂性高时,神经质与战略执行能力的相关关系不显著;当环境复杂性低时,神经质与战略执行能力显著负相关。图2显示,当环境复杂性高时,宜人性与战略执行能力显著负相关;当环境复杂性低时,宜人性与战略执行能力显著正相关。图3显示,当环境复杂性高时,尽责性与战略执行能力显著正相关;当环境复杂性低时,尽责性与战略执行能力的相关关系不显著。总之,本研究的多数假设(即假设1、2、3、4、5、6、9和10)得到了数据支持,只有少数假设(即假设7和8)没有得到数据支持。

五、结论与启示

本研究基于职业选择理论和个体—情境互动理论相结合的视角建构了大五人格、环境复杂性与企业家战略执行能力之间关系的理论模型,并通过抽样调查广东省中小民营企业家检验了该模型,由此得到以下研究结论。

首先,低神经质、高外向性、高经验开放性和高尽责性是中小民营企业家培育战略执行能力所必须具备的人格特质,而宜人性对该能力的培育则没有显著影响。这一结论在相当程度上支持了职业选择理论[3]的观点,说明中小民营企业家需要具备低神经质、高外向性、高经验开放性和高尽责性,才能满足其有效实施企业战略的职业发展要求。这也与现有研究发现中小民营企业家需要具有高成就动机、高自信心和强创新精神才能有效履行企业战略管理职能的结论相类似[4],因为尽责性、外向性和经验开放性分别与成就动机、自信心和创新精神在内容上存在一定的重叠性,战略实施是战略管理的重要组成部分之一。此外,这一结论也显示了中小民营企业家战略执行能力形成的特殊性,即宜人性与他们的战略执行能力无关。这与现有研究发现宜人性有助于促进企业家人力资本形成的结论[30]不同,因为宜人性对于战略执行能力的形成有着双刃剑的作用,即它既有助于企业家在培育战略执行能力时能获得企业利益相关者的协作支持,也会导致企业家因对企业利益相关者的妥协与让步而难以获取和保有培育战略执行能力所必需的资源,这两种作用相反的效应相抵消,导致了宜人性与战略执行能力不相关。总之,上述结论有助于推进人格特质与企业家能力关系的理论发展,也为推进职业选择理论应用于企业家情境的研究提供了理论依据。

其次,企业环境复杂性是促进中小民营企业家人格特质向战略执行能力转化的重要情境调节变量,它不仅分别负向调节了企业家的神经质与战略执行能力关系以及宜人性与战略执行能力的关系,而且也正向调节了尽责性与战略执行能力的关系。这一方面证实了个体—情境互动理论关于个体的人格特质与行为能力关系因可受活动情境的促进或抑制作用而会有不同表现的预测[6],也支持了Rauch 和 Frese(2007)[7]强调研究人格特质对企业家能力的影响需要重视环境因素调节作用的理论观点。另一方面,这个结果也反映了企业环境复杂性对中小民营企业家战略执行能力形成过程的特殊影响机制。高复杂性的企业环境对中小民营企业家的不同人格特质向战略执行能力的转化存在以下三方面的显著影响:第一,这种环境强化了企业家尽责性对战略执行能力的促进作用。高尽责性对于企业家在复杂性高的环境下实施战略尤为重要,它会促进企业家追求战略的卓越实施,会部署周详的行动方案,不畏困难并坚持不懈,从而有助于培育出驾驭高复杂性环境的强战略执行能力。第二,这种环境弱化了企业家神经质对战略执行能力的消极作用。在复杂性高的环境中,虽然高神经质容易加剧企业家的情绪不稳定性,但它也会激发他们为适应环境而增加对获取和处理环境信息的努力投入[24],这两种效应的相互抵消使得神经质与战略执行能力的相关关系不再显著。第三,这种环境抑制了企业家宜人性对战略执行能力的积极效应。由于宜人性对战略执行能力有两种相反的影响作用,而高宜人性在复杂性高的环境因不利于企业家获取和保有与战略实施相关的关键资源,结果降低了企业家战略实施行动的效率,进而不利于其战略执行能力的改善。相反,在低复杂性的企业环境中,第一,企业家高宜人性的积极作用得以显现,因它有利于企业家与企业利益相关者形成合作互惠关系从而得到有效的外部支持,这可以推动其战略行动的效率提升,进而可推进战略执行能力的改善;第二,拥有低神经质的企业家在实施战略时能够自我调节情绪,冷静理性地处理问题,因而具有更强的环境适应力;第三,尽责性对促进企业家战略执行能力的提升作用不再明显,这是因为低复杂性环境对企业家的责任意识要求不高,从而高尽责性对改善其战略执行效率进而提升其战略执行能力的效果变得不显著。总之,在战略执行能力的培育过程中,中小民营企业家应因势利导地发挥人格特质的积极作用,并抑制人格特质的消极作用。上述这些结论既可以深化人格特质影响企业家能力的权变理论的研究,也为推动个体—情境互动理论应用于企业家能力形成方面的机制探讨提供了理论启示。

最后,中小民营企业家的外向性和经验开放性向战略执行能力的转化过程都没有显著地受到企业环境复杂性的调节影响。这与本研究的理论假设不一致,但它与现有研究显示外向性和经验开放性对个体职业能力发展的作用效能具有较高的跨情景一致性相吻合[31]。因为中小民营企业家在面对复杂性各异的企业外部环境时,第一,外向性使企业家始终保持对战略实现前景的乐观和信心,会促使他们在战略实施过程中积极主动与企业利益相关者保持密切联系和善于联合行动,这有助于改善他们实施战略的行动效率[25],因而外向性对战略执行能力的积极作用不会因环境复杂性的变化而发生明显改变;第二,经验开放性使得企业家富有想象力和创造性,并拥有强烈的求知欲和技能发展倾向,这有助于他们在实施战略时能够改善信息收集和处理的效率[13-14],从而促进其战略执行能力的提升,这种积极作用不会因其面临的环境复杂性不同而有显著差异。总之,该结论揭示了外向性和经验开放性对中小民营企业家战略执行能力的积极作用具有跨情境的稳定性,有助于厘清这两种特质影响企业家能力发展的动力机制。

基于上述研究结论,本研究对提升中小民营企业家战略执行能力具有如下启示:第一,企业家应该强化特定人格特质的修炼以促进其战略执行能力的改善。如有针对性地培育外向性、经验开放性和尽责性并且抑制神经质,可通过参加与人格特质培育相关的培训辅导、积极借鉴其他企业家的成功经验、在实践中努力践行与这些人格特质相一致的行为表现等路径来实现。同时,人格特质的改变是个渐进累积的过程,而且一旦形成就可发挥持续稳定的作用,中小民营企业家要从思想和行动上坚持不懈,才有望取得成效。第二,企业家应该掌握企业复杂性对其人格特质与战略执行能力关系的作用规律并加以合理运用,以促进其战略执行能力提升导向的人格特质修炼与企业环境复杂性的实际状况相匹配。具体而言,面对高复杂性的企业环境时,企业家应该重视培育尽责性并抑制宜人性;而在低复杂性的企业环境中,企业家应该强化宜人性并抑制神经质,这样才能推动他们适应企业环境复杂性变化的战略执行能力的发展。

尽管取得了上述研究成果,但本研究至少还存在以下三方面的局限性:一是采取横截面的研究设计带来的局限性。由于数据收集在同一时点难以严格推断变量间的因果关系,未来应采取纵向研究设计,以更有效地进行因果关系检验。二是抽样调查仅针对广东省中小民营企业家展开,其研究结论是否可以推广到我国其他地区,还需未来研究提供更多的经验证据。三是只探讨了企业环境复杂性的调节影响机理,对于其他情境因素(如组织结构、战略类型等)的调节作用以及不同人格特质的交互影响尚未涉及。上述这些局限性都是未来研究值得努力的方向。

参考文献

[1] MAN T W Y, LAU T, CHAN K F. Home-grown and abroad-bred entrepreneurs in China: a study of the influences of external context on entrepreneurial competencies[J]. Journal of Enterprising Culture, 2008, 16(2): 113-132.

[2] 黄亮,张建琦. 企业家战略执行能力的内涵:来自中小民营企业家的证据[J]. 软科学, 2009(9):97-101.

[3] LENT R W, BROWN S D, HACKETT G. Toward a unifying social cognitive theory of career and academic interest, choice, and performance[J]. Journal of Vocational Behavior, 1994, 45(1): 79-122.

[4] 赵文. 中小民营企业家能力缺陷研究[D]. 广州:中山大学,2007.

[5] MCCRAE R R, COSTA JR P T. Validation of the five-factor model of personality across instruments and observers[J]. Journal of Personality and Social Psychology, 1987, 52(1): 81-90.

[6] MISCHEL W, SHODA Y. Reconciling processing dynamics and personality dispositions[J].

Annual Review of Psychology, 1998, 49(1): 229-258.

[7] RAUCH A, FRESE M. Let's put the person back into entrepreneurship research: a meta-analysis on the relationship between business owners' personality traits, business creation, and success[J]. European Journal of Work and Organizational Psychology, 2007, 16(4): 353-385.

[8] 中国企业家调查系统. 经济转型与创新:认识、问题与对策——2013·中国企业家成长与发展专题调查报告[J]. 管理世界, 2013(9): 9-20.

[9] 栾晓婕. 中国民族汽车工业自主创新之路研究[D]. 大连:东北财经大学, 2006.

[10] 叶文忠,阮烨,黄冀湘. 全球分工背景下中小企业国际化成长内涵及特征研究[J]. 湖南科技大学学报, 2012(6):106-111.

[11] TAN J J, LITSCHERT R J. Environment-strategy relationship and its performance implications: an empirical study of the Chinese electronics industry[J]. Strategic Management Journal, 1994, 15(1): 1-20.

[12] JUDGE T A, HIGGINS C A, THORESEN C J, et al. The big five personality traits, general mental ability, and career success across the life span[J]. Personnel Psychology, 1999, 52(3): 621-652.

[13] ZHAO H, SEIBERT S E. The big five personality dimensions and entrepreneurial status: a meta-analytical review[J]. Journal of Applied Psychology, 2006, 91(2): 259-271.

[14] CIAVARELLA M A, BUCHHOLTZ A K, RIORDAN C M, et al. The big five and venture survival: is there a linkage? [J]. Journal of Business Venturing, 2004, 19(4): 465-483.

[15] SEIBERT S E, KRAIMER M L. The five-factor model of personality and career success[J]. Journal of Vocational Behavior, 2001, 58(1): 1-21.

[17] DVIR D, SADEH A, MALACH-PINES A. The fit between entrepreneurs' personalities and the profile of the ventures they manage and business success: an exploratory study[J]. Journal of High Technology Management Research, 2010, 21(1): 43-51.

[18] BOUDREAU J W, BOSWELL W R, JUDGE T A. Effects of personality on executive career success in the United States and Europe[J]. Journal of Vocational Behavior, 2001, 58(1): 53-81.

[19] BOZIONELOS N. Mentoring provided: Relation to mentor's career success, personality, and mentoring received[J]. Journal of Vocational Behavior, 2004, 64(1): 24-46.

[20] MACMILLAN I C, SIEGEL R, NARASIMHA P N S. Criteria used by venture capitalists to evaluate new venture proposals[J]. Journal of Business Venturing, 1985, 1(1): 119-128.

[21] MASON R B. The external environment's effect on management and strategy: a complexity theory approach[J]. Management Decision, 2007, 45(1): 10-28.

[22] BLETTNER D P, CHADDAD F R, BETTIS R A. The CEO performance effect: statistical is-

sues and a complex fit perspective[J]. Strategic Management Journal, 2012, 33(8): 986-999.

[23] MAN T W Y, LAU T. The context of entrepreneurship in Hong Kong: an investigation through the patterns of entrepreneurial competencies in contrasting industrial environments [J]. Journal of Small Business and Enterprise Development, 2005, 12(4): 464-481.

[24] MARTIN L L, STONER P. Mood as input: what we think about how we feel determines how we think[M]//MARTIN L L, TESSER A. Striving and feeling: interactions among goals, affect, and self-regulation. Hillsdale, NJ: Lawrence Erlbaum Associates Inc, 1996: 279-301.

[25] RUEDA-MANZANARES A, ARAGON-CORREA J A, SHARMA S. The influence of stakeholders on the environmental strategy of service firms: the moderating effects of complexity, uncertainty and munificence[J]. British Journal of Management, 2008, 19(2): 185-203.

[26] KABADAYI S, EYUBOGLU N, THOMAS G P. The performance implications of designing multiple channels to fit with strategy and environment[J]. Journal of Marketing, 2007, 71 (4): 195-211.

[27] FORNELL C, LARCKER D F. Evaluating structural equation models with unobservable variables and measurement error[J]. Journal of Marketing Research, 1981, 18(1): 39-50.

[28] KIM M J, CHUNG N, LEE C K. The effect of perceived trust on electronic commerce: shopping online for tourism products and services in South Korea[J]. Tourism Management, 2011, 32(2): 256-265.

[29] LI Y, GUO H, LIU Y, et al. Incentive mechanisms, entrepreneurial orientation and technology commercialization: evidence from China's transitional economy[J]. Journal of Product Innovation Management, 2008, 25(1): 63-78.

[30] 吴小立. 企业家人格特质与人力资本——基于珠三角企业家的实证研究[J]. 经济问题, 2007(7): 74-76.

[31] MOUNT M K, BARRICK M R, SCULLEN S M, et al. Higher-order dimensions of the big five personality traits and the big six vocational interest types[J]. Personnel Psychology, 2005, 58(2): 447-478.

04

国企改革与治理

国有企业混合所有制分类改革与国有股最优比例[①]
——基于双寡头垄断竞争模型

一、问题的提出：国有企业混合所有制分类改革

十八届三中全会提出要积极发展混合所有制经济，为我国国有企业深化改革指明了方向。以此为指导，各地、各行业都在探索研究混合所有制改革方案，很多地方政府出台了相应的指导意见。但在这个过程中出现了盲目跟风、定"时间表"和"一刀切"等问题，不利于混合所有制的健康发展。在此情形下，我国很有必要分类推进国有企业混合所有制改革。经过长期酝酿，国务院接连发布了《关于深化国有企业改革的指导意见》（以下简称《指导意见》）与《关于国有企业发展混合所有制经济的意见》，将国有企业分为商业类与公益类两类，为国有企业混合所有制改革提出了具体的指导方针。其中，《指导意见》强调国有企业混合所有制改革应分类推进，采取不同的改革方案。国有股最优比例是国有企业混合所有制改革的核心，《指导意见》提到不同类型国有企业要采取各异的国有股比例，处于充分竞争行业和领域的商业类国有企业，要以实现国有资产保值增值为主要目标，追逐国有资本收益的最大化，实现股权多元化；处于重要行业和关键领域的商业类国有企业，则要保持国有资本的控股地位；公益类国有企业则要推进投资主体多

[①] 原载于《广东财经大学学报》2016年第一期第36—44页。
作者：陈俊龙，东北大学工商管理学院讲师，经济学博士；汤吉军，吉林大学中国国有经济研究中心教授，博士生导师。

元化,鼓励非国有企业参与。

按照传统经济学的理解,由于有限理性与信息不对称,单纯的市场调节容易产生各种失灵,而国有企业作为弥补市场不足的手段,有助于维护社会公众福利。然而,完全的国有化容易产生低效率,因而需要进行混合所有制改革,即通过引入非国有资本提升企业效率,以更好地实现社会福利。但现实中为何同样是国有企业,有的行业需要国有控股而有的行业却不需要?笔者认为这其中涉及一个国有股最优比例的问题。即不同类型的国有企业,其所处于市场竞争类型、生产技术条件等存在差异,如果忽视这种差异、以"一刀切"的方式改革国有企业混合所有制,势必会扰乱市场主体行为,导致市场竞争的均衡结果不利于社会福利的增加。

基于此,本文试图构建双寡头垄断竞争模型,探索不同市场类型下的国有企业国有股最优比例,以期能为国有企业混合所有制的分类改革提供理论依据。

二、文献综述:关于国有股最优比例

过去,人们曾一度迷信自由市场竞争的魔力,但随着市场失灵的逐步显现,人们开始意识到政府有必要对经济进行一定程度的干预,国有企业作为政府职能的延伸也就应运而生。但市场失灵并不是政府干预经济或是建立国有企业的必要条件,各国的发展经验也表明,国有产权的特殊性及严重的委托代理问题也容易导致国有企业出现腐败、低效等诸多问题。所以,自20世纪80年代起,世界各国普遍开启了对国有企业进行私有化或是混合所有制的改革。在此过程中,许多学者运用双寡头垄断竞争模型来研究市场中不同所有制企业(包括私有企业、公共企业和混合所有制企业)之间的博弈关系、总产出及社会福利,由此推导出最优私有化水平或国有股最优比例,其研究深入而广泛,成果十分丰硕。

学者们关于国有股最优比例的研究主要有两种观点:一种观点认为,国有产权是导致国有企业低效的根源,最优的解决方式是完全的私有化。持这类观点的学者主要围绕国有产权如何降低了社会福利和私有化如何提高了效率进行了研究。如 De Fraja 和 Delbono(1989)[1]认为,由纯私有企业组成的寡头垄断市场的效率要高于由若干私有企业及一个国有企业组成的混合寡头垄断市场的效率。Estrin 和 Perotin(1991)[2]认为,国家控股的企业不会以利润最大化为目标,国有企业治理的安排不合理将会导致较差的绩效。Shleiefr 和 Vishny(1994)[3]认为政府会倾向于从企业为政客和官僚捞取利益,因而私人所有制比国有制更优越。

Megginson 和 Netter(2001)[4]的经验研究表明,私有制企业比其他国有企业更高效。另一种观点则认为,与私有企业相比,国有企业追求社会福利的最大化,目标上更符合社会公众的利益,而且国有企业的效率未必就一定比私有企业差,所以,私有化并不一定会增进社会福利,有时甚至完全的国有化是最优的。如 Anderson 等(1997)[5]认为,纯寡头垄断产生的社会福利要低于混合寡头垄断带来的福利。Matsumura(1998)[6]认为,国有企业的部分私有化可以提高效率。孙群燕等(2004)[7]的研究表明,国企的相对生产效率并不是太低,完全的私有化无法实现社会福利的最大化。孟庆春等(2005)[8]的研究认为,在一个混合寡头垄断的市场中,国有股最优的比重取决于国有企业的效率。Fujiwara(2007)[9]认为,如果公共企业实施了部分私有化,那么混合寡头垄断市场要比纯寡头垄断市场产生更多的社会福利。Saha(2009)[10]研究了公共企业不承担所有生产成本情况下的双头垄断市场中的最优私有化水平,认为在社会最优的企业中往往存在混合所有制,混合的比例取决于未发现成本、两种产品的替换率及公共企业的决策规则。Saha 和 Sensarma(2011)[11]指出,当产品差异达到一定程度时,国有银行完全的国有化是最优的。Tomaru 等(2011)[12]的研究结果表明,在一个由产量及产能竞争构成、实施部分管理授权的混合寡占市场中,对国有企业的私有化会降低社会福利。Jain 和 Pal(2012)[13]从交叉所有权的视角剖析了古诺竞争下私有企业与国有企业的博弈过程,认为部分的私有化在特定情况下是最优的。杨全社和王文静(2012)[14]讨论了包括私有企业、国有企业及混合制企业在内的古诺竞争与斯塔克尔伯格博弈均衡。在具体化模型参数的基础上进行了数据模拟分析,发现完全的私有化并不一定符合社会福利最大化的要求。高蓓和高汉(2013)[15]通过建立两阶段混合寡占博弈模型,分析了国有企业应如何选择国有控股比例及适当的授权激励合同。

综观已有文献,学者们基于各自的研究假设得出了具有一定理论意义和现实意义的结论。但中国国有企业广泛分布于竞争性与公益性行业,不同行业及不同企业均有各自的特殊性,已有研究未充分考虑和研究中国国有企业的现实,所得出的结论对中国国有企业混合所有制改革实践的指导意义有限。基于此,本文从中国国有企业改革的实际出发,利用双寡头垄断竞争模型,探索不同市场环境下的国有企业国有股最优比例。

三、基本研究模型构建:双寡头垄断竞争模型

为达成研究目标,需要有必要的研究假设。本研究对基本模型的假设主要包括以下几个方面:

(一)关于中国国有企业市场环境的假设

经过大规模有进有退的战略性调整,国有经济已经从大量的竞争性市场领域中退出,通过自我发展与重组,国有企业在很多行业中处于寡头垄断地位。但由于行业之间的差异,这种寡头垄断的程度并不相同。在重要的行业和关键领域,主要是国有企业之间的寡头垄断竞争;在竞争性较强的行业,多是国有企业与非国有企业之间的寡头竞争。因此,我们假设存在以下三类市场环境:

第一类市场环境是由主业处于充分竞争行业和领域的商业类国有企业与私有企业组成的混合寡占市场。此时国有企业没有绝对的市场势力与信息优势,必须承受来自私有企业的直接竞争压力与制约,所以,假设他们之间的竞争就是围绕产量(q)进行的古诺竞争,双方同时进行产量决策且对彼此产生影响。

第二类市场环境是由关键行业和重要领域的商业类国有企业或其与私有企业构成的双寡头垄断市场。此时如果是由国有企业构成的市场,那么他们之间的竞争就是古诺竞争;如果是由国有企业与私有企业构成的市场,则是国有企业充当价格领导者的斯塔克尔伯格竞争。原因在于,这些行业关系国家安全及经济命脉,国家对这些行业的国有企业扶持力度很大,国有企业的规模大、市场及社会地位高、传递的信息可置信强,因此更具备成为领导者的条件。

第三类市场环境是由公益类国有企业组成的双寡头垄断市场。在此市场环境下,由于回报率低、风险高、周期长,私有企业往往不愿意进入,但可以通过混合所有制改革进行投资。国有企业之间的竞争是古诺竞争。

(二)关于最优的国有股比例假设

假设三类市场中的国有企业进行混合所有制改革,核心是优化股权结构,最优的国有股比例设为 $\beta, 0 \leq \beta \leq 1$。国有企业混合所有制改革由政府引导,政府对混合所有制改革方案具有决定权,国有股比例由政府决定。

(三)关于企业产品品质等的假设

假设只有两家企业,其产品完全同质,不存在任何差异,此时市场需求函数为:$p = b - q_1 - q_2$,其中 b 为大于 0 的常数;社会福利为:$W = \pi_1 + \pi_2 + CS$;消费者剩余

为: $CS = \frac{(q_1+q_2)^2}{2}$。再假设市场中的两家企业的生产技术既可能是规模报酬不变(CRS),也可能是规模报酬递增(IRS)①。

（四）关于企业目标的假设

关于企业目标,我们假设完全的国有企业追求社会福利(W)最大化,私有企业追求企业利润(π)的最大化,混合国有企业追求社会福利与企业利润加权平均数的最大化,即 $Max\{\beta W+(1-\beta)\pi\}$。

在以上假设条件下,古诺竞争进行的是两阶段的动态序贯博弈。即:第一阶段,政府对国有企业混合所有制改革具有决定权,决定国有股比例 β;第二阶段,两家企业根据各自的效用函数,进行产量的古诺竞争,确定每家企业的具体产量,最终决定着社会福利。而斯塔克尔伯格竞争进行的是三阶段的动态序贯博弈。即:第一阶段,与古诺市场相同;第二阶段,国有企业确定产量;第三阶段,私有企业根据国有企业的产量信号及利润最大化原则确定产量。

四、模型分析:不同市场环境下的国有股最优比例

下面采取逆向归纳法(Backward Induction)来研究不同市场环境下的国有股最优比例。

（一）充分竞争性行业中的国有股最优比例

在充分竞争性行业,国有企业与私有企业构成混合寡占市场,分别用企业1和企业2表示,他们之间的竞争是两阶段的古诺竞争。由于处于竞争性行业,沉淀成本较低,所以假设两家企业的生产都是规模报酬不变,此时 $c_i = m_i q_i$,i 取值为1或2。此外,国有企业进行混合所有制改革会引进非国有资本,假设对国有企业成本产生影响,设混合所有制改革后的成本为 $c_1 = [\beta m_1 + (1-\beta)s]q_1$,其中 s 代表吸收进来的非国有资本的效率,其值越高,说明效率越低。高质量的非国有资本吸收得越多,企业的成本越低,效率越高。

首先,看第二阶段的产量竞争。企业1作为处于竞争性行业的商业类企业,将以市场为导向,国有资本与非国有资本都追逐股权收益,在既定的股权结构下

---

① 从理论上讲,规模报酬递减(DRS)并不会出现。因为若存在规模报酬递减,所有者可以通过企业拆分来提高效率。

其利益是一致的,即均追求利润的最大化,产量决策需要满足 $Max\pi_1$。同理,企业2的产量决策同样需要满足 $Max\pi_2$。企业1和企业2的产量反应函数分别为:

$$b-2q_1-q_2-[\beta m_1+(1-\beta)s]=0 \quad (1)$$

$$b-2q_2-q_1-m_2=0 \quad (2)$$

由式(1)与式(2)可得纳什均衡状态下的产量组合为:

$$q_1=\frac{b+m_2-2[\beta m_1+(1-\beta)s]}{3} \quad (3)$$

$$q_2=\frac{b+[\beta m_1+(1-\beta)s]-2m_2}{3} \quad (4)$$

其次,再看第一阶段的博弈。国家关于竞争性行业的商业国有企业混合所有制改革最主要的目标是促进国有资产的保值增值,因此 β 的选择要满足 $Max(\beta\pi_1)$。将式(3)(4)代入 $\frac{\partial(\beta\pi_1)}{\partial\beta}$ 可得:

$$\frac{\partial(\beta\pi_1)}{\partial\beta}=\frac{2[4s-(b+m_2)](m_1-s)\beta+[-4s+(b+m_2)][-2s+(b+m_2)]}{9}。$$

当 $m_1>s$ 时,可以得到如下几种情形的最优国有股比例:当 $2s\geq b+m_2$ 时,$\beta^*=1$,即完全的国有化是最优的;当 $2s<b+m_2<4s$ 时,$\beta^*=0$,即完全的私有化是最优的;当 $4s<b+m_2<2m_1$ 时,$\beta^*=\frac{-2s+b+m_2}{2(m_1-s)}<1$,即混合所有制是最优的,可以推出 $\frac{\partial\beta^*}{\partial m_1}<0$、$\frac{\partial\beta^*}{\partial m_2}>0$、$\frac{\partial\beta^*}{\partial s}<0$;当 $4s<b+m_2$,且 $b+m_2>2m_1$ 时,$\beta^*=1$;当 $4s=b+m_2$ 时,β 值对国有资产保值增值没有影响。由此可得:

命题1:在 $m_1>s$ 的情况下,如果引入的非国有资本效率低于一定程度($s\geq\frac{b+m_2}{2}$),或高于一定的程度($s<\frac{b+m_2}{4}$),且国有企业效率达到一定水平($m_1<\frac{b+m_2}{2}$)时,完全的国有化是最优的,没有必要引入非国有资本。如果引入的非国有资本效率处于一定的区间范围内($\frac{b+m_2}{4}<s<\frac{b+m_2}{2}$),意味着国有资本应当完全退出。如果引入的非国有资本效率为一个特定值($s=\frac{b+m_2}{4}$),意味着国有股比例对国有资本收益没有影响。如果引入的非国有资本效率达到一定程度($s<\frac{b+m_2}{4}$),而国有

资本效率未达到一定程度($m_1>\frac{b+m_2}{2}$),则混合所有制是最优的,有必要引入非国有资本。国有股最优比例取决于m_1、m_2、b、s的具体数值,与m_2、b正相关,与m_1、s负相关,意味着国有资本及引入的非国有资本效率越高,私有企业效率越低,则国有股最优比例越高。

在$m_1<s$的情况下,可以得到如下几种情形的最优国有股比例:当$2s>b+m_2$时,如果$b+m_2<2m_1$,$\beta^*=1$;当$2s>b+m_2$时,如果$2m_1<b+m_2$,$\beta^*=\frac{-2s+b+m_2}{2(m_1-s)}<1$,可以推出:$\frac{\partial \beta^*}{\partial m_1}>0$、$\frac{\partial \beta^*}{\partial m_2}<0$、$\frac{\partial \beta^*}{\partial s}>0$;当$2s\leq b+m_2<4s$时,$\beta^*=0$;当$4s=b+m_2$时,国有股比例对国有资产保值增值没有影响。当$4s<b+m_2$时,$\beta^*=1$。由此可得:

命题2:当$m_1<s$时,如果引入的非国有资本效率与国有资本效率都低于一定程度($s>\frac{b+m_2}{2}$,$m_1>\frac{b+m_2}{2}$),或引入的非国有资本的效率达到一定高度($s<\frac{b+m_2}{4}$),那么完全的国有化是最优的,没有必要引入非国有资本。如果引入的非国有资本效率处于一定区间($\frac{b+m_2}{4}<s\leq\frac{b+m_2}{2}$),意味着国有资本应当完全退出。如果引入的非国有资本效率为一特定的值($s=\frac{b+m_2}{4}$),则国有股比例对国有资本收益没有影响。如果引入的非国有资本效率未达到一定程度($s>\frac{b+m_2}{2}$),而国有资本效率达到一定程度($m_1>\frac{b+m_2}{2}$),则混合所有制是最优的,有必要引入非国有资本。国有股最优比例取决于m_1、m_2、b、s的具体数值,与m_1、s正相关,与m_2、b负相关,意味着国有资本与引入的非国有资本效率越低,私有企业效率越高,国有股最优比例越高。

在$m_1=s$的情况下,当$2s<b+m_2<4s$时,$\beta^*=0$;当$b+m_2>4s$及$b+m_2<2s$时,$\beta^*=1$;当$b+m_2=4s$或$b+m_2=2s$时,国有股比例对国有资产保值增值没有影响。由此可得:

命题3:当国有资本效率与引进的非国有资本效率相等时,如果引进的非国有资本效率为定值($s=\frac{b+m_2}{4}$或$s=\frac{b+m_2}{2}$),则国有股比例对国有资本收益没有影响;

如果在特定的区间内($\frac{b+m_2}{4}<s\leq\frac{b+m_2}{2}$),则完全的私有化是最优的;如果效率高于一定的水平($s<\frac{b+m_2}{4}$),或低于一定的水平($s>\frac{b+m_2}{2}$),则完全的国有化是最优的。

(二)关键行业和重要领域里的国有股最优比例

在重要行业和关键领域,政府对国有企业的要求不再是单纯的国有资产保值增值,而是要承担相应的政策及社会性职能。因此,我们假设国家对国有股比例的决定取决于整体社会福利,即追求 Max W。

1.由国有企业构成的双寡头垄断市场中的国有股最优比例

假设市场中的两家企业皆为国有企业,分别为企业 1 和企业 2。与前面假设不同,考虑到同为国有企业,假设双方的生产技术相同,都属于规模报酬不变。即 $c_i=mq_i$,m 为常数,i 取值为 1 或 2。由于所处行业特殊,混合后的国有企业不像充分竞争行业中商业国有企业那样追逐利润最大化,其目标具有双重性,即在追求社会福利的同时也要考虑利润因素,权重由 β 决定,即追求 Max$\{\beta W+(1-\beta)\pi_i\}$,$i$ 取值为 1 或 2。整个博弈过程分为两个阶段。

首先,看第二阶段博弈。企业 1 与企业 2 的产量反应函数如下:

$$b-(2-\beta)q_1-q_2-[\beta m+(1-\beta)s]=0 \quad (5)$$

$$b-(2-\beta)q_2-q_1-[\beta m+(1-\beta)s]=0 \quad (6)$$

由此可推出均衡状态下的产量组合:

$$q_1=q_2=\frac{b-[\beta m+(1-\beta)s]}{3-\beta} \quad (7)$$

其次,看第一阶段博弈。将式(7)代入社会福利函数,得到 $W(\beta)=\frac{2(2-\beta)[b-s-\beta(m-s)]^2}{(3-\beta)^2}$,然后求最优国有股比例,令 $e=b-s$,$f=m-s$,可以得出如下结果:当 $s\geq m$ 时,$\beta^*=1$;当 $\frac{-b+12m}{11}<s<m$ 时,$\beta^*=\frac{e-9f+\sqrt{(11f-e)(3f-e)}}{2f}<1$,且 $\frac{\partial\beta^*(s)}{\partial s}>0$,$\frac{\partial\beta^*(m)}{\partial m}<0$;当 $s\leq\frac{-b+12m}{11}$ 时,$\beta^*=0$。由此可得:

命题4:在重要行业和关键领域由国有企业构成的双寡头垄断市场中,当引进的非国有资本效率等于或低于国有资本效率时,则完全的国有化是最优的。如果非国有资本效率高于国有资本效率,但低于一定水平($\frac{-b+12m}{11}<s<m$),那么混合

所有制是最优的组织方式,引进的非国有资本效率越高,国有资本效率越低,国有股最优比例就越低。当引进的非国有资本效率高于一定水平($s \leq \frac{-b+12m}{11}$)时,完全的私有化是最优的。

2.由国有企业与私有企业构成的双寡头垄断市场中的国有股最优比例

现在,假设双寡头市场由国有企业与私有企业构成,分别为企业1与企业2。国有企业是价格先行者,私有企业是跟随者。双方生产都是规模报酬不变。为简化分析,以便更加直观地考察斯塔克尔伯格竞争对国有股最优比例的影响,假设国有企业混合所有制改革没有影响其成本函数。私有企业产量决策追求利润最大化,国有企业追求 $\text{Max}\{\beta W+(1-\beta)\pi_1\}$,再令 $f=b-m_2$,$e=b-m_1$。

首先看第三阶段。私有企业根据国有企业产量的预测来制定产量决策,其产量反应函数为:

$$q_2 = \frac{f-q_1}{2} \tag{8}$$

其次看第二阶段。国有企业作为价格先行者,可以预测私有企业的产能决策行为,将(8)代入 $\beta W+(1-\beta)\pi_1$,求 $\frac{\partial[\beta W+(1-\beta)\pi_1]}{\partial q_1}=0$,然后可得均衡产量组合为:

$$q_1 = \frac{4e-2f-\beta f}{4-3\beta} \tag{9}$$

$$q_2 = \frac{3f-\beta f-2e}{4-3\beta} \tag{10}$$

将式(9)(10)代入社会福利函数 $W=-\frac{q_1^2}{8}+(e-\frac{3f}{4})q_1+\frac{3f^2}{8}$,求最优国有股比例。由 $\frac{\partial W}{\partial \beta}=\frac{4(6e-5f)^2(1-\beta)}{4(4-3\beta)^3}$ 可知,国有股比例与社会福利是正相关关系,$\beta^*=0$。由此可得:

命题5:在由国有企业充当领导者的斯塔克尔伯格竞争市场中,如果混合所有制无法对成本产生影响,那么国有股比例越高,社会福利越高,则完全的国有化是最优的。同时,国有企业与私有企业成本对国有股最优比例没有影响。

3.由公益类国有企业构成的双寡头垄断市场中的国有股最优比例

公益类国有企业主要属于水电气热、公共交通、公共设施等自然垄断行业,因其利润率较低和投资周期较长，私有企业往往不愿意进入，所以，我们假设市场是由两家公益类国有企业构成的古诺竞争。另外，假设这两家企业采取的生产技术完全相同，而且规模报酬递增。设 $c_i=[\beta m+(1-\beta)s]q_i-nq_i^2$，$i$ 取值为 1 或 2，$n>0$。

两家企业的产量决策追求 $\text{Max}\{\beta W+(1-\beta)\pi_i\}$，可以推出其反应函数为：

$$b-(2-2n-\beta)q_1-q_2-m=0 \quad (11)$$

$$b-(2-2n-\beta)q_2-q_1-m=0 \quad (12)$$

由式（11）（12）可推出均衡产量为：

$$q_1=q_2=\frac{b-m}{3-2n-\beta} \quad (13)$$

将式（13）代入社会福利函数，令 $h=m-s$，$g=b-s$，可得 $W=\dfrac{(2-n-\beta)(g-h\beta)^2}{(3-2n-\beta)^2}$。

经推导可以证明 $\dfrac{\partial W}{\partial \beta}$ 的正负情况与函数 $f(\beta)=-h\beta^2+(9h-g-6nh)\beta+(3-2n)(2nh-g-4h)+2(2-n)g$ 一致。在 $m\leq s$ 的情况下，$\beta^*=0$。在 $m>s$ 的情况下，有以下几种结果：

（1）当 $s\leq\dfrac{(7-6n)m-b}{6-6n}$ 时，$\beta^*=0$；

（2）当 $s>\dfrac{2(2-n)(3-2n)m-b}{2(2-n)(3-2n)-1}$ 及 $\dfrac{(7-6n)m-b}{6-6n}<s<\dfrac{(8-6n)m-b}{7-6n}$ 时，

$$\beta^*=\frac{9h-g-6nh+\sqrt{(9h-g-6nh)^2+4h[(3-2n)(2nh-g-4h)+2(2-n)g]}}{2h}<1；$$

（3）当 $n<\dfrac{1}{2}$ 时，如果 $\dfrac{(8-6n)m-b}{7-6n}\leq s\leq\dfrac{(9-6n)m-b}{8-6n}$，或当 $n\geq\dfrac{1}{2}$ 时，如果 $\dfrac{(8-6n)m-b}{7-6n}<s\leq\dfrac{2(2-n)(3-2n)m-b}{2(2-n)(3-2n)-1}$，那么当：$W(\beta=0)>W(\beta=$

$$\dfrac{9h-g-6nh+\sqrt{(9h-g-6nh)^2+4h[(3-2n)(2nh-g-4h)+2(2-n)g]}}{2h})$$

时，则 $\beta^*=0$，否则 $\beta^*=$

$$\dfrac{9h-g-6nh+\sqrt{(9h-g-6nh)^2+4h[(3-2n)(2nh-g-4h)+2(2-n)g]}}{2h}<1。当 n<\dfrac{1}{2}$$

时，如果 $\dfrac{(9-6n)m-b}{8-6n}<s\leq\dfrac{2(2-n)(3-2n)m-b}{2(2-n)(3-2n)-1}$，则 $\beta^*=0$。由此可得：

命题6：在由公益类国有企业构成的双寡头垄断竞争市场结构中,如果存在规模报酬递增,在引进的非国有资本效率等于或低于国有资本效率的情况下,完全的国有化是最优的。如果引进的非国有资本效率高于国有资本,那么在其低于特定的水平或在特定的区间内并且规模递增处于一定水平时,混合所有制是最优的组织形式。在其他情况下,完全的私有化是最优的。

五、结论及政策启示

（一）主要研究结论

本文通过构建双寡头垄断竞争模型剖析不同市场环境下的国有股最优比例,主要得出如下结论：

第一,国有股最优比例是一个动态变量,它受到多种因素的影响。通过分析可知,政府目标、竞争类型、价格成本函数、国有资本及引进的非国有资本效率、私有企业效率等因素对国有股比例产生了不同的影响。国有股比例既不是越高越好,也不是越低越好,而是存在一个最优的国有股比例。某些情形下,完全的国有化是最优的,没有必要引入非国有资本,而有时完全的私有化是最优的。在其他情形下,混合所有制的组织形式才是最优的。在充分竞争性的行业,是采取完全国有化、完全私有化还是混合所有制,取决于国有资本与引进的非国有资本效率对比及具体取值。在重要行业和关键领域由国有企业构成的双寡头垄断市场中,当引进的非国有资本效率等于或低于国有资本效率时,完全的国有化是最优的；当引进的非国有资本低于一定水平时,混合所有制是最优的；当高于一定水平时,完全的私有化是最优的。在由国有企业充当领导者的斯塔克尔伯格竞争市场中,如果混合所有制无法对成本产生影响,完全的国有化是最优的。在由公益类国有企业构成的双寡头垄断竞争市场结构中,如果存在规模报酬递增,如果引进的非国有资本效率等于或低于国有资本效率,则应采取完全的国有化。反之,在引进的非国有资本效率低于特定的水平或特定的区间,并且规模递增处于一定水平时,混合所有制是最优的组织形式,否则,完全的私有化是最优的。

第二,引入的非国有资本效率对国有股最优比例具有重要影响。模型分析表明,引进的非国有资本效率对国有股最优比例具有十分重要的作用。如果效率不够高甚至还低于国有企业时,在政府目标为社会福利最大化的情况下,就没有必要进行混合所有制改革。如在重要行业和关键领域,由国有企业充当领导者的斯塔克尔伯格竞争市场中,如果混合所有制改革没有对国有企业效率产生影响,那么完全的国有化就是最优的。因此,在没有足够优质资本进入的情况下,混合所有制改革一定要慎重。

第三,市场竞争环境是制约国有股最优比例的重要因素。在不同的市场环境下,政府决策目标、生产技术、竞争主体等条件不尽相同,导致国有股最优比例存在差异。充分竞争行业中商业类国有企业的最优国有股比例确定的标准应当是国有资产收益的最大化,而在其他情况下则应以社会福利最大化为标准,确定不同的国有股最优比例。另外,是古诺竞争还是斯塔克尔伯格竞争,是规模报酬递增还是不变,也会直接影响国有股的最优比例。

(二)政策启示

根据以上结论,本研究对政策的启示意义十分明显。

第一,应加快推进国有企业分类改革。分类改革是推进国有企业混合所有制分类改革的前提。根据公益类与商业类的国企分类,将各级政府所属的国有企业分门别类,明确其经营目标及承担的职责。属于公益类及重要行业和关键领域的国有企业不可盲目追求利润,充分竞争行业中的国有企业要强调市场份额和核心竞争力的提升。在此基础上,构建符合其目标及职责特点的公司治理机制,完善激励及约束机制,保证不同类型的国有企业发挥应有的功能,切实提高国有经济的控制力。

第二,国有企业混合所有制改革要因地制宜。国有企业的混合所有制改革绝不能"一刀切",要在动态中把握国有股最优比例。按照《指导意见》要求,各级地方政府主管部门要在充分调研的基础上,设计可操作性强的具体改革方案。不同行业、不同地区要根据各自实际情况制定科学的混合所有制改革方案,确定科学的国有股比例,做到稳步推进,"一企一策"。对于竞争性领域,政府要放开搞活,以国有资产保值增值为目标,既可以国有控股,也可以参股。对于关键领域及重要行业和公共服务领域,原则上要保持国有股控股的地位,具体的控股比例要依据所处的市场环境、国有资本与私有企业效率、引进的非国有资本效率等多种因素灵活掌握。对于效率已经足够高[16]或条件不成熟的行业及国有企业,没有必要推进混合所有制改革。

第三,引进优质的非国有资本,优化国有企业股权结构。国有企业混合所有制改革不能为了混合而混合,不能为了实现股权多元化而盲目吸收非国有资本。

国有企业在吸收非国有资本时,要有完善的甄别机制,要以吸收能带来先进理念、先进生产技术及具有创新能力的优质资本为目标。同时,不迷信境外投资者。因为中国民营经济经过长期发展已经发展到了一个新的高度,大量优质的民营资本完全可以参与到国有企业混合所有制改革之中,既节约交易成本,又能够切实提升改革效率,促进国有企业做大做强。

参考文献

[1] DE FRAJA G,DELBONO G. Alternative strategies of a public enterprise in oligopoly [J]. Oxford Economic Papers,1989,41(2):302-311.

[2] ESTRIN S,PEROTIN V. Does ownership always matter? [J] International Journal of Industrial Organization,1991,9(1):55-72.

[3] SHLEIFER ANDREI,VISHNY R W. Politicians and firms [J]. The Quarterly Journal of Economics,1994,109(4):995-1025.

[4] MEGGINSON W L,NETTER J M. From state to market:a survey of empirical studies on privatization[J]. Journal of Economic Literature,2001,39(6):321-389.

[5] ANDERSON SP,DE PALMA A,THISSE JF. Privatization and efficiency in a differentiated industry[J]. European Economic Review,1997,41(7):1635-1654.

[6] MATSUMURA T. Partial privatization in mixed duopoly [J]. Journal of Public Economics,1998,70(3):473-483.

[7] 孙群燕,李杰,张安民.寡头竞争情形下的国企改革——论国有股份比重的最优选择[J].经济研究,2004(1):64-73.

[8] 孟庆春,安起光,高杰.国企改革中国有股份最优比重问题研究[J].山东大学学报:理学版,2005(3):45-48.

[9] FUJIWARA K.Partial privatization in a pifferentiated mixed oligopoly [J]. Journal of Economics,2007,92(1):51-56.

[10] SAHA B.Mixed ownership in a mixed duopoly with differentiated products [J]. Journal of Economics,2009,98(1):25-43.

[11] SAHA B,SENSARMA R.Mixed ownership,managerial incentives and bank competition[J]. Bulletin of Economic Research,2011,63(4):385-403.

[12] TOMARU,YOSHIHIRO,NAKAMURA,et al.Strategic managerial delegation in a mixed duopoly with capacity choice:partial delegation or full delegation [J]. The Manchester School,2011,79(4):811-838

[13] JAIN R,PAL R.Mixed duopoly,cross-ownership and partial privatization [J].Journal of Economics,2012,107(1):45-70.

[14] 杨全社,王文静.我国公共服务供给的最优市场结构研究——基于混合寡头垄断市场的博弈分析及模拟检验[J].中央财经大学学报,2012(10):18-24.

[15] 高蓓,高汉.国有股比例与管理授权:基于混合寡占模型的研究[J].世界经济文汇,2013(6):14-27.

[16] 董梅生.竞争性国有企业与民营企业效率的实证研究[J].软科学,2012(1):98-103.

混合所有制改革与国有企业治理[①]

一、引言

混合所有制企业在全世界范围内普遍存在,不仅俄罗斯、中国和东欧等转型国家有,欧美成熟市场经济国家也有大量的这类企业。但令人遗憾的是,其存在的原因及其内部治理并未从理论上得到足够的重视,现有的企业理论和公司治理理论主要集中于纯粹的私人资本企业。

从党的十五大正式提出发展混合所有制经济,近20年过去了,我国国有企业混合所有制改革还没有取得实质性突破。造成这种现象的原因,是过去的国有企业改革一直围绕着解决国有企业管理层激励问题而展开,从权力下放、承包责任制到建立现代企业制度,国有企业的改革一直以现代公司为参照物,重点集中于所有权与经营权相分离条件下的公司治理,认为国有企业与现代公司面临的问题是一致的,即公司管理层对企业的实际控制会损害所有者利益,因此必须建立约束公司管理层的激励机制。这一改革思路忽视了现代公司与国有企业在所有者性质上的根本差别,即现代公司所有者追求的是公司财富的最大化,而国有企业因为"政企不分"导致了政府对国有企业的实际控制。政企不分使得国有企业既有经济目标也有政治目标,国有企业的代理人作为"虚拟"的所有者,因得不到企业经营的剩余收入而缺乏经营国有企业的激励。

混合所有制改革是现阶段中国国有企业改革的主要方式,主要依靠引入私人资本来实现。那么,私人资本的引入会对国有企业公司治理产生怎样的影响?产生影响的理论机理是什么?回答这两个问题旨在为当前的混合所有制改革提供

[①] 原载于《广东财经大学学报》2016年第1期第45—51页。
作者:佟健,辽宁大学比较经济体制研究中心副教授,硕士生导师,博士;宋小宁,中山大学管理学院讲师,博士。

理论借鉴,但现有的相关文献并未回答这两个问题,而是主要集中于应该如何进行混合所有制改革。笔者认为,厘清混合所有制改革的理论机理,才能够为混合所有制改革的具体实现路径提供理论指导。因而本研究将在梳理相关企业理论的基础上,从私人资本引入对国企经营目标、国企内部代理成本和技术进步的影响来进行分析,以期打开混合所有制企业内部治理机制的黑箱,为混合所有制企业改革提供理论启示。

二、文献评论

新古典经济学中的企业一直作为"黑箱"而存在,企业由生产函数来代表,它们就像"原子"一样,分散做出自己最优决策,其目标是利润最大化。经济学将组织问题转给管理学和社会学进行研究,反映了经济学对组织研究的忽视。经济学不需要对作为"黑箱"的企业进行研究,是因为企业的行为完全可以不需要了解其内部细节而得到描述,经济学可以准确地预测出当生产要素价格改变时生产投入组合如何调整,产品价格变化时企业产量如何变化,在市场中不能追求利润最大化的企业必然无法生存,不追求利润最大化的经理人将被取代[1]。如果价格机制能够完美地协调资源配置,并把资源配置到最有价值的用途上,企业就没有存在的经济理由。科斯在《企业的性质》的经典论文中提出了企业为什么存在的问题,认为企业和市场是组织经济活动的不同形式,交易成本的节约决定了对这两种形式的选择。在科斯开创性研究的基础之上,经济学家开始从微观层面解释经济的组织特征,研究企业的内部结构和契约安排,企业的交易成本理论、产权理论和委托代理理论由此出现。现代企业理论均以契约为分析对象,将企业看作是一系列契约关系的连接点,强调了契约安排在关系治理中的协调和激励作用。现代企业理论建立在私人所有制基础之上,假设个人拥有排他性权利。

科斯区分了市场和企业在资源配置中的作用,他认为市场是通过价格来协调经济活动,而企业则实行计划调节,但他并没有把企业内的计划调节等同于社会主义计划经济。他认为两者有着重要的区别,即社会主义经济计划是政府强加给行业的,而企业却是自发生成的,因而企业代表了一种更有效率的生产组织方式[2]。按照科斯的观点,社会主义企业的存在不是要素所有者通过自由缔约形成的经济组织,其创建的理由不是成本节约,而是政府政治权力决定的结果,这就隐含着社会主义企业不仅要生产产品,同时也要完成政府分配的任务。德阿莱西将政府拥有的组织统称为"政治性企业"。这些政治性企业有一个共同的特点,即人民是企业的最终所有者,但是单个市民对政治性企业的剩余收入不具有所有权,政治性企业由代表人民的政治官僚控制,单个市民对其代理人缺乏控制手段,仅能通过退出或者利用政治程序进行呼吁来进行限制。与私人企业相比,政治性企业消减成本的积极性不高,缺乏追求公司价值最大化动机[3]。科尔奈从产权理论的视角分析了社会主义国家国有企业的产权形式,他认为人民只是国有企业名义上的所有者,人民不能从国有企业的利润中获得个人利益,也不需要为国有企业的损失承担责任。国有企业产权关系的基本特征就是官僚化,政府机构支配全部剩余收入,控制企业的生产决策[4]。周其仁以公共过道为例,从契约的视角分析了公有制企业的性质,他认为公有制企业在法权上消除了个人对于生产性资源的产权特别是选择市场合约的权利,公有制企业成为非市场合约性的组织;但为了充分动员在事实上仍然属于个人的人力资本,公有制企业会用国家租金激励机制来替代市场交易和利润激励体制[5]。从产权形式看,国有企业与私人企业的根本区别在于国有企业的所有者是非人格化的,人民作为国有企业的真正所有者,即使主观上愿意行使所有者权力,但在实际行动上却面临着集体行动困境,人民偏好的多样性也阻碍了企业一致性目标的达成,因而国有企业必然受到"所有者缺位"的困扰。

国有企业"所有者缺位"以及"所有者利益多元化",决定了国有企业的多级委托代理关系和经营目标的多元化,也直接导致了国有企业的经营效率低下。科斯的企业理论认为,随着企业规模变大,企业内组织的交易增加,企业主的管理收益递减,因为他不能把生产要素配置到价值最大的用途上。科斯的理论假设企业是单层级的。精力有限的单个经理人可以雇用更多的经理帮助他管理企业各部门的活动,但雇佣关系导致了多层级的委托代理关系,代理成本和控制权损失仍然会限制企业规模的扩大。卡沃等人的研究证明了企业单位产出的管理成本会随着经理数目的增加而增加[6]。张维迎分析了公有制经济中的委托代理关系及其监督和激励机制,发现公有化程度的提高和公有经济规模的扩大导致了委托代理层次的增加,从而拉大了初始委托人与最终代理人之间的距离,使得监督变得更加缺乏效率,最终代理人的工作努力水平也随之下降[7]。林毅夫等人则从国有企业经营目标多元化的角度分析了国有企业的低效率,认为国有企业的存在是国家推行重工业优先发展战略的结果,国有企业被国家当作维持产业优势和代理履行政府职能的工具,国有企业的职能不是单一的,政策性负担使国有企业处于不利的竞争条件下。企业在追求自身利益的过程中,必然以此为借口要求国家承担不利的经营后果,这使得国有企业无法面对真正的市场竞争,国家也无法获得充分的信息指标来考核监督企业[8]。与林毅夫等人的研究相似,白重恩等人也提出了国有企业的多任务理论,认为国有企业不仅要进行商品生产,还要提供社会稳定。在社会保障体系不完备的情况下,国有企业要雇用过剩的劳动力来维护社会稳定,国有企业的效率低于非国有企业,不仅是因为国有企业要承担维护社会稳定成本,也因为政府对国有企业提供了低的生产激励。在社会稳定程度提高的情况下,政府会加速国有企业的产权改革[9]。施莱弗等人将国有企业的样本扩展到世界范围内,认为国有企业是政治家实现自己政治目标的工具,政治家对国有企业的控制导致国有企业追求政治目标,从而造成无效的资源配置[10]。鲍默尔从国有企业生产商品性质的角度解释了其效率低下的原因,他认为国防等公共产品的私人生产会导致"生产者道德风险"问题,私人利润动机与社会利益的冲突需要在道德风险与效率之间进行权衡,而国有企业的弱激励导致低效率是这种权衡的结果,国有企业因此被看作是解决"生产者道德风险"问题次优的制度安排[11]。

中国国有企业的改革实践一直是围绕着解决国有企业管理者的激励问题来进行的。改革者发现国有企业与西方现代公司面临着相同的问题。在公司内部,存在所有权与经营权的分离,分散的股东没有动机去监督公司经理,经理实际上控制着公司。经理的目标与所有者的目标是不同的,他的目标可能是在职消费、津贴、企业规模等,并且经理具有企业经营的私人信息,具有相机决策权,因此所有者必须找到约束经理的方法[12]。中国国有企业的改革方案借鉴了西方公司的治理模式,在形式上已经建立了现代企业制度。但是,国有企业与西方现代公司的根本区别是所有者主体不同。政府作为所有者代表的直接后果是政企不分,国有企业可以利用政府的行政力量取得垄断地位而获利,而政府可以利用国有企业实现政治目标。而国有企业的混合所有制改革通过引入其他资本形式参与经营,可以束缚政府行政力量的干预,打破国有企业的垄断地位,促进国有企业经营绩效的提高。

三、私人资本引入对国有企业经营目标的影响

新古典经济学认为市场机制可以实现资源的有效配置,但市场机制要发挥作用必然要求市场交易建立在产权明晰且可执行的基础之上。一般而言,家庭追求效用最大化,企业追求利润最大化。企业使预期利润最大化是新古典经济学的一个基本假说。现代公司内部所有权与经营权的分离,使利润最大化假说受到根本质疑。但是,委托代理理论研究发现,管理层的货币激励、标尺竞争、兼并、产品市场竞争和企业内监督等,会抑制管理层对利润最大化的偏离。

国有企业与现代公司的根本区别在于所有者的目标不同。现代公司的所有者追求的仍然是利润最大化,而国有企业因为由政府控制,所以必然要承担一定的政府职能,国有企业偏离利润最大化目标,不是因为所有权与经营权分离,而是因为"所有者缺位"造成政府对国有企业的控制。

下面将建立一个经济模型来说明：国有企业因为承担政府职能导致资源配置的低效率，国有企业的混合所有制改革因为引进了私人资本而抑制了国有企业对政府目标的追求，增强了对利润目标的追求，从而导致了资源配置效率的提高。

我们首先建立一个基本模型，假设企业以利润最大化为目标，企业仅使用劳动力一种生产要素进行生产，生产函数为 $y=\sqrt{L}$，假定商品的价格为1，劳动力的工资为 W，则企业的利润表达式为：$\pi=\sqrt{L}-WL$，利润最大化的劳动力投入由一阶条件 $\frac{1}{2\sqrt{L}}=W$ 给出：$L^*=\frac{1}{4W^2}$，企业的最大化利润为：$\pi^*=\frac{1}{4W}$。

假设国有企业生产相同的商品，国有企业因"所有者缺位"而被政府控制，即国有企业不仅要追求经济利益，也要承担政府职能，如要帮助政府解决劳动力就业问题。企业的目标函数可以表示为经济目标与政府目标的加权形式：$U=\lambda(\sqrt{L}-WL)+(1-\lambda)L$，表达式第一项为利润目标加权项，第二项为就业目标加权项，λ 为加权系数，$0\leq\lambda\leq 1$。国有企业目标最大化的劳动力投入满足一阶条件，$\lambda(\frac{1}{2\sqrt{L}}-W)+(1-\lambda)=0$。假设 W 足够大，存在内点解，目标最大化的劳动投入为：$L'=\frac{1}{4(W+1-\frac{1}{\lambda})^2}$。与利润最大化的企业相比较，$L'>L^*$，即承担政府职能的国有企业雇用了过多的劳动力，企业没有实现利润最大化，即 $\pi'<\pi^*$。从经济角度看，国有企业没有实现资源的最优配置。国有企业收支相抵的劳动力投入为：$L^0=\frac{1}{W^2}$，当国有企业因承担政府职能而雇佣的劳动力超过 L^0 时，企业利润将为负值。为了保证国有企业的正常生产，政府必须对其进行补贴，所以国有企业将面临预算软约束。

假设政府因为教育、医疗和养老等公共支出的增加而无力再对国有企业进行补贴，而国有企业为保证生存又必须获得外部的资金支持，则私人资本所有者就会因国有部门的开放而获得新的投资机会，混合所有制因而成为实现双方利益的一种产权组织形式。在混合所有制企业的经营过程中，私人资本所有者为保证自己的资本收益，会要求政府减少对国有企业施加政策性的负担，即要求降低 $1-\lambda$ 的数值，政府为了获得私人资本对国有企业的支持也会做出让步。由 $\frac{dL'}{d\lambda}=-\frac{1}{2(W+1-\frac{1}{\lambda})^3\lambda^2}<0$ 可知，政府目标的加权系数越小，国有企业承担的政府职能越

少,企业雇佣的劳动力越趋向于利润最大化的劳动力水平。在 $\lambda = 1$ 即政企完全分离的情况下,国有企业只追求利润目标,这时的资源配置将实现最优。可见,国有企业混合所有制改革通过引进私人资本强化了国有企业的利润动机,提高了国有企业资源配置效率。

从经验证据看,混合所有制改革确实提高了国有企业的经营绩效。古普塔以印度42家联邦和地方政府控制的企业为样本,比较了企业将股份出售给金融机构、国外机构投资者和公众前后企业绩效的变化,发现股份卖出之后,企业的利润水平、劳动生产率和投资支出都有了显著地增长[13]。李稻葵等以中国680个国有企业为样本,检验了国有企业改革的产权观点和委托代理观点,发现国有企业所有权的多元化对国有企业绩效的改进产生了显著影响,对管理层经营自主权的授予以及绩效激励则对国有企业的绩效没有产生显著影响,他们的经验证据支持了产权理论的观点[14]。贝克斯等人比较了不同所有制形式的国际航空公司的经营绩效,发现混合所有制航空公司在利润水平和劳动生产率方面都要超过公共所有制航空公司[15]。

四、私人资本引入对国有企业代理成本的影响

企业的监督理论是企业理论的一个重要分支,该理论强调了企业所有者具有监督职能的经济原因。奈特从风险分担的角度分析了企业所有者的监督职能,认为企业生产存在风险,当生产要素投入后,企业生产的产品数量和质量、价格与销售都面临着风险,企业要生产就要承担风险,由于个人承担风险的意愿不同,风险不可能在生产参与者之间平均分担。当承担风险的人保证了对其他人的支付,风险承担者要具有对被保险者监督的权利,防止被保险者的道德风险问题[16]。阿尔钦和德姆赛茨认为多个人的团队生产比单个人的生产更有效率,但团队生产面临"搭便车"问题,因为团队生产只有一个总产出,个人对总产出的贡献无法衡量,不能按照个人努力的投入进行奖惩,因此团队生产中每个人均有动机选择偷懒减少努力,让其他人承担努力成本。为了获得团队生产效率,需要有人对工人的努力进行监督。为了保证监督者有监督团队生产的激励,监督者应该是企业剩余收入的索取者,企业所有权与监督职能的统一,解决了团队生产面临的激励问题[17]。巴泽尔从节约生产过程中测度中间产品成本的角度来理解企业内监督活动,提出如果测度中间产品价值成本很高,而监督中间产品生产的投入可以获得中间产品价值信息,那么由单个人组成的企业要监督他前面生产阶段的企业的生产投入,这样的生产组织方式造成了巨大的监督成本,企业的出现导致所有监督活动集中在企业内部,节约了重复监督的成本[18]。

国有企业的"内部人控制"问题是企业的"所有者缺位"导致监督缺失造成的。国有企业的真正所有者即人民在对其进行监督时面临"免费乘车"的问题,难以实行有效的监督。政府机构的官员作为所有者的代理人存在监督激励不足的问题,因为他们不能得到监督国有企业的所有剩余收入。国有企业混合所有制改革通过引入私人资本解决了"所有者缺位"问题,私人资本的逐利性决定了其资本所有者会加强企业内部监督,从而解决国有企业的代理问题。

下面利用一个经济模型来说明国有企业混合所有制改革对国有企业内部监督的影响。假设企业所有者的劳动力投入为 $\bar{L}$,其中 L 部分用于企业内部监督,剩余的 $\bar{L}-L$ 部分用于个人闲暇。企业所有者对企业内的监督会减少企业雇员的偷懒行为,从而促进企业经营效率的提高。假设企业所有者获得的收益为 $\sqrt{L}$,则效用函数可以表示为:$U=\sqrt{L}+\bar{L}-L$,其用于企业内部监督的最优劳动投入满足一阶条件:$\frac{dU}{dL}=\frac{1}{2\sqrt{L}}-1=0$,即 $L^*=\frac{1}{4}$。

假设企业由代理人控制,代理人对企业雇员的监督提高了企业的绩效,但由于其不是企业所有者,所以只能获得监督产生的部分收益 $\lambda\sqrt{L}$,λ 代表收益份额。企业代理人的效用函数可以表示为:$U'=\lambda\sqrt{L}+\bar{L}-L$,其用于企业内监督的最优劳动投入满足一阶条件:$\frac{dU'}{dL}=\frac{\lambda}{2\sqrt{L}}-1=0$,即 $L'=\frac{\lambda^2}{4}$,由于 $0\leq\lambda<1$,所以 $L'<L^*$。即企业代理人用于监督的劳动投入低于企业所有者用于监督的劳动投入,企业代理人没有得到监督企业雇员产生的全部收益,因此缺乏监督激励。而企业所有者是企业剩余的索取者,其用于监督的劳动投入是最优的。由 $\frac{dL'}{d\lambda}=\frac{\lambda}{2}>0$ 可知,企业代理人用于监督的劳动投入随着获取收益的份额增加而增加,在极端情况下,即当 $\lambda=0$ 时,企业代理人由于没有得到由监督产生的任何收益,因此其所有劳动都用于闲暇,而用于监督的劳动投入 $L'=0$。

国有企业所有者的代理人不是企业剩余的索取者,他不能获得监督企业的任何收益,因此不具有监督企业的激励。国有企业混合所有制改革引入了私人资本,私人资本所有者是企业剩余的索取者,因而具有监督企业的动机,能解决国有企业"所有者缺位"造成的企业内部监督不足问题,改进企业的经营效率。

五、私人资本引入对国有企业技术进步的影响

国有企业的"所有者缺位"导致了政府对国有企业的控制,使国有企业承担了本应由政府承担的社会职能。国有企业在履行政府职能时会偏离利润最大化和成本最小化的目标,不仅导致了资源配置的低效率,也阻碍了国有企业的技术进步。因为在市场经济条件下,当国有企业面临技术密集型和劳动密集型两种生产技术需要做出选择时,即使选择技术密集型的生产技术可以带来更高的利润,可以雇用更少的劳动力,但为了帮助政府解决就业问题,国有企业很可能还是会选择无效率的劳动密集型生产技术。但当国有企业进行混合所有制改革后,私人资本的引入会有助于纠正国有企业经营目标的偏差,促使其选择更先进的生产技术。

假设国有企业的生产技术可以用柯布道格拉斯生产函数表示,技术进步使生产函数由 $Y_1 = K^{\frac{1}{3}} L^{\frac{1}{3}}$ 转变为 $Y_2 = K^{\frac{1}{2}} L^{\frac{1}{2}}$,使相对资本密集度由 $\omega_1 = \frac{1}{2}$ 转变为 $\omega_2 = 1$,所以技术进步为节约劳动型的技术进步。为便于说明,假设国有企业的资本投入 $K = 1$,技术进步发生前国有企业的利润为 $\pi_1 = L^{\frac{1}{3}} - WL$,技术进步发生后国有企业的利润为 $\pi_2 = L^{\frac{1}{2}} - WL$。在两种生产技术条件下,利润最大化的劳动力投入满足一阶条件 $\frac{1}{3\sqrt[3]{L^2}} = W$,$\frac{1}{2\sqrt{L}} = W$。最优的劳动力投入分别为 $L_1^* = \frac{1}{\sqrt{27W^3}}$ 和 $L_2^* = \frac{1}{4W^2}$。假设 W 足够大,则 $L_1^* > L_2^*$。利润最大化要求国有企业选择技术进步,但由于要帮助政府解决劳动力就业问题,所以,国有企业仍然会坚持选择最初的生产技术,即不会发生技术进步。孔祥等人估计了1990年至1994年间中国的建材、机械、化学和纺织四个行业的随机前沿生产函数,发现除机械行业发生了中性的技术进步以外,其他三个行业都没有发生明显的技术进步[19]。这也证实了国有企业发生技术进步的可能性比较低的结论。现实中,中国国有企业的技术进步来自自主创新的比较少,更多的是引进国外的技术,而国外的技术壁垒、国内低素质的人力资本以及为解决就业问题的现实需要,均制约了国有企业对先进技术的使用。但私人资本的引入会促使国有企业放弃政府目标,利润最大化的动机将促使其重视技术进步。

六、结论及政策建议

国有企业的混合所有制改革解决了国有企业的治理问题,私人资本所有者的出现使国有企业转变为混合所有制企业。产权形式的这种变化从三个方面影响了国有企业的经营绩效。首先,私人资本的引入明晰了国有企业的经营目标,强化了国有企业对经济目标的追求,降低了国企因承担政府职能而对企业经营的不利影响,实现了资源配置的优化。其次,私人资本的引入有助于强化企业内的监督,有助于解决国企所有者缺位产生的监督不足问题。最后,私人资本的引入会促使国有企业选择更有效的生产技术。作为一种产权组织形式变革,混合所有制改革不仅提高了国有企业的经营效率,也为私人资本提供了新的投资机会,是未来中国经济改革的重要突破口。国有企业混合所有制改革有助于进一步释放改革红利,维持中国经济的持续发展。

从混合所有制改革的政策措施来看,混合所有制改革要取得成功,首先要建立产权保护制度。国有企业混合所有制改革要求保证国有资产的保值增值。为此,国有资产的定价要科学合理,既要防止因定价偏低而导致资产流失,也要防止定价过高阻碍私人资本的投资积极性。国有资产的定价与交易要充分利用市场机制,保证价格合理和交易透明。国有企业混合所有制改革也要解决私人资本投资国有企业的激励问题,而这有赖于私营资本的收益权得到充分保障。私人资本只追求经济回报,国有资本却还要追求经济之外的政治回报,因而两者的目标会存在冲突。在冲突发生时,国有资本有机会和有可能凭借自己可以指定规则的权力侵害私营资本利益。因此,政府需要提供具有承诺可信性的产权保护制度,要通过完善立法、约束公权力和维护政府声誉来确保政府承诺的可信性。

其次,混合所有制改革要明确私人资本所有者的权利。混合所有制改革带来的效率改进依赖于私人所有者在混合所有制企业中的地位。如果国有企业仍然保持绝对的控股地位,私人资本所有者在企业重大决策方面不具有发言权,这样的混合所有制企业与过去的国有企业就没有任何差别。而如果国有企业对政府目标的追求不受到任何约束,那么政企不分也仍然会持续下去。只有当私人资本所有者与国有股东处于平等地位,私人资本所有者享有所有者权利,双方可以就企业的决策进行公平协商时,国有企业的经营绩效才可能发生根本转变。

最后,混合所有制改革必须减少政府对企业经营的干预。党的十八届三中全会《决定》明确指出,经济体制改革核心问题是处理好政府与市场的关系,要求着力解决政府干预过多和监管不到位问题。作为混合所有制企业的国有资本出资人,政府具有干预企业生产经营决策的动机。政府的干预分为积极干预和消极干预。社会福利最大化的仁慈政府为获取合法的社会和政治目标,在经济环境发生变化时,会直接干预混合所有制企业,这种干预措施是积极的;当政府被特殊利益集团俘获时,政府对混合所有制企业的干预是消极的,其干预的目的是为了寻求租金,为利益集团服务,此时政府干预会损害其他资本所有者的经济利益,甚至政府可能会剥夺其他资本所有权。当此之时,其他资本所有者对混合所有制企业的投资就会采取谨慎的态度,混合所有制改革也就不可能进行下去。对此,我们必须始终保持警醒。

参考文献

[1] STIGLITZ J E. Symposium on organizations and economics[J]. Journal of Economic Perspectives, 1991, 5(2): 15-24.

[2] COASE R. The nature of the firm[J]. Economica, 1937, 4:233-261.

[3] DE ALESSI L. On the nature and consequences of private and public enterprises[J]. Minnesota Law Review, 1982, 67: 191-209.

[4] 雅诺什·科尔奈. 社会主义体制[M]. 北京:中央编译出版社, 2007.

[5] 周其仁. 公有制企业的性质[J]. 经济研究, 2000(11):3-12.

[6] CALVO G, WELLISZ S. Supervision, loss of control, and the optimum size of the firm[J]. Journal of Political Economy, 1978: 943-952.

[7] 张维迎. 公有制经济中的委托人—代理人关系:理论分析和政策含义[J]. 经济研究, 1995(4):10-20.

[8] LIN JUSTIN YIFU, FANG CAI. Competition, policy burdens, and state-owned enterprise reform[J]. American Economic Review: Paper and Proceedings, 1998, 88(2):422-27.

[9] BAI CHONG-EN, LI DAVID D. A multitask theory of state enterprise reform[J]. Journal of Comparative Economics, 2000, 28(4):716-738.

[10] SHLEIFER ANDREI, ROBERT VISHNY. Politicians and firms[J]. Quarterly Journal of Economics, 1994, 109: 995-1025.

[11] BAUMOL W J. Toward to a theory of public enterprise[J]. Atlantic Economic Journal, 1984: 13-19.

[12] BERLEY A A J, MEANS G C. The modern corporation and private property[M]. New York: Macmillan, 1932.

[13] GUPTA N. Partial privatization and firm performance[J]. Journal of Finance, 2005, 2: 987-1015.

[14] DAVID D LI, CHANGQI WU. The ownership school vs. the management school of state enterprise reform: evidence from China[R]. William Davidson Working Paper, 2002:435.

[15] BACKXA M, M CARNEYB, E GEDAJLOVICC. Public, private and mixed ownership and the performance of international airlines[J]. Journal of Air Transport Management, 2002, 4: 213-220.

[16] KNIGHT F. Risk, uncertainty and profit[M]. New York: Houghton Mifflin Co, 1921.

[17] ALCHIAN A, H DEMSETZ. Production, information costs and economic organization[J]. A-

merican Economic Review,1972,62(5): 777-795.

[18] BRAZEL Y.Measurement costs and the organization of market[J].Journal of Law and Economics, 1982, 25: 27-48.

[19] KONG XIANG, R MARKS, GUANG HUA WAN.Technical efficiency, technological change and total factor productivity growth in Chinese state-owned enterprises in the early 1990s[J]. Asian Economic Journal,1999,13(3):267-281.

企业过度投资新视角：
风险偏好与政治治理[①]

一、引言

投资是企业存续和发展的必备条件，有效投资是企业成长和价值增长的原动力。然而，受市场不完善、企业家非理性决策行为、公司治理机制不完备等因素的影响，我国存在严重的过度投资问题，极大地损害了投资者利益，降低了公司的价值。现有文献从委托代理理论、信息不对称理论、自由现金流理论、壕沟防御理论与过度自信理论等视角对企业过度投资问题展开了丰富的研究，但涉及企业家异质性特征对企业过度投资影响的研究不多，从企业家风险偏好等心理特征研究企业过度投资问题的成果则尤其缺乏。相关研究偏重从企业家人口特征来分析企业的过度投资，并集中于企业外部的政治资源（政企联系、政治关联、政府干预等）对企业投资行为的影响。

本研究试图从企业家的风险偏好特征切入，以2007—2012年沪深交易所A股非金融类上市公司为研究样本，从企业内部的政治治理（党委书记兼任董事长或总经理）视角，探讨我国上市公司的企业家风险偏好对企业过度投资的影响。

文章结构如下：第二部分为理论分析与研究假说；第三部分为研究设计，主要包括数据来源、模型设定及变量说明；第四部分为实证检验及分析；第五部分为稳健性检验；最后为研究结论。

[①] 原载于《广东财经大学学报》2015年第1期第60-71页。
作者：程博，浙江农林大学暨阳学院教授，上海财经大学会计学院博士研究生；王菁，上海财经大学国际工商管理学院博士研究生；熊婷，浙江农林大学暨阳学院讲师。

二、理论分析与研究假设

企业家风险偏好与过度投资

企业的投资行为是由企业家做出的,受企业家的个人背景、特质、风险偏好、认知局限、信念、情感等因素的影响(Kahneman,1972)[1]。Simon(1947)[2]认为,在不完全信息及不确定的现实世界里,企业家难以甚至不可能通过获取全部信息做出完全理性的投资决策,表征出投资行为偏差,最终偏离最优投资水平。这种偏差是个体心理特征的一种外在表现形式,它很难由人口特征变量所刻画,但对企业非理性投资决策行为却具有重要影响(Thaler,1985)[3]。当企业家依据潜在收益做出投资决策时,常常有规避风险的倾向;而当其依据潜在损失做出投资决策时,则会增强风险意识性(Kahneman和Tversky,1979)[4]。Lisa(2010)[5]的研究发现,人的情感状态也会影响风险感知和风险选择,处于愉悦情感状态的投资决策者倾向于风险选择或者追逐较大的风险,而处于非愉悦情感状态的投资决策者会规避风险选择或者选择较小的风险(Cacioppo等,1999;Peters和Slovic,2000)[6-7]。

可见,企业家心理特征所表征出的风险偏好异质性对企业投资行为有着重要的影响。而在实践中,风险不仅可以为企业带来超出预期的收益,也可能带来超出预期的损失;风险与收益是相对称的,企业家为了获取收益而进行投资总要面临着不确定性所带来的风险。为了最大化企业价值,企业家在投资决策时通常会对投资项目进行评估,选择预期净现值为正的项目(李文贵和余明桂,2012)[8]。风险偏好的企业家在投资决策时倾向于选择高风险的投资项目(预期净现值大于零),通常表现出较高的企业投资水平,容易导致企业过度投资,使得企业价值遭受损失和偏离企业财务管理目标(Puri和Robinson,2007;Billetta和Qian,2008;Aktas等,2009;王霞等,2008)[9-12];风险厌恶的企业家在投资决策时倾向于选择低风险的投资项目(预期净现值大于零),最终表征出较低的企业投资水平,可能导致企业投资不足、低效投资等非效率投资行为(Bhojraj和Libby,2005;Edmans,2009;Goel和Thakor,2010)[13-15]。程博(2014)[16]以非国有控股中小企业上市公司为样本的研究发现,企业家风险厌恶程度这种异质性会导致企业非效率投资行为。基于以上分析,本文提出:

假设:在控制其他变量不变的情况下,企业家风险偏好与企业过度投资呈显著的正相关关系。

三、研究设计

(一)样本选择与数据来源

本文以2007年至2012年深沪交易所A股非金融类上市公司为研究样本,剔除ST、*ST公司、主要数据缺失的公司以及样本观测值按行业及年度不足15个观测值的公司。有关政治治理的相关数据来自国泰安公司的CSMAR数据库并通过手工搜集整理,同时,依据新浪财经网、金融界、巨潮资讯网、沪深证券交易所等专业网站披露的信息,对数据进行了核实和印证;其他数据主要来源于CSMAR数据库及公司年报,对于无法从数据库提取和计算的部分变量,通过手工搜集整理得出。

为保证数据的有效性并消除异常样本对检验结果的影响,本文采用Winsorization方法对主要的连续变量在1%分位数进行缩尾处理。研究使用的统计及数据处理软件为STATA12.0。

(二)模型设定及变量定义

本文根据Richardson(2006)[26]度量企业投资期望的模型来计量过度投资水平。企业投资包含两个部分:一是由企业投资机会决定的预期投资支出;二是企业的非正常投资支出,该支出可能为正也可能为负,为正的部分代表过度投资。具体计量模型如下:

$$Invest_{i,t} = \alpha + \beta_1 Grow_{i,t-1} + \beta_2 Cash_{i,t-1} + \beta_3 Ret_{i,t-1} + \beta_4 Age_{i,t-1} + \beta_5 Lev_{i,t-1} + \beta_6 Size_{i,t-1} + \beta_7 Invest_{i,t-1} + \sum Year + \sum Industry + \zeta \quad (1)$$

式中,$Invest_{i,t}$和$Invest_{i,t-1}$分别代表i公司第t年和$t-1$年的新增投资支出;$Grow_{i,t-1}$代表公司$t-1$年的投资机会代理变量,根据辛清泉等(2007)[27]的研究,以$t-1$年的主营业务收入增长率来衡量;$Cash_{i,t-1}$代表$t-1$年的公司现金持有量,由年初货币资金持有量与年初总资产之比确定;$Ret_{i,t-1}$代表公司$t-1$年的股票年度回报率;$Age_{i,t-1}$代表$t-1$年的公司上市年龄;$Lev_{i,t-1}$代表$t-1$年的公司年末资产负债率;$Size_{i,t-1}$代表$t-1$年的公司规模;$Invest_{i,t-1}$代表$t-1$年的公司新增投资支出。以上变量的具体定义见表1。

对上述模型按年度分行业进行回归估计,得到企业新增投资支出的估计值(即企业正常投资水平);用企业t年的实际新增投资支出减去企业新增的投资支出的估计值,得到企业的非正常投资支出(即残差)。借鉴姜付秀等(2009)[28]和钟海燕等(2010)[29]对过度投资的定义,如果企业t年的实际新增投资支出减去企业新增投资支出的估计值为正,则定义为企业过度投资(Overinvest),并用残差大小代表企业过度投资的程度。稳健性检验借鉴 Richardson(2006)[26]和 Biddle 等(2009)[30]的度量企业非效率投资的方法,先按年度及行业回归得到残差项,再按回归残差大小将样本分为四组或三组,中间的两组或一组为适度投资,残差最小的一组为投资不足,残差最大的一组为投资过度。本文只对过度投资组进行专门考察。

为检验假设 1,将待检验的回归模型设定为:

表1 变量的操作性定义

变量类型	变量名称	变量符号	变量说明
被解释变量	新增投资支出	Invest	根据现金流量表中"购置固定资产、无形资产和其他长期资产所支付的现金"与"处置固定资产、无形资产和其他长期资产而收回的现金"之差除以年初总资产来确定
	过度投资	Overinvest	根据 Richardson(2006)[26]和 Biddle 等(2009)[30]度量企业非效率投资的方法,按照每年度分行业回归的残差确定
解释变量	企业家风险偏好	Risk	根据 Bettis 和 Mahajan(1985)[31]和 Miller 和 Chen(2004)[32]的方法,采用公司总资产收益率(ROA)的标准差来衡量企业家风险偏好,其中总资产收益率的标准差则以样本公司当年以及前5年的总资产收益率(ROA)计算而得
	政治治理	PG	用公司党组织中党委书记是否参与公司治理来衡量,如果党委书记兼任董事长或总经理之一时取1,否则为0
控制变量	自由现金流	FCF	根据现金流量表中经营活动产生的现金流量净额除以期末总资产
	管理费用率	Gxfee	根据利润表中的管理费用与主营业务收入之比确定
	投资者保护	IP	根据樊纲等历年编制的中国市场化指数中的各地区生产者合法权益保护得分作为代理变量
	第一大股东持股比例	First	根据第一大股东持股数与公司总股本之比确定
	管理层持股比例	M_share	根据管理层持股数与公司总股本之比确定

续表

变量类型	变量名称	变量符号	变量说明
控制变量	大股东资金占用	Tunnel	根据当期上市公司大股东及关联方占用上市公司其他应收款净额除以期末资产总额来确定
	两职兼任	Dual	董事长兼任总经理时取1,否则为0
	两权分离度	SEP	为控制权与所有权之间的差值
	独立董事比例	Ind_per	独立董事人数/董事会总人数
	成长机会	Grow	公司主营业务收入增长率
	现金持有量	Cash	年初货币资金持有量与年初总资产之比
	股票收益率	Ret	公司股票的年度回报率
	上市年龄	Age	公司上市年龄
	财务杠杆	Lev	期末负债总额/期末资产总额
	公司规模	Size	主营业务收入的自然对数
	企业性质	State	国有控股公司取1,非国有控股公司取0
	所属行业	Industry	行业虚拟变量
	所属年份	Year	年度虚拟变量

$$Overinvest = \alpha + \beta_1 Risk + \beta_2 PG + \beta_3 Gxfee + \beta_4 IP + \beta_5 First + \beta_6 M\_share + \beta_7 Tunnel + \beta_8 Dual + \beta_9 SEP + \beta_{10} Ind\_per + \beta_{11} Grow + \beta_{12} Lev + \beta_{13} Size + \beta_{14} State + \sum Year + \sum Industry + \tau \quad (2)$$

为检验假设2,将待检验的回归模型设定为:

$$Overinvest = \alpha + \beta_1 Risk + \beta_2 PG + \beta_3 Risk \times PG + \beta_4 Gxfee + \beta_5 IP + \beta_6 First + \beta_7 M\_share + \beta_8 Tunnel + \beta_9 Dual + \beta_{10} SEP + \beta_{11} Ind\_per + \beta_{12} Grow + \beta_{13} Lev + \beta_{14} Size + \beta_{15} State + \sum Year + \sum Industry + \xi \quad (3)$$

模型各变量定义见表1。其中,Overinvest代表被解释变量,用来衡量企业过度投资的程度,该指标数值越大,代表企业过度投资的程度越高;Risk为关键解释变量,用来衡量企业家风险偏好,参考Bettis和Mahajan(1985)[31]、Miller和Chen(2004)[32]、吴卫华等(2014)[33]的方法,以公司总资产收益率(ROA)的标准差来衡量,其中总资产收益率的标准差根据样本公司近5年的总资产收益率(ROA)计算而得,该指标越大,代表企业家承担风险的意愿越强;PG为调节变量政治治理,借鉴雷海民等(2012)[21]、马连福等(2013)[18]、程博和王菁(2014)[19]等的相关研究,用公司党组织中党委书记是否参与公司治理来衡量,党委书记兼任公司董事长或总经理时取1,否则为0。模型中的控制变量参照程新生等(2012)[34]、徐业坤等(2013)[35]等研究的常用设定,在回归模型中加入自由现金流(FCF)、管理费用率($Gxfee$)、投资者保护(IP)、第一大股东持股比例($First$)、管理层持股比例(M_share)、大股东资金占用($Tunnel$)、两职兼任($Dual$)、两权分离度(SEP)、独立董事比例(Ind_per)、成长机会($Grow$)、财务杠杆(Lev)、公司规模($Size$)和企业性质($State$)。同时,在模型中加入行业($Industry$,按制造业细类划分)和年度($Year$)控制变量,以控制其他未观察到的因素对企业过度投资可能产生的影响。相关变量的具体说明见表1。

四、实证检验及分析

(一)描述性统计分析结果

表2中的PanelA报告了过度投资模型变量的描述性统计结果。从中可以看出,新增投资支出的平均值为0.071,标准差为0.086,说明不同公司的投资支出水平存在一定差异;公司前一年主营业务收入增长率的平均值为29.1%,标准差为0.919,最小值为-79.5%,最大值为731.6%,这意味着各公司成长机会差异较大。其他变量方面,公司现金持有量的平均值为0.196,股票收益率的平均值为0.461,上市年龄的平均值为9.150,资产负债率的平均值为53.70%,公司规模的平均值为20.98。进一步从最小值、最大值、中位数等数据来看,样本公司财务特征差异明显。

表2中的PanelB报告了主要变量的描述性统计结果。从中可以看出,过度投资水平的平均值为0.072,中位数为0.053,标准差为0.070,表明各公司过度投资水平差异较大;企业家风险偏好程度的平均值为0.050,标准差为0.106,说明企业家对承担风险偏好的意愿存在较大差异;在样本公司中,有25.5%的公司党委书记兼任董事长或总经理;其他变量方面,自由现金流的平均值为0.048,管理费用率的平均值为0.097,投资者保护的平均值为5.517,管理层持股比例的平均值为0.5%,大股东资金占用的平均值为2.22%;样本公司有13.5%的董事长兼任总经理,两权分离度的平均值为6.032,独立董事比例的平均值为36.5%,主营业务收入增长率的平均值为26.5%,资产负债率的平均值为52.9%,公司规模的平均值为21.25,样本公司有15.0%的国有控股企业。整体来看,样本公司的财务特征存在一定程度的差异。

表 2 主要变量描述性统计

Panel A: 过度投资模型的变量描述性统计

Variable	Mean	S.D	Min	Q1	Median	Q3	Max
$Invest$	0.071	0.086	0.000	0.014	0.046	0.100	0.457
$Grow_{-1}$	0.291	0.919	−0.795	−0.006	0.146	0.329	7.316
$Cash_{-1}$	0.196	0.166	0.002	0.081	0.147	0.256	0.784
Ret_{-1}	0.461	1.137	−0.781	−0.405	0.003	1.166	4.416
Age_{-1}	9.150	5.531	0	4	10	14	19
Lev_{-1}	0.537	0.245	0.077	0.383	0.529	0.664	1.779
$Size_{-1}$	20.98	1.596	16.08	20.02	20.93	21.89	25.18
$Invest_{-1}$	0.098	2.138	−69.71	0.013	0.044	0.099	143.1

Panel B: 主要变量的描述性统计

Variable	Mean	S.D	Min	Q1	Median	Q3	Max
$Overinvest$	0.072	0.070	0	0.025	0.053	0.097	0.380
$Risk$	0.050	0.106	0.001	0.013	0.024	0.047	0.936
PG	0.255	0.436	0	0	0	1	1
FCF	0.048	0.085	−0.238	0.003	0.046	0.097	0.289
$Gxfee$	0.097	0.139	0.010	0.041	0.068	0.106	1.592
IP	5.517	1.724	−1.910	4.440	5.370	6.780	9.010

续表

PanelB: 主要变量的描述性统计

First	19.70	17.54	0.271	4.459	13.80	32.02	63.68
M_share	0.005	0.027	0	0	0	0	0.198
Tunnel	0.022	0.034	0.000	0.004	0.011	0.024	0.239
Dual	0.135	0.342	0	0	0	0	1
SEP	6.032	8.110	0	0	0	11.46	28.51
Ind_per	0.365	0.051	0.273	0.333	0.333	0.375	0.569
Grow	0.265	0.864	−0.795	−0.020	0.136	0.310	7.316
Lev	0.529	0.226	0.077	0.382	0.529	0.664	1.779
Size	21.25	1.497	16.08	20.36	21.20	22.10	25.18
State	0.150	0.357	0	0	0	0	1

(二)相关性系数分析结果

表3中的Panel A报告了过度投资模型变量的 *Pearson* 相关系数结果,可以看出,当期新增投资支出($Invest$)与上一期成长机会($Grow_{-1}$)、现金持有量($Cash_{-1}$)、股票收益率(Ret_{-1})、公司规模($Size_{-1}$)和新增投资支出($Invest_{-1}$)显著正相关,与上一期资产负债率(Lev_{-1})、上市年龄(Age_{-1})显著负相关($p<0.01$)。Panel B报告了主要变量的 *Pearson* 相关系数结果,可以看出,企业家风险偏好($Risk$)与过度投资($Overinvest$)的相关系数为0.081,且在1%显著水平上正相关,说明企业风险偏好与过度投资保持了同步性,初步支持了假设1;政治治理(PG)与过度投资($Overinvest$)在10%显著水平上负相关,初步表明政治治理对企业过度投资有一定的抑制作用。自由现金流(FCF)和两职兼任($Duality$)与过度投资($Overinvest$)显著正相关,投资者保护(IP)、大股东资金占用($Tunnel$)、资产负债率(Lev)和公司规模($Size$)与过度投资($Overinvest$)显著负相关($p<0.01$)。此外,PanelB中主要变量的相关系数大部分在0.3以内。随后对变量进行多重共线性检验,检验结果表明,方差膨胀因子(VIF)介入1.02-1.66之间,VIF的均值为1.14(远远小于10),说明变量之间不存在严重的多重共线性。

(三)多元回归分析结果

表4报告了企业家风险偏好与过度投资之间关系的检验结果,模型(1)(2)(3)均具有显著的解释力($p<0.01$)。其中,模型(1)为基本模型,包含了控制变量和调节变量;模型(2)包含了控制变量、调节变量和解释变量;模型(3)则进一步包含了调节变量的交互作用。模型(2)的检验结果显示,在控制其他变量不变的情况下,企业家风险偏好($Risk$)与过度投资($Overinvest$)之间呈显著的正相关关系($beta=7.593, p<0.01$),并且在模型(3)的检验中依旧稳健($beta=8.892, p<0.01$),意味着企业家承担风险的意愿越强,企业过度投资的程度越高,这与相关性分析的结论一致,从而假设1得到验证。模型(3)检验了政治治理的调节作用,回归结果表明,在控制其他变量不变的情况下,政治治理(PG)与企业家风险偏好($Risk$)的交互项($PG×Risk$)及过度投资($Overinvest$)呈显著的负相关关系($beta=-9.837, p<0.01$),说明政治治理负向调节企业家风险偏好与过度投资之间的正相关关系(见图1),有政治治理的公司会抑制企业家风险偏好对过度投资的正向影响,从而支持了假设2。政治治理的调节效应如图1所示,可以清楚看到,与没有政治治理($PG=0$)的公司相比,有政治治理($PG=1$)的公司可以削弱企业风险偏好与过度投资之间的正相关关系。

表3 主要变量的相关系数矩阵

PanelA:过度投资模型的变量相关性系数

	Invest	Grow$_{-1}$	Cash$_{-1}$	Ret$_{-1}$	Age$_{-1}$	Lev$_{-1}$	Size$_{-1}$	Invest$_{-1}$
Invest	1							
Grow$_{-1}$	0.027**	1						
Cash$_{-1}$	0.103***	0.013	1					
Ret$_{-1}$	0.038***	0.093***	−0.085***	1				
Age$_{-1}$	−0.270***	0.007	−0.385***	−0.001	1			
Lev$_{-1}$	−0.070***	0.024*	−0.247***	0.025**	0.128***	1		
Size$_{-1}$	0.041***	0.084***	−0.082***	−0.059***	0.090***	0.068***	1	
Invest$_{-1}$	0.020*	−0.048***	0.008	−0.008	0.001	0.001	0.007	1

PanelB:主要变量的相关性系数

	Overinvest	Risk	PG	FCF	Gxfee	IP	First	M_share
Overinvest	1							
Risk	0.081***	1						
PG	−0.030*	−0.056***	1					
FCF	0.144***	−0.073***	0.033**	1				
Gxfee	0.023	0.308***	−0.057***	−0.080***	1			
IP	−0.073***	−0.033**	0.021	−0.033**	−0.032**	1		
First	0.007	−0.132***	0.040***	0.031**	−0.104***	0.101***	1	

续表

PanelB：主要变量的相关性系数

	Tunnel	Dual	SEP	Ind_per	Grow	Lev	Size	State
M_share	0.015	−0.027*	−0.093***	0.009	−0.008	0.071***	−0.056***	1
Tunnel	−0.066***	0.152***	−0.066***	−0.107***	0.218***	−0.063***	−0.123***	−0.034**
Dual	0.037**	0.102***	0.055***	−0.019	0.078***	0.001	−0.062***	0.082***
SEP	0.015	0.065***	−0.068***	0.034**	−0.027*	−0.014	0.060***	−0.041***
Ind_per	−0.013	0.050***	−0.003	−0.062***	0.019	−0.037***	0.039***	−0.005
Grow	−0.002	0.094***	−0.027*	0.026*	−0.082***	−0.038***	−0.045***	−0.015
Lev	−0.050***	0.275***	−0.001	−0.188***	0.050***	−0.040***	−0.021	−0.095***
Size	−0.077***	−0.255***	0.107***	0.111***	−0.532***	0.095***	0.215***	−0.036**
State	−0.011	−0.027*	0.008	−0.012	−0.046***	0.014	0.071***	−0.072***

	Tunnel	Dual	SEP	Ind_per	Grow	Lev	Size	State
Tunnel	1							
Dual	0.042***	1						
SEP	−0.027*	−0.003	1					
Ind_per	0.058***	−0.042***	−0.048***	1				
Grow	−0.031**	0.016	0.005	0.016	1			
Lev	0.212***	0.002	−0.006	0.012	0.037***	1		
Size	−0.229***	0.115***	0.042***	−0.010	0.092***	0.159***	1	
State	−0.070***	0.056***	0.088***	−0.029**	0.002	−0.013	0.048***	1

注：***、**、*分别表示1%、5%、10%的显著性水平。下表同。

其他控制变量的符号显示:自由现金流(FCF)与过度投资(Overinvest)显著正相关($p<0.01$),两职兼任(Dual)亦与过度投资(Overinvest)显著正相关($p<0.05$),表明公司自由现金流越充足,董事长兼任总经理的公司,发生过度投资的程度越高;大股东资金占用(Tunnel)越多,投资者保护程度(IP)越高,规模(Size)越大的公司,发生过度投资的程度越低。

表4 回归检验结果

变量名称	(1)	(2)	(3)
PG	-0.610**	-0.620**	-0.236
	(-1.96)	(-1.98)	(-0.69)
Risk		7.593***	8.892***
		(3.68)	(3.90)
PG × Risk			-9.837***
			(-3.30)
FCF	8.426***	8.127***	8.031***
	(4.92)	(4.79)	(4.73)
Gxfee	0.244	-0.602	-0.700
	(0.16)	(-0.42)	(-0.50)
IP	-0.226***	-0.235***	-0.241***
	(-2.75)	(-2.91)	(-2.98)
First	0.012	0.015*	0.014*
	(1.47)	(1.78)	(1.76)
M_share	3.213	3.801	3.772
	(0.77)	(0.91)	(0.90)
Tunnel	-12.482**	-12.840**	-13.328***
	(-2.36)	(-2.52)	(-2.65)
Dual	1.068**	0.934**	0.922**
	(2.51)	(2.20)	(2.17)
SEP	0.011	0.007	0.007
	(0.70)	(0.44)	(0.45)
Ind_per	0.883	0.197	0.130
	(0.35)	(0.08)	(0.05)

续表

变量名称	(1)	(2)	(3)
Grow	0.335*	0.238	0.222
	(1.67)	(1.34)	(1.26)
Lev	−0.904	−1.843**	−1.800**
	(−1.24)	(−2.43)	(−2.40)
Size	−0.506***	−0.402***	−0.406***
	(−3.73)	(−3.02)	(−3.06)
State	−0.033	−0.047	−0.073
	(−0.08)	(−0.12)	(−0.18)
Year / Industry	Yes	Yes	Yes
_cons	17.891***	15.616***	15.602***
	(5.69)	(5.05)	(5.06)
R^2	0.093	0.101	0.103
$Adj.R^2$	0.083	0.090	0.092
F	9.052***	9.115***	8.970***
N	3 085	3 085	3 085

注:(1)上述模型是通过Robust异方差稳健性检验和企业层面Cluster调整的稳健性估计后的结果;(2)被解释变量为过度投资(*Overinvest*);(3)括号内为t值。

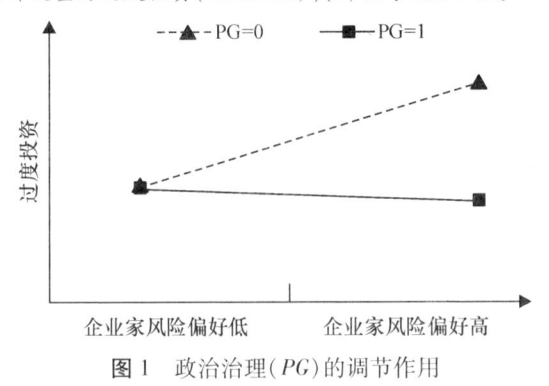

图1 政治治理(*PG*)的调节作用

五、稳健性检验

(一)过度投资测量方式更换及检验结果

为保证结果的稳健性,本文通过以下方法重新测量过度投资:先按年度分行业进行回归估计得到残差,再按照残差大小对样本进行分组,残差最小的一组表示投资不足,最大的一组表示投资过度,中间部分为适度投资。表5中的PanelA按照以上方法将残差分为四组,处在最大残差的一组代表企业存在过度投资现象(简称四分法)。模型(2)的检验结果显示,在控制其他变量不变的情况下,企业家风险偏好($Risk$)与过度投资($Overinvest$)之间呈显著的正相关关系($beta = 10.360, p<0.05$),并且在模型(3)的检验中依旧稳健($beta = 12.252, p<0.01$),再次表明企业家承担风险的意愿越强、企业过度投资的程度越高,假设1进一步得到验证。模型(3)的检验结果表明,在控制其他变量不变的情况下,政治治理(PG)与企业家风险偏好($Risk$)的交互项($PG×Risk$)及过度投资($Overinvest$)呈显著的负相关关系($beta = -27.690, p<0.01$),再次支持了假设2。

表5中的PanelB按照以上方法将残差分为三组,处在最大残差的一组代表企业存在过度投资现象(简称三分法)。模型(2)的检验结果显示,在控制其他变量不变的情况下,企业家风险偏好($Risk$)与过度投资($Overinvest$)之间呈显著的正相关关系($beta = 10.393, p<0.01$),并且在模型(3)的检验中依旧稳健($beta = 12.330, p<0.01$),再次验证了假设1。模型(3)的检验结果表明,在控制其他变量不变的情况下,政治治理(PG)与企业家风险偏好($Risk$)的交互项($PG×Risk$)及过度投资($Overinvest$)呈显著的负相关关系($beta = -24.011, p<0.01$),依然支持假设2。

(二)企业家风险偏好测量方式更换及检验结果

以样本公司近3年的总资产收益率(ROA)的标准差来衡量企业家风险偏好,并选用近3年的样本观测值得到模型的回归结果,如表6所示。表6的各个模型都具有显著的解释力($p<0.01$)。回归结果显示,在控制其他变量不变的情况下,企业家风险偏好($Risk$)与过度投资($Overinvest$)之间呈显著的正相关关系($beta = 12.188, p<0.01$),并且在模型(3)的检验中依旧稳健($beta = 15.451, p<0.01$);在控制其他变量不变的情况下,政治治理(PG)与企业家风险偏好($Risk$)的交互项($PG×Risk$)及过度投资($Overinvest$)呈显著的负相关关系($beta = -14.600, p<0.05$)。检验结果再次验证了假设1和假设2。

表 5 稳健性检验结果

变量名称	PanelA:四分法 (1)	(2)	(3)	PanelB:三分法 (4)	(5)	(6)
PG	−0.871	−0.870	0.253	−0.851*	−0.875*	0.058
	(−1.50)	(−1.49)	(0.39)	(−1.82)	(−1.86)	(0.11)
Risk		10.360**	12.252***		10.393***	12.330***
		(2.54)	(2.74)		(2.73)	(2.94)
PG×Risk			−27.690***			−24.011***
			(−3.71)			(−3.91)
控制变量	Yes.	Yes.	Yes.	Yes.	Yes.	Yes.
_cons	29.864***	25.769***	26.807***	25.846***	22.135***	22.914***
	(5.96)	(5.16)	(5.40)	(5.97)	(5.16)	(5.36)
R^2	0.261	0.274	0.281	0.247	0.260	0.266
$Adj.R^2$	0.236	0.249	0.256	0.229	0.241	0.247
F	12.449***	13.111***	12.901***	15.157***	15.461***	15.295***
N	1 125	1 125	1 125	1 506	1 506	1 506

注：（1）上述模型是通过 Robust 异方差稳健性检验和企业层面 Cluster 调整的稳健性估计后的结果；（2）被解释变量为过度投资（Overinvest）；（3）括号内为 t 值；（4）限于篇幅，模型中的自由现金流（FCF）、管理费用率（Gxfee）、管理层持股比例（M_share）、大股东资金占用（Tunnel）、两职兼任（Dual）、两权分离度（SEP）、投资者保护（IP）、第一大股东持股比例（First）、成长机会（Grow）、独立董事比例（Ind_per）、财务杠杆（Lev）、公司规模（Size）和企业性质（State）、行业（Industry）和年度（Year）控制变量未予列示。表 6~7 同。

表 6　稳健性检验结果

变量名称	(1)	(2)	(3)
PG	-0.558	-0.626*	-0.184
	(-1.50)	(-1.67)	(-0.45)
$Risk$		12.188***	15.451***
		(2.96)	(3.17)
$PG \times Risk$			-14.600**
			(-2.57)
控制变量	Yes	Yes	Yes
$\_cons$	18.971***	16.518***	16.538***
	(4.80)	(4.16)	(4.19)
R^2	0.096	0.104	0.107
$Adj.R^2$	0.074	0.083	0.085
F	5.316***	5.234***	4.966***
N	1480	1480	1480

以样本公司近3年的总资产收益率(ROA)的标准差来衡量企业家风险偏好，并按照四分法和三分法重新测量过度投资，重新进行回归检验的结果见表7。表7的检验结果再次表明，在控制其他变量不变的情况下，企业家风险偏好($Risk$)与过度投资($Overinvest$)之间呈显著的正相关关系，政治治理(PG)负向调节企业家风险偏好($Risk$)与过度投资($Overinvest$)之间的正相关关系。假设1和假设2再次得到验证。通过上述不同方法的调整与检验，文中结果均未发生显著变化，表明本文的检验结果与分析是比较稳健的。

表7 稳健性检验结果

变量名称	PanelA:四分法 (1)	(2)	(3)	(4)	PanelB:三分法 (5)	(6)
PG	−0.550	−0.598	0.852	−0.793	−0.884	0.389
	(−0.72)	(−0.78)	(1.07)	(−1.32)	(−1.46)	(0.62)
Risk		9.856*	15.438**		11.012*	19.831***
		(1.70)	(2.20)		(1.89)	(2.70)
PG × Risk			−41.816***			−38.526***
			(−4.60)			(−5.02)
控制变量	Yes	Yes	Yes	Yes	Yes	Yes
_cons	32.417***	29.947***	32.047***	27.395***	24.599***	26.377***
	(5.16)	(4.71)	(5.04)	(4.88)	(4.38)	(4.70)
R^2	0.351	0.357	0.375	0.299	0.306	0.328
$Adj.R^2$	0.308	0.313	0.332	0.265	0.272	0.294
F	9.895***	9.944***	10.133***	10.831***	10.851***	11.371***
N	550	550	550	741	741	741

六、结论

在企业成长、企业经营管理决策和企业价值创造的过程中,企业家对机会的把握和公司的战略管理决策(尤其是投资决策)具有重大影响。由于企业家心理特征的异质性难以刻画,以往的研究侧重于分析企业家的人口特征异质性如何影响企业的投资行为。本研究的创新之处在于重点考察企业家风险偏好这一心理特征对企业过度投资的影响。企业政治行为在我国转型经济发展中扮演了重要的角色,已有文献研究了外向型政治资源(政企联系、政治关联、政府干预等)对企业投资行为的影响,本研究则认为内向型政治资源配置同样也会影响到微观企业的投资决策行为。因而以 2007 年至 2012 年沪深交易所 A 股非金融类上市公司为研究样本,实证检验了企业家风险偏好对企业过度投资的影响,并进一步考察了公司政治治理的作用。

本文通过研究发现:其一,企业家风险偏好与过度投资之间存在显著的正相关关系。即企业家承担风险的意愿越强,企业过度投资程度越高。其二,政治治理负向调节企业家风险与过度投资之间的正相关关系。即与没有政治治理的公司相比,有政治治理的公司由于企业家双重身份的制度安排,致使企业家在投资决策时更为审慎,从而可在一定程度上缓解企业的非效率投资行为。上述研究结论在充分考虑了过度投资、企业家风险偏好等变量的测量、变量的异常值、异方差等带来的影响后依然稳健成立。本文获取了我国上市公司的企业家风险偏好异质性特征对企业过度投资影响的系统性证据,证实了党组织(党委书记)参与公司治理的积极作用,丰富了中国特色的公司治理理论,有助于全面理解企业家异质性特征与过度投资行为之间的关系,为完善公司治理机制、制衡企业非理性投资行为提供了直接的微观证据,对监管部门、上市公司治理及企业党建工作开展等具有重要的政策参考价值。

参考文献

[1] KAHNEMAN D,TVERSKY A. Subjective probability:a judgment of represetativeness [J].Cognitive Psychology,1972,3(3):430-454.

[2] SIMON H A. Administrative behavior:a study in decision making process in administrative organization [M].New York:The Macmillan Company,1947.

[3] THALER R. Towards a positive theory of consumer choice [J].Journal of Economic Behavior and Organization,1980,1(1):39-60.

[4] KAHNEMAN D,TVERSKY A. Prospect theory:an analysis of decision under risk [J].Econo-

metrica,1979,47(2):263-291.

[5] LISA F B. Affect and the framing effect within individuals over time:risk taking in a dynamic investment simulation [J].Academy of Management Journal,2010,53(2):411-431.

[6] CACIOPPO J T,GARDNER W L,BERNTSON G G. The affect system had parallel and integrative processing components:form follows function [J].Journal of Personality and Social Psychology,1999,76(5):839-855.

[7] PETERS E,SLOVIC P. The springs of action:affective and analytical information processing in choice [J].Personality and Social Psychology Bulletin,2000,26(12):1465-1475.

[8] 李文贵,余明桂.所有权性质、市场化进程与企业风险承担[J].中国工业经济,2012(12):115-127.

[9] PURI M,RONBINSON D T. Optimism and economic choice [J].Journal of Financial Economics,2007,86(1):71-99.

[10] BILLETTA M T,QIAN Y. Are overconfident managers born or made? evidence of self-attribution bias from frequent acquirers [J].Management Science,2008,54(6):1037-1051.

[11] AKTAS N,BODT E,ROLL R. Learning,hubris and corporate serial acquisitions [J].Journal of Corporate Finance,2009,15(5):543-561.

[12] 王霞,张敏,于富生.管理者过度自信与企业投资行为异化[J].南开管理评论,2008(2):77-83.

[13] BHOJRAJ S,LIBBY R. Capital market pressure,disclosure frequency-induced earnings/cash flow conflict,and managerial myopia [J].The Accounting Review,2005,80(1):1-20.

[14] EDMANS A. Blockholder trading,market efficiency,and managerial myopia [J].Journal of Finance,2009,64(11):2481-2513.

[15] GOEL A M,THAKOR A V. Do envious CEOs cause merger waves? [J].Review of Financial Studies,2010,23(2):487-517.

[16] 程博.市场环境、企业家异质性与企业投资水平[J].山西财经大学学报,2014(4):94-105,114.

[17] CHANG E C,WONG S M L. Political control and performance in China's listed firms [J].Journal of Comparative Economics,2004,32(4):617-636.

[18] 马连福,王元芳,沈小秀.国有企业党组织治理、冗余雇员与高管薪酬契约[J].管理世界,2013(5):100-115.

[19] 程博,王菁.法律环境、政治治理与审计收费[J].经济管理,2014(2):88-99.

[20] SAWANT R J. Asset specificity and corporate political activity in regulated industries [J].Academy of Management Review,2012,37(2):194-210.

[21] 雷海民,梁巧转,李家军.公司政治治理影响企业的运营效率吗——基于中国上市公司的非参数检验[J].中国工业经济,2012(9):109-121.

[22] 梁建,陈爽英,盖庆恩.民营企业的政治参与、治理结构与慈善捐赠[J].管理世界,2010

(7):109-118.

[23] 马连福,王元芳,沈小秀.中国国有企业党组织治理效应研究——基于"内部人控制"的视角[J].中国工业经济,2012(8):82-95.

[24] FAN J P H,WONGT J,ZHANG T. Politically connected CEOs,corporate governance,and post-IPO performance of China's newly partially privatized firms [J]. Journal of financial economics,2007,84(2):330-357.

[25] PENG M W,LI Y,XIE E,et al. CEO duality,organizational slack,and firm performance in China [J]. Asia Pacific Journal of Management,2010,27(4):611-624.

[26] RICHARDSON S. Over-investment of free cash flow [J]. Review of Accounting Studies,2006,11(2):159-189.

[27] 辛清泉,林斌,王彦超.政府控制、经理薪酬与资本投资[J].经济研究,2007(8):110-122.

[28] 姜付秀,伊志宏,苏飞,等.管理者背景特征与企业过度投资行为[J].管理世界,2009(1):130-139.

[29] 钟海燕,冉茂盛,文守逊.政府干预、内部人控制与公司投资[J].管理世界,2010(7):98-108.

[30] BIDDLE G C,HILARY G,VERD R S. How does financial reporting quality relate to investment efficiency? [J].Journal of Accounting and Economics,2009,48(2):112-131.

[31] BETTIS R A,MAHAJAN V. Risk/return performance of diversified firms [J].Management Science,1985,31(7):785-799.

[32] MILLER K D,CHEN W R. Variable organizational risk preferences:tests of the March-Shapira Model [J].Academy of Management Journal,2004,47(1):105-115.

[33] 吴卫华,万迪昉,吴祖光.CEO权力、董事会治理与公司冒险倾向[J].当代经济科学,2014(1):99-107.

[34] 程新生,谭有超,刘建梅.非财务信息、外部融资与投资效率[J].管理世界,2012(7):137-150.

[35] 徐业坤,钱先航,李维安.政治不确定、政治关联与民营企业投资——来自市委书记更替的证据[J].管理世界,2013(5):116-130.